高齢者退職後生活の質的創造

アメリカ地域コミュニティの事例

加藤泰子 著

東信堂

はしがき

　この本を通して追究しようとしているのは高齢者が退職後の生活で創造する、高齢期の生活を精神的に豊かにするところの生活の質の諸要素である。退職後の時間はもはや人生の三分の一にも及ぶことが珍しくなくなっている。しかしながら、いまだに「老後」や「余生」といった二次的な捉え方が主流である。退職後の生活にもっと意識が向けられ、高齢期の充実ということをもっと真剣に議論すべきではないだろうか。このような問題意識が根底にあった。

　この本で描き出そうと試みたのは、高齢者の日常の生活の、高齢者それぞれにとって、ごく当たり前の諸活動である。筆者が、それらを反芻し、彼らがそのような日常の諸活動から、どのような状況でどのようなものを得ているのか、ひいては生活の質を創造しているのかを「役割」や「多世代包摂性」といったキーワードを手掛かりに発見しようとしたものである。

　筆者はそれを米国の高齢者の事例から探った。移民の流入が続き、人種構成もわが国と比べてはるかに多様で、社会的背景が大きく異なるとはいえ、高齢期に失うものや高齢期に獲得するもの、高齢者の不安や高齢者が求める生活について基層をなすものには一定の共通点もあることを筆者は米国の地域コミュニティでの高齢者との対話から知ることができた。もちろん、わが国との違いが明白に現れていると思われる面もあり、そのような興味深い点も少なからず描写している。それでもなお、異文化としての米国の高齢者の退職後生活の話としてだけではなく、わが国で現在進行中の、あるいはこれから多くの人が対峙することになる自らの高齢期の退職後の生活にもオーバーラップする問題を取り上げたものとしてこの本をお読みいただきたい。

この本では、米国の退職後高齢者についての考察を「大都市郊外住宅コミュニティ」、「大都市都心コミュニティ」、「地方のスモールタウンコミュニティ」、「高齢者コミュニティ」の4つの事例研究のかたちで、それぞれ章ごとにまとめている。

　終章でも触れているが、現代では、地域コミュニティが弱体化し、人と人との豊かな結びつきや利他的な行動が懐かしい過去、再び経験したい価値としてメディア等で取り上げられることが多くなっている。どの章から読んでいただいても全くかまわないが、第3章は、そのような価値が未だ身近に息づく社会での高齢者の生活を図らずも描き出す結果となった。数世代も遡ることができる米国の田舎町のコミュニティで暮らす高齢者の意識に興味をひかれる方は、ここから読み始めてくださっても良いと思う。

　一方で、我々の大半は、そのようなスモールタウン出身者ではない。たとえそうだとしても、やがて学業や就職のため、そこに留まり続けることは叶わず、都市圏で人生を過ごすことになる。第1章では、ノスタルジアとしてのスモールタウンを大都市郊外の計画住宅地で再生しようとするタウンプランニングの試みとそこに移住した住民によるコミュニティ活動の様子を描くことで、そのコミュニティの高齢者の意識を見つめた。

　さらに、第2章では退職後の居住地の選択先として近年わが国でも引き合いに出されることが多い大都市都心に立地する超高層コンドミニアムに居住する高齢者たちの日常の活動を描いている。そこでは、都心アメニティの圧倒的な多様性と退職後の高齢期にこそ、それらを深く享受している姿に驚かされるかもしれない。それとともに第3章でみるスモールタウンの高齢者の日常との大きな対照性を映し出している。

　第4章は、やはり退職後の居住地の選択先として米国では半世紀も前から存在する、市町村レベルほどの大規模な「高齢者コミュニティ」を扱っている。そのような規模の「高齢者コミュニティ」はわが国では存在しないが、現在わが国で急増している「サービス付き高齢者向け住宅」の延長線上にあり、広い意味では同様の範ちゅうに含まれると言えよう。2013年に「高齢社会」の仲間入りをしたとはいえ、わが国と比べれば高齢化率がまだまだ低

い米国において、このような「高齢者コミュニティ」が先駆けとなってきた背景には単に地理的差のみならず、文化的な違いが大きいであろう。本書では一般住宅に住む高齢者に「高齢者コミュニティ」を含む人生の終盤期の居住形態の意向について尋ねている。米国人高齢者がそれをどのように考えているのか、わが国の高齢者の動向も念頭に置きながら是非、お読みいただきたい。

　本書で追究したものは多様な要素のほんの一側面にすぎないかもしれないが、僅かながらでも退職後の高齢者の生活の質についての議論を活発にする一助となれば幸いである。

はしがき　　i

図表一覧　　x

序章　退職後高齢者の生活の質論に向けて　　3

第1節　はじめに　　4
第2節　本書の事例研究の方法・位置づけ　　7
第3節　データおよび先行研究と本書の理論的背景・意義　　13
　3-1. 米国人の社会経済的動態　　13
　3-2. 米国高齢者の社会的地位の変遷　　15
　3-3. 米国高齢者の生活の質概念の登場と変遷　　18
　3-4. 米国高齢者の財政的背景　　18
　3-5. 生活の質と主観的幸福感　　20
　3-6. 役割理論　　23
　3-7. 活動理論の系譜　　24
　3-8. 高齢者の活動　　26
　3-9. 論点と意義　　28

第1章　大都市郊外住宅地コミュニティと生活の質　　33
　——メリーランド州ケントランズを事例として

第1部　タウンプランニングとコミュニティ意識　　34
第1節　タウンプランニングとコミュニティ意識をめぐって　　34
第2節　コミュニティ意識と米国の郊外開発　　36
　2-1. コミュニティの定義とコミュニティ意識　　36

2-2. ニューアーバニズムとそのメッセージ　　　　　　　　37
第3節　先行研究と第1部の論点・意義　　　　　　　　　41
第4節　調査の概要　　　　　　　　　　　　　　　　　42
　4-1. 調査対象　　　　　　　　　　　　　　　　　　42
　4-2. 調査方法　　　　　　　　　　　　　　　　　　44
　4-3. 対象者の属性　　　　　　　　　　　　　　　　45
　4-4. 調査結果　　　　　　　　　　　　　　　　　　48
第5節　分　析　　　　　　　　　　　　　　　　　　65
　5-1. 所属感(Membership)　　　　　　　　　　　　　67
　5-2. 存在感(Influence)　　　　　　　　　　　　　　69
　5-3. 欲求充足感(Integration and Fulfillment of Needs)　71
　5-4. 情緒的一体感(Shared Emotional Connection)　　74
　5-5. コミュニティ意識とタウンプランニングおよびメッセージ　76
　5-6. タウンプランニングと高齢者の生活の質　　　　　76

第2部　地域行事とコミュニティ意識　　　　　　　　　　77
第1節　地域行事とコミュニティ意識をめぐって　　　　78
第2節　先行研究と第2部の論点・意義　　　　　　　　79
第3節　調査の概要　　　　　　　　　　　　　　　　　80
　3-1. イベント全般への参加および感想　　　　　　　81
　3-2. 住民組織と「5Kレース」の概要　　　　　　　　85
　3-3. 主催者　　　　　　　　　　　　　　　　　　　86
　3-4. ボランティア　　　　　　　　　　　　　　　　88
　3-5. 競技者　　　　　　　　　　　　　　　　　　　91
　3-6. その他の住民（競技、ボランティアともに参加していない高齢者）　94
第4節　分　析　　　　　　　　　　　　　　　　　　94
　4-1.「5Kレース」の特徴　　　　　　　　　　　　　94

4-2.「5Kレース」ボランティアの意義　　　　　　　　　　97

　　4-3. 高齢者にとっての役割の意義　　　　　　　　　　　100

　まとめ　　　　　　　　　　　　　　　　　　　　　　　　101

　資料　　　　　　　　　　　　　　　　　　　　　　　　　109

第2章　大都市都心居住と生活の質
―― イリノイ州シカゴ市都心を事例として　　　　　117

　第1節　大都市都心居住と生活の質をめぐって　　　　　　118

　第2節　先行研究と本事例の論点・意義　　　　　　　　　119

　第3節　調査の概要　　　　　　　　　　　　　　　　　　120

　　3-1. 背景　　　　　　　　　　　　　　　　　　　　　120

　　3-2. 調査方法　　　　　　　　　　　　　　　　　　　120

　　3-3. インタビュー概要　　　　　　　　　　　　　　　121

　　　3-3-1. 対象地域と対象コンドミニアムの概要　　　　121

　　　3-3-2. 住民組織　　　　　　　　　　　　　　　　　122

　　　3-3-3. インタビュー結果の概要　　　　　　　　　　123

　第4節　分　析　　　　　　　　　　　　　　　　　　　　142

　　4-1. 都心居住の肯定的評価　　　　　　　　　　　　　143

　　　4-1-1. 都心居住全般への肯定的評価　　　　　　　　143

　　　4-1-2. コンドミニアム居住についての肯定的評価　　145

　　4-2. 都心居住への否定的評価　　　　　　　　　　　　148

　　　4-2-1. 都心生活全般への否定的評価　　　　　　　　148

　　　4-2-2. ビル居住の問題　　　　　　　　　　　　　　149

　　　4-2-3. シカゴ地域の気候　　　　　　　　　　　　　151

　　4-3. 社会的交流活動についての分析　　　　　　　　　152

　　　4-3-1. 社会的交流活動の分類　　　　　　　　　　　152

4-3-2. 貢献的活動　　　　　　　　　　　　　　　　154
　　　4-3-3. 社交的活動・運動および学習活動　　　　　　　161
　まとめ　　　　　　　　　　　　　　　　　　　　　　　166
　資　料　　　　　　　　　　　　　　　　　　　　　　　171

第3章　スモールタウン居住と生活の質　　　　　　　175
　　　──ウィスコンシン州ウーストブルクを事例として

第1節　スモールタウン居住と生活の質をめぐって　　　　176
第2節　先行研究と本事例の論点・意義　　　　　　　　　176
第3節　調査の概要　　　　　　　　　　　　　　　　　　179
　3-1. 対象地の概要　　　　　　　　　　　　　　　　　180
　3-2. インタビュー結果の概要　　　　　　　　　　　　182
　　　3-2-1. 対象者の属性　　　　　　　　　　　　　　182
　　　3-2-2. 退職理由　　　　　　　　　　　　　　　　185
　　　3-2-3. コミュニティに対する評価　　　　　　　　186
　　　3-2-4. 退職生活への評価　　　　　　　　　　　　190
　　　3-2-5. 社会的交流活動　　　　　　　　　　　　　193
第4節　分　析　　　　　　　　　　　　　　　　　　　　196
　4-1. コミュニティへの肯定的評価　　　　　　　　　　196
　　　4-1-1. 家族　　　　　　　　　　　　　　　　　　196
　　　4-1-2. 地域の人々　　　　　　　　　　　　　　　199
　　　4-1-3. ライフスタイルの継続性　　　　　　　　　200
　　　4-1-4. 安全　　　　　　　　　　　　　　　　　　202
　4-2. コミュニティへの否定的評価　　　　　　　　　　202
　　　4-2-1. 気候　　　　　　　　　　　　　　　　　　203
　　　4-2-2. 人間関係　　　　　　　　　　　　　　　　203

        4-2-3. 村のインフラ　　　　　　　　　　　　　　　　204
    4-3. 社会的交流活動の分類と特徴　　　　　　　　　　　　204
        4-3-1. 貢献的活動　　　　　　　　　　　　　　　　　209
        4-3-2. 一般的貢献活動　　　　　　　　　　　　　　　209
        4-3-3. 専門的貢献活動　　　　　　　　　　　　　　　213
        4-3-4. 教会での交流、親族との交流　　　　　　　　　214
        4-3-5. 有償労働　　　　　　　　　　　　　　　　　　214
    4-4. 社会的交流活動と役割についての考察　　　　　　　　215
  まとめ　　　　　　　　　　　　　　　　　　　　　　　　　218
  資　料　　　　　　　　　　　　　　　　　　　　　　　　　223

第4章　高齢者コミュニティと生活の質　　　　　　　　227
　　　　──メリーランド州「レジャー・ワールド」を事例として

  第1節　高齢者コミュニティと生活の質をめぐって　　　　　228
  第2節　先行研究と本事例の論点・意義　　　　　　　　　　229
  第3節　米国における高齢者コミュニティの分類　　　　　　233
  第4節　調査の概要　　　　　　　　　　　　　　　　　　　236
  第5節　分　析　　　　　　　　　　　　　　　　　　　　　238
    5-1. 高齢者の将来の居住についての意識　　　　　　　　　238
    5-2. 高齢者コミュニティにおける居住環境　　　　　　　　244
        5-2-1.「レジャー・ワールド(Leisure World of Maryland)」の居住環境　244
        5-2-2. 高齢者コミュニティ「レジャー・ワールド」における
               生活の質　　　　　　　　　　　　　　　　　　246
        5-2-3. 高齢者コミュニティと「スノーバード」　　　　252
  まとめ　　　　　　　　　　　　　　　　　　　　　　　　　254
  資　料　　　　　　　　　　　　　　　　　　　　　　　　　259

終章　高齢者退職後生活の質的創造　263

　第1節　結　論　264
　　1-1. 本書で明らかになったこと　264
　　1-2. 多世代包摂性と高齢者の生活の質　269
　　1-3. 米国高齢者と自立意識　271
　第2節　おわりに　272

　文献（275）
　あとがき・謝辞（289）
　索引（295）
　付記（310）

図表一覧

図序-1	対象地(州)の位置	10
図序-2	QOLの構成要素・背景要因間の関係	21
図序-3	活動の分類	27
表1-1	アメリカ郊外住区の位置づけ	40
図1-1	ケントランズの位置図	43
表1-2	コミュニティへの評価	49
表1-3	コミュニティの特徴	52
表1-4	コミュニティ内の世代に関する質問	54
表1-5	コミュニティ内の社会的交流活動へのコメント	62
表1-6	住民の物理的特徴の評価とスモールタウン的要素	66
表1-7	ケントランズの物理的特徴およびメッセージ作用の住民による解釈	75
表1-8	ボランティアの役割と募集人数	89
表1-9	「5Kレース」への住民のコメント	92
表1-10	「5Kレース」行事の多世代性の形成要因	95
図1-2	各多世代性の相関	96
表1-11	多世代包摂型行事のボランティアとコミュニティ意識との関係	98
図2-1	シカゴ市の位置図	122
表2-1	都心居住の評価	130
表2-2	社会的交流活動の世代幅	140
表2-3	社会的交流活動の内容(単独活動を除く)と退職生活への評価	155
表2-4	貢献的活動と役割発生の要因	161
表2-5	社会的交流活動と役割	162
図3-1	ウーストブルクの位置図	181
表3-1	スモールタウン居住の評価	187
表3-2	社会的交流活動の内容(単独活動を除く)と退職生活への評価	206
表3-3	社会的交流活動の世代幅	210
表3-4	社会的交流活動と役割	216
表4-1	米国高齢者世帯の居住環境別数値	235
図4-1	「レジャー・ワールド」位置図	237
表4-2	高齢者の将来の居住についての意識	239

高齢者退職後生活の質的創造

――アメリカ地域コミュニティの事例――

序章

退職後高齢者の生活の質論に向けて

第1節　はじめに

　高齢者が退職後に肯定的な自我を保持して生活の質を高めるということはどのようなことなのだろうか。そして退職者が、その生活の質を創造していくことに寄与する要素はどのようなもので、どこに存在するのだろうか。本書は、こうした問題認識に立ち、役割理論、活動理論、社会的ネットワーク論、コミュニティ論などの先行研究を踏まえ、高齢者が生活の質を高めるための要素について米国の「大都市郊外」、「大都市都心」、「地方のスモールタウン」に位置づけられるそれぞれの地域コミュニティ事例から考察する。主に焦点をあてるのは、高齢者の社会的交流および地域コミュニティでの役割である。

　医療や生活水準の漸進的な向上によって、退職後の生活は、人生の3分の1近くにまで達し、少子化の流れとともに高齢者人口が占める割合は、先進諸国では、例外なく上昇し続けている。このような、高齢者が経験する退職後の人生の時間の増大と、退職者を中心とした高齢者人口比率の急激な上昇という変化は、近年特に顕著になってきた現象である。さらに、健康寿命[1]の伸長は、元気に日常生活を送る高齢者の割合が増加していることを示しており、もはや退職後の生活は、我々のライフサイクルの中で、非常に大きな意義をもつようになっている。そのため、この時期をめぐって生活の質を議論する研究分野が重要度を増している。しかしながら、医療や福祉分野がもたらすサービス提供・受給の側面からのアプローチの豊富さに比べると、ほぼ健康な高齢者の、地域コミュニティにおける、ごく日常の生活に焦点を当てた研究は多くはない（古谷野・安藤 2008: 22-5）。医療福祉分野からの研究は、高齢期が短かった時期も、現在のように長くなった時期においても重要な課題である。しかしその一方で、少々の病気や障害を抱えながらも大多数の高齢者は、概ね健康で自立した生活を送っているのも事実である。本書では、むしろ、そのような大多数[2]の高齢者の、とりわけ退職後の生活を精神的に豊かにする要素を生活の質と定義して追究していこうと思う。

　これを踏まえた上で、高齢者が人々との社会的交流活動の中で果たす役割[3]

の重要性に着目する。役割をもつということは、社会の中で自らの場を得ることに他ならない。それは、自身が何らかの意味で社会的価値を帯びることである。そしてこれが、精神的に豊かになる要素の一つとなるであろう。役割は人々との関係性の中で、個人が相対的に意味づけていく価値である。さらに、その価値は社会的交流関係の中で変化する、ダイナミックな現象である。しかし、それまでの人生で担ってきた家族や職務などに伴う様々なライフイベントを通して社会的に果たして来たもろもろの役割は、退職期というライフステージの変化の時期を中心として、次第に縮小、または失われて行くことは、多くの高齢者にとって避けられないことである。したがって、ライフステージの変化によって相対的に小さくなってしまった親や職業人として果たしてきた役割を埋め合わせるものが高齢者の生活の中で明確な形で創造されるかどうかということは、生活の質を左右する大きな要因となるといえる。

　高齢者の生活の質を考察する上で、本書の中心的な課題は、高齢者が社会的交流の中で役割を帯びることで自我意識に及ぼす意義を追究することである。言い換えれば、高齢者が社会的存在として役割をもって生きることの重要性を追究することである。それは、高齢者が単に医療や福祉プログラムの対象として、あるいはサービスなどを与えられる客体としてのみ扱われるという高齢者観では得られ難いアプローチである。むしろそれによって高齢者が、主体としての社会的存在であるという実像を掘り起こしたいと思っている。

　本書において、主に焦点を当てていくのは高齢者の社会的交流活動である。しかし、高齢者が高齢期にどこで居住するのか、その居住を高齢者自身がどう捉えているかという居住環境への評価も、高齢者の生活の質の要素として重要である。そのため、本書では、高齢者が生活する居住環境について考察した上で、高齢者の社会的交流活動を見ていくことにする。

　事例研究を重ねる過程で、交流関係における「多世代包摂性」という要素が重要ではないか、と考えるようになった。多世代包摂性とは、多様な世代が単に同じ場に存在する多世代型環境に留まらず、それらの異なる世代同士

が協働あるいは、相互依存の関係をもち、双方向的に関わり合う状態だと定義する。したがって一般に形容される多世代交流や世代間交流と完全には同じ概念ではなく、多世代交流あるいは世代間交流の中に多世代包摂性をもつものが含まれると捉えることができる。事例において、こうした状態が意図的、あるいは自然に生み出された地域コミュニティにおいて、また、身近な地域コミュニティの単位ではなく、高齢者がその外で行う、より広い地域コミュニティでの活動においても高齢者が良好に役割を獲得していることが観察された。

多様な世代が関わり合うことによって他者に対して果たす役割が新たに求められ、より意味のあるものとして発見される可能性があるとすれば、高齢者にとって高い満足感や充実感につながると考えることができる。

本書では、4つの事例研究を通して、高齢者が居住する地域の環境要素や高齢者による居住地への評価を検討した上で、高齢者が地域コミュニティで担う役割について、役割の獲得を促進させる物理的・社会的環境要素を中心に考察していく。そしてそれらの背景に多世代包摂性という要因がどのように貢献しているかを分析する。

本書の枠組みは以下のとおりである。まず、本章の第2節で、研究方法を述べ、4つの事例研究を本書の全体の枠組みの中で位置づける。次に、文献資料にもとづいて米国の社会経済的動態を概観し、高齢者に対する社会的位置づけの変遷をたどる。それに伴って、高齢期の生活の質についての価値観が、どのように変化しているのかを明らかにし、現代では、高齢期の生活の質についてどのような知見があるのかを見ていく。次いで、役割についての議論を概観した上で、老年社会学の理論の一つである活動理論について記述し、本書が高齢者の生活の質を捉える際の概念的根拠とする理由を述べる。また老年学や社会的ネットワーク論、コミュニティ論などにおいて、高齢者の生活の質や生きがいとの関連でどのようなことが明らかにされてきたのかをたどる（第3節）。そして第1章～第4章で、事例ごとに調査結果の分析・考察を行い、最後に、この研究から地域コミュニティにおいて高齢者が生活の質を創造していくことに寄与する要因としてどのようなことが明らかに

なったのかをまとめ、結論とする（終章）。

第2節　本書の事例研究の方法・位置づけ

　本書では、まず、「大都市郊外」、「大都市都心」、「地方のスモールタウン」といった米国の異なる地域コミュニティで生活する高齢者を中心とした住民[4]にインタビュー調査や質問紙調査をして、彼らの経験や考え方を語ってもらった（第1章～第3章）。また、米国の高齢者の居住形態の選択肢の中で引き合いに出されることが多い「高齢者コミュニティ（リタイアメント・コミュニティ）」について訪問調査と文献調査を実施して考察した（第4章）。

　インタビュー調査では、それぞれの地域コミュニティの住民の社会経済的特徴を押さえながら、住民組織や同窓会組織などを通じて協力者を得た。インタビュー協力者、1人1人の語り口にじっくり耳を傾けることで、彼らの答えの背景となっている理由や人生の出来事などが引き出される場合も多く、質的調査としての掘り下げたコメントを得ることができたと考えている。インタビュー調査に際しては、ごく少数を除いて、各インタビュー協力者の自宅を訪問し、対象者の日常の生活風景の中で質問に答えてもらった。そのため、近隣全体の環境のみならず、家の周りの環境や家の中の様子を知ることができた。部屋に飾ってあるもの、調度品と家族との関係、家族などが写っている数々の写真の話、趣味で作っている作品などの話もライフヒストリーの一部として、同時に得ることができた。この方法によって、人数は限られているとしても、対象者のコメントが、それぞれの地域コミュニティでの日常生活の一部として、生活全体の中での位置づけをされながら自然な形で映し出された。そしてそのコメントを対象者が生活する地域コミュニティとの関連とともに描くことができたと思っている。このような、個人の生活史との相関として観察するという視点が、筆者が現場で得ることのできた質的調査の強みだと思っている。

　以下で、これまでに行なった4つの事例研究で対象とした地域と対象者の米国での位置づけを押さえた上で、地域コミュニティにおいて実施した事例

研究についてそれぞれ、方法の記述と、それらの事例研究がどのように本書の枠組みに位置づけられるか、そしてこれらの事例研究をもとにどのように本書を進めていくのかについて記述する。

まず、対象地域の米国での位置づけについてセンサス（Census）2010の統計資料[5]の数値にもとづいて記述する。

「大都市郊外」地域として対象としたワシントンDC圏と「大都市都心」地域として対象としたシカゴ圏のうち、ワシントンDC圏は、全米の大都市圏の中では、ダラス圏（第4位）、フィラデルフィア圏（第5位）、ヒューストン圏（第6位）に次ぐ第7位の規模であり、またシカゴ圏は、ニューヨーク圏（第1位）、ロサンゼルス圏（第2位）に続く第3位の人口規模である。双方とも米国有数の大都市圏の範ちゅうに含まれる[6]。したがって、「大都市郊外」と「大都市都心」の対象地域として、人口規模の点で米国の典型的地域の一つであるといえる。尚、米国の地理的カテゴリーでは、ワシントンDC圏で対象としたメリーランド州は「南部」（ただし「南部」の中でも「北東部」に隣接する地域）に位置づけられ[7]、シカゴ圏で対象としたシカゴ市（イリノイ州）は「中西部」に位置づけられている。

人種構成については、本章の3-1.でも後述するが、米国では、主流を占める白人（72.4%）の他に、黒人（12.6%）、アジア人（4.8%）、ネイティブ・アメリカ人（0.9%）など非白人も一定数を占めていることが特徴となっている。

「大都市郊外」の対象地域であるメリーランド州モンゴメリー（Montgomery）郡の人種構成は、白人57.5%、黒人17.2%、ネイティブ・アメリカ人0.4%、アジア人13.9%、その他11.0%である。ニューヨーク市郊外地域にあたるウィッチェスター（Westchester）郡、ロサンゼルス市郊外地域にあたるオレンジ（Orange）郡、ダラス市郊外地域にあたるコリン（Collin）郡、シカゴ市郊外にあたるデュページ（DuPage）郡と比較する[8]と、黒人比率が高めである（ウィッチェスター郡では14.6%、オレンジ郡では、1.7%、コリン郡では8.5%、デュページ郡4.6%）。一方オレンジ郡では、ウィッチェスター郡、モンゴメリー郡、コリン郡、デュページ郡と比較してアジア人の比率が高めである（オレンジ郡17.9%、ウィッチェスター郡5.4%、モンゴメリー郡13.9%、コリン

郡11.2%、デュページ郡10.1%)。人種カテゴリーとは別であるが、ヒスパニック[9]系の比率は、オレンジ郡とウィッチェスター郡が高くなっている(オレンジ郡33.7%、ウィッチェスター郡21.8%、モンゴメリー郡17.0%、コリン郡14.7%、デュページ郡13.3%)。

「大都市都心」の対象地域であるシカゴ市の人種構成は、白人45%、黒人32.9%、ネイティブ・アメリカ人0.5%、アジア人5.5%、その他16.1%である。他地域の大都市圏の中心都市として、「北東部」のニューヨーク市(ニューヨーク州)、「西部」のロサンゼルス市(カリフォルニア州)、「南部」のダラス市(テキサス州)と比較して、黒人の比率が高い。また、アジア人はニューヨーク市やロサンゼルス市で高い。(ニューヨーク市の黒人22.8%、アジア人12.6%、ロサンゼルス市の黒人9.6%、アジア人11.3%、ダラス市の黒人25.0%、アジア人2.9%)。尚、ワシントンDCでは、黒人が50.7%と非常に高くなっている。ヒスパニック系の比率では、ロサンゼルス市とダラス市が非常に高くなっている(全米16.3%、ロサンゼルス市48.5%、ダラス市42.4%、ニューヨーク市28.6%、シカゴ市28.9%)。

大都市圏においては、それぞれの大まかな全体的な地域的特徴はあるものの、その内部の地域や郡によって同じ都市圏内でも地域差は大きくなっている。対象地域のメリーランド州モンゴメリー郡とシカゴ市は、全米の平均値と比較しても人種的多様性が大きい点で、どちらも米国大都市圏の特徴をもった地域であるといえる。

「地方のスモールタウン」として対象としたのは、「中西部」の農業地帯、ウィスコンシン州シェボイガン(Sheboygan)郡にあり、19世紀半ばにオランダ系移民によって建設された、人口2,887人、人種構成は白人が95.7%を占める伝統的な村である。住民の通勤圏は、村内もしくは、郡内の隣接地域であり、平均通勤時間が18.7分[10]であるという点において、上記の大都市圏郊外地域とは区別される。

対象地域の選択に関しては、米国の多様な諸地域の特性をあまねく含んでいるわけではないが、それにもかかわらず、それぞれが、米国社会の縮図としての「大都市郊外」、「大都市都心」、「地方のスモールタウン」の一側面を

図序-1　対象地（州）の位置

（筆者作成）

表しているといっても差しつかえないと考えている（図序-1参照）。

次は対象者の米国社会での位置づけである。

高齢者の生活の質について考えるにあたり、本書では、まず、自らが居住する居住環境を高齢者がどのように捉えているかという居住地コミュニティとの関連で考察していく。そのため、それぞれの居住地が高齢者の価値観をある程度反映したものであるように、米国高齢者の中でも、自らの居住地を選択できる社会経済的階層として、ミドルクラスの、ほぼ健康に自立生活を送っている退職した高齢者を対象とする。社会経済的階層については、様々な区分モデルがあり、デニス・ギルバート（Dennis Gilbert 2011）はギルバート−カールモデル（Gilbert-Kahl model）として、ミドルクラスをアッパーミドルクラス（14%）とミドルクラス（30%）に区分しているが、本書では、厳密な区分が難しいため、ミドルクラスを、これらを含めた広い意味で用いることにする[11]。

また、人種構成については、本書では、各地域コミュニティでインタビュー調査の募集に応じてくれた協力者を対象としたため、特に人種の比率を考慮した対象者の限定は行っていない。対象者となったのは、白人が大多

数であるが、黒人やアジア人も本書の対象者に含まれている。

さらに、高齢期の退職後の生活の質についての考察という目的から、高齢者については、退職者を募集した。女性では、子育て期などに一時期、専業主婦であった人を含んでいるが、すべての時期において専業主婦であった人は含んでいない。米国においては、2000年の女性の労働力率は70.8%であり、先進諸国の中では、女性の社会進出は北欧に次いで高い。日本（59.6%）と比べると10%以上高い[12]ことから、本書の女性の調査対象者を退職者としたことは、米国社会において一般性をもつといえる。

次に、4つの事例研究について記述する。

第1の事例研究は、米国の「大都市（ワシントンDC）郊外」地域の計画住宅地、メリーランド州、ケントランズ（Kentlands）の住民についてである（第1章）。この事例研究では、住民の生活の質を住民のコミュニティ意識の側面から第1部と第2部に分けて考察した。すなわち、このコミュニティ意識の要因をケントランズのコミュニティの物理的環境要素（第1部）と社会的環境要素（第2部）にそれぞれ焦点をあて、タウンプランニングという物理的環境要素や、住民組織が創出した地域行事という社会的環境要素について、それらの要素が住民のコミュニティ意識にどのような影響を及ぼしているかを分析し、その結果、高齢者が役割を創出することにどのように寄与しているのかを考察した。

ケントランズは、「ニューアーバニズム」という建築思想（第1章、第1部第2節2-2.で後述）によって作られた計画住宅地の一つで、住民のコミュニティ意識を喚起することを目的の一つとして町全体がデザインされている。同時に「スモールタウン」の再生という建設理念のメッセージも発信されている。その一例として、徒歩圏の範囲に、大きさもタイプも様々な住宅や店舗が混合している町であるが、そのことによって若い世代から高齢者の世代まで多様な世代が居住できる町となっている。

この事例研究では、まず、「大都市郊外」の計画住宅地において、実際に物理的環境要素としての住宅地計画やタウンプランニングの建設理念のメッセージを住民がどのように評価し、そのことが住民のコミュニティ意識とど

のように関連しているのか、それが高齢者住民の生活の質にどのような影響を及ぼしているのかを探った。具体的には、ケントランズに居住する20代〜80代の各世代の住民へのインタビューから得られた資料を分析し、考察した（第1部）。

次いで、その住宅地の住民組織が主催する地域行事「5Kレース」を取り上げ、行事の参加者に質問紙調査（一部インタビューも含む）を実施した。「5Kレース」は、住民組織の経年のプログラム努力によって継続的に改良されていき、レースのボランティア、競技者、見物人に若年から高齢者までの幅広い世代を取り込んでいった。インタビューと質問紙調査で得たコメントから、この地域行事が、住民のコミュニティ意識にどのように機能しているか、高齢者住民にとってどのような意味をもつのかを考察した（第2部）。

続いて、「大都市都心」地域と「地方のスモールタウン」における、第2の事例研究（第2章）と第3の事例研究（第3章）である。この2つの事例研究で取り上げたものは、それぞれの高齢者が居住する地域をどう捉えているかという居住性に対する評価と、高齢者が日常生活の諸活動を通しておこなっている様々な社会的交流活動についてである。社会的交流活動については、これらをさらに掘り下げて、高齢者それぞれがどのような活動から、どのように役割を獲得し生活の質を高めているのかを、交流する世代の幅を考慮に入れて考察した。

このうち、第2の事例研究では、「大都市都心」地域の住民として、イリノイ州シカゴ（Chicago）市都心地域のコンドミニアムに居住する住民を対象とし、退職者住民にインタビュー調査を実施した。

また、第3の事例研究では、「地方のスモールタウン」に居住する住民を対象とした。ウィスコンシン州にあるスモールタウンの一つ、ウーストブルク（Oostburg）に住む高齢者住民に対してインタビューを実施した。伝統的なスモールタウンに生まれ育ち、地縁や血縁の中で暮らす住民に、シカゴの住民と同様に居住性に対する評価と社会的交流活動についての質問を中心に答えてもらった。

第4は、「高齢者コミュニティ」の一つである、メリーランド州の「レ

ジャー・ワールド（Leisure World of Maryland）」への訪問調査等にもとづく事例研究（第4章）である。この事例では、高齢者コミュニティ（リタイアメント・コミュニティ）という特別な居住環境を扱ったが、高齢者コミュニティは、米国では、高齢者の生活のニーズに沿ったものとして高齢者自身の選択肢のうちに入れられることがしばしばである。ここでは、現在、一般居住をしている高齢者の将来の居住形態についての意向をまとめ、検討を加えた上で、高齢者コミュニティのもつ単一世代性や閉鎖性、さらに、スタッフによる様々なサービスが提供されるという居住環境などについて、高齢者コミュニティへの訪問観察や文献資料から分析した。それにもとづいて、高齢者コミュニティにおける高齢者の生活の質についてどのようなことがいえるのかを考察した。

以上の4つの地域コミュニティにおける事例研究が、本書において、高齢者が生活の質を創造していく要素を追究するための主要な考察である。そして、そこから得られた知見をもとに、老年社会学の活動理論を概念的根拠として、物理的環境要素としての居住環境やその環境下における社会的環境要素としての社会的交流活動を通して、高齢者が役割をどのように獲得しているのかを分析し、それらが、高齢者の生活の質とどのように関連しているのかを明らかにしていこうと思う。

第3節　データおよび先行研究と本書の理論的背景・意義

3-1. 米国人の社会経済的動態

本書が対象とした米国高齢者の背景となる米国人の社会経済的動態について記述する。

米国の統計データ[13]によると、2010年現在の米国の人口は308,745,538人で、この10年間で9.7%増加した。1900年から2000年までの1世紀では、3倍以上になっている。特に大都市圏の人口比が、28%（1910年）から80%（2000年）へと急成長した。中でも大都市郊外地域の人口の伸びが大きく、2000年までには、米国の人口の半数を占めるようになった。

65歳以上の人口は、1900年から2000年では、約310万人（4.1%）から、約3,500万人（12.4%）と、この1世紀で10倍以上に増加している。2010年には約4,027万人（13.0%）となり、10年間で15.1％増加しており、全人口の増加率（9.7%）を大きく上回っている。さらに2013年のデータ[14]では、65歳以上の人口の占める割合は、14.1%となっている。65歳以上人口の総人口に占める割合を示す高齢化率が、7%を超えた社会を「高齢化社会」と呼び、14%を超えた社会を「高齢社会」と呼ぶが、米国は、現在「高齢社会」に入った段階であるといえる[15]。

　人種の構成（2010年）は、白人の割合が72.4%、黒人が12.6%、アジア人が4.8%、ネイティブ・アメリカ人が0.9%、その他9.3%である。1900年の白人の割合は、87.9%、黒人の割合は、11.6%、その他が0.5%であった。1965年には、新しい移民国籍法[16]が制定され、人種の多様化が進み、白人と黒人以外の人種の割合が、0.5%から12.5%に増加した。特に1980年以降の増加が目立っている。白人以外の人種が少なくとも10%を占める州（南部を除く）は、1900年の2州から2000年には26州に増加した。1980年から2000年にかけては、ヒスパニック系が2倍以上に増加している。このように、米国の社会は、人口構成上の特徴として、白人を主流としていながらも、黒人、アジア人、ネイティブ・アメリカ人などが4分の1以上を占めている。

　世帯数は、115,610,216世帯で、一世帯当たりの平均人数は、1900年には、4.6人、1950年には3.38人、1970年には3.11人と減少した結果、2009-2013年推計では2.63人となり、世帯人数は小規模化している（2009-2013年推計）。このうち、高齢者が3世代同居をしている割合は全体の2割にすぎない（Atchley and Barusch 2004=2005: 100）。

　また、2013年現在の一世帯当たりの所得中央値は、51,939ドルである。貧困ライン以下の人々の占める割合は14.5%である。このうち、白人の貧困率が12.3％（うち、ヒスパニックでない白人は9.6％）、黒人が27.2％、アジア人が10.5％、ヒスパニックが23.5％である。アチュリーとバルシュによると、高齢者（65歳以上）の貧困率は1970年には25%、1992年で13%、2000年では10%となり、ここ数十年で改善の傾向が見られている（2004=2005: 144）。

2013年のデータでは18歳未満の子どもの貧困率が19.9％、18～64歳が13.6％なのに対して、65歳以上は9.5％である[17]。

　米国人の所得格差は、1970年代の初めから、技術革新やグローバリゼーション、そして政府の規制緩和策によって拡大している。専門的、管理的職業の需要の増大に対して、職人や一般労働者などの需要が減少し、パートや一時雇用者などの非正規雇用者という新しい労働者のクラスが生まれたためである（ギルバート 2011: 252-3）。

3-2. 米国高齢者の社会的地位の変遷

　アチュリーとバルシュ（2004=2005）によると、米国高齢者の社会的位置づけは植民地時代から現代に至るまでに様々に変化してきた。植民地時代から現代までの米国高齢者の社会的地位は以下のような変遷をたどった。

　植民地時代には、宗教的にも、市場においても、高齢者は、精神的に発達した存在、経験をもつ存在として重んじられていた（コール Cole 1992；ハーバー Haber 1983）。

　独立戦争から南北戦争の時代には、個人主義、効率、科学が重視されるにつれ、高齢者の経験や知識に対する価値は薄れていった。医学界においても、高齢期の疾病を年齢に起因する病気であるとして、高齢者を衰弱者と位置づける見解が科学的事実として受容されていった（クラップ Klapp 1973）。1900年に入って、産業化のスピードが加速し、仕事の効率化の中で、高齢者の労働参加率は1890年の70％から1920年の55％まで落ち込んだ（アチェンバーム Achenbaum 1978）。それにより、高齢者の収入問題が社会問題となっていった[18]。

　杉澤秀博は、高齢者の地位の低下は産業革命によってもたらされた産業化や都市化によるものであり、こうした近代化によって経済的自立が失われ拡大家族が崩壊することで高齢者の社会的地位が奪われたとするバージェス（Burgess 1960）の見地を近代化理論の1つとして紹介している（2007: 49-50）。

　高齢者の貧困を抑制し、防ぐことになった最も強力な社会政策の一つといわれているのは、1935年の「社会保障法（Social Security Act）」である。これが、高齢者が医療を受けること、健康的な食生活ができること、社会との関わり

をもつことなどを支えた。特に高齢女性の経済的安定に貢献した（タカムラ Takamura 2007: 183）。1940年までには、高齢者のほとんどが何らかの救済を受けるようになった（フィッシャー Fischer 1978）。

　1940年から1960年の間に高齢者人口は2倍になり、政府指導によって高齢者福祉は充実していった。しかし、それと同時に貧困水準以下の高齢者が60％という実態も明らかになった（アチュリー＆バルシュ 2004=2005）。

　1960年代のジョンソン政権時には、多くの政策やプログラムが制定され、健康的な加齢が可能になった（タカムラ 2007:183）。1965年には「高齢者に関する法律（Older Americans Act：OAA）」が制定された。この法律によってカバーされる事業は、「エイジング・ネットワーク」呼ばれ、州レベルの56拠点、地域レベルの約670拠点、13,000以上の給食拠点を含む18,000以上の地域サービス事業所および約15,000のシニア・センターによって運営されている。さらに、この法律は、10年間にわたって改正強化され、高齢者の栄養を確保するための改正や宅配給食、特別養護老人ホームの入所者および家族の意見を吸い上げるオンブズマン制度、地域拠点をネットワークし、サービスの向上を図ることが盛り込まれた。　また、「高齢者医療保険制度（Medicare）」が制定され、65歳以上の高齢者に対する医療サービスが提供されるようになった（以上、アチュリー＆バルシュ 2004=2005: 189-90, 20-5）。さらに「医療扶助（Medicaid）」により、収入が限られている人々に対する長期の医療費がカバーされるようになった（タカムラ 2007:183）。

　雇用については、1967年に「雇用における年齢差別禁止法」によって採用、解雇、雇用の斡旋、仕事上の取り扱いなどで年齢を理由にすることが禁止された。この法律で、雇用における年齢差別が解消されたわけではないが、これによって、一部の職を除き、退職年齢を自分で決められるようになった[19]。高齢者による市民団体も活発化し、1970年代半ばまでに、全米退職者協会[20]やシニア市民協議会の会員数が高齢者人口の3分の1にまで達した。このような高齢者団体によって高齢者の声を社会に届けるロビー活動も盛んになった。こうして、高齢者の位置づけは、1930年代を底として回復して行った。（アチュリー＆バルシュ 2004=2005: 20-5）

この時期にニューガルテン (Bernice L. Neugarten) は、従来の高齢者のステレオタイプとされた高齢者像とは違う、新しいタイプの高齢者が現れてきていることを指摘している。それは、彼女が「ヤング・オールド (Young-Old)」と名付けた55歳から75歳の年齢グループの高齢者たちである。「ヤング・オールド」たちは、比較的健康で、学歴があり、購買力を持ち、自由な時間と政治的関心があり、それまで高齢者の主流が、適切な収入がなく、住宅事情も貧しく、社会経済的病理の主体といった存在であったのに比べると、年齢的不利益を被らず、世代間の関係を改善していく可能性をもつようになると論じている（ニューガルテン 1974）。

　1980年代には、もはや高齢者は政府の援助を必要としなくなったと主張されるようになり、社会の風潮として、個人の努力と社会的経済成長が求められ、高齢者福祉への投資は社会病理の根源とみなすイデオロギーが登場した（ダーレンドルフ Dahrendorf 1988; アチュリー＆バルシュ 2004=2005）。

　1990年代初期には景気低迷と経済構造の変化により、高齢者福祉に対する非難がますます強くなり、それにつれて、高齢者の社会的位置づけも再び低下している（アチュリー＆バルシュ 2004=2005: 20, 25-6）。

　現在では、「ベビーブーマー」[21]が高齢者観に影響を及ぼしている。「ベビーブーマー」は、高齢者世代に入り始めているが、彼らの親の世代よりも、さらに学歴が高くなり、経済的にも恵まれている。「ベビーブーマー」は、ステレオタイプの高齢者像を嫌う傾向にあり、多様性があるといわれ、今後の高齢者観をポジティブな方向へ変えていく影響力をもっている（フライ Fry 2003）。タカムラは、「ベビーブーマー」の数は、7,600〜7,700万人となり、米国高齢者の最も大きな人口を占めるようになるが、これらの米国人によって、経済活動や社会的価値のある活動への関わりが続けられることで「アクティブ・エイジング」の概念（3-7.で後述）がより当たり前になり、70歳代が「新たな中年 (the new middle age)」となるかもしれないと予測している（2007: 184）。

3-3. 米国高齢者の生活の質概念の登場と変遷

米国高齢者の生活の質の概念は、どのような変遷をたどったのであろうか。加齢に対するイメージは長い間、固定的であった。20世紀の残り30年（1970年代）になっても、尚、加齢は、減退や病気や衰えと同意義であるとみなされていたが、長期的な研究の成果が出始めるにつれて、通常の加齢に対する概念は、次第に一掃されていく（タカムラ 2007: 181）ようにもなっていた。具体的には、1940年代の半ば頃から、老年学や老年学会が組織され、それらの学術誌が発行されはじめ「うまく年をとる（"grow old successfully"）」ということについての様々な教育や訓練のプログラムが登場した。そして、1950年までには、高齢期概念の再建がなされるようになっていった（コール 1992: 225）。さらに、1960年代に整備された高齢者のための諸政策（「高齢者に関する法律（OAA）」、「高齢者医療保険制度（Medicare）」、「雇用における年齢差別禁止法」など）によって高齢期の財政的な裏づけがなされていき、高齢期における健康的な加齢の概念が形成されることに貢献した。もちろん、これと並行して平均寿命が伸び、高齢期そのものが、この時期以降、増大していることも生活の質が意識化されてきた要因である。

このように見ると、高齢者の生活の質の概念についての議論が生じてくるのは、高齢者の社会経済的背景が諸研究や政策によって改善され、健康で長い高齢期が現れてきた後のことであることがわかる。これに呼応して報告されたのが、前述のニューガルテン（1974）による、新しいタイプの高齢者であろう。その後、1980年代になって、高齢者が社会の中で果たす役割（「プロダクティブ・エイジング」：3-7.で後述）という概念が登場した。さらに1990年代には、高齢者の生活の質を精神的・身体的に多角的に捉える概念（「アクティブ・エイジング」：3-7.で後述）が登場し、高齢者の生活の質の概念が発展していった。

3-4. 米国高齢者の財政的背景

ここで、米国高齢者の退職後の財政的背景について記述する[22]。米国高齢者の主な収入源は、公的年金、私的年金（企業年金・個人年金）、資産収入

（貯蓄・投資）、就労収入、補足的保障所得である。

公的年金は、国や地方自治体などが運営している年金で、社会保障制度（Old-Age, Survivors, Disabled, Health Insurance：OASDHI）と連邦職員退職制度、州・地方自治体職員退職制度、鉄道職員退職制度に分類される。社会保障制度は、一般に米国民の公的年金といわれているもので、1935年制定の社会保障法にもとづいて創設された。退職者本人に支払われる「老齢年金」と、その配偶者に支払われる「配偶者年金」がある。これを受給するためには、21～62歳の間に通算して10年以上、社会保障税を納める必要がある。配偶者には、その半額分が支払われ、夫婦合わせると1.5人分の年金額を受給できることになる。老齢年金の支給開始年齢は65歳だが、62歳から受給することも可能である。その場合は支給額が減額されるが、4人に3人は早期給付を選択している。このため、本書の事例でも、多くの高齢者がこのいずれかの年齢で退職していて、年金受給開始年齢が退職の契機の一つとなっていた。給付額は、退職前の平均月収の一定割合で算出され、低所得層ほど、その割合が高くなっている。しかし、給付水準は低く、老後の保障としては必要最低限のものである。官公庁勤務の場合は、連邦職員退職制度、州・地方自治体職員退職制度、鉄道職員退職制度から年金を受給している。

私的年金は、個人年金と企業年金がある。個人年金には、個人退職勘定（IRA）と自営業者退職制度（Keogh plan）がある。企業年金には、確定給付型年金と確定拠出型年金がある。先にも記述したように米国の公的年金の水準は低く、高齢化に伴って公的年金給付の財源が不足することが予測されているために、退職後の生活基盤となる企業年金の重要性が高くなっている。企業年金は、ほとんどの制度が、1950～1960年代に創設された確定給付型年金であったが、その後の企業合併の急増により、運営が困難になり、保険料の引き上げが行われたことにより加入者が減少し、その代わりに確定拠出型が登場した[23]。こちらは、加入者にとっては、自己責任において投資選択をするために確実に年金額を予定することができないというリスクがある。1996年現在で企業年金を得ている高齢者は41％（男性46％、女性35％）で、大企業と中小零細企業との支給条件の格差もあり、退職後の所得格差は、企業

規模によっても異なっている。また、公的年金だけの世帯と企業年金も得られる世帯では、平均所得に約2倍の格差が生じている（シュルツ Schulz 1995）。さらに、総資産額によってランク付けして全体の中央値10%にあたるクラス（ミドルクラスに含まれるクラス）では、退職後の収入源に占める資産収入（貯蓄・投資）の割合は25%であるが、上位10%のクラスでは、資産収入の割合が65%、下位10%では、3%となっており、経済的な階層の違いによって公的年金への依存度は異なっている。本書で対象とするミドルクラスでは、同じ階層でも、その依存度には、約25%～50%と幅がある（ムーア＆ミッチェル Moore and Mitchell 1997）が、公的年金と企業年金、そして資産収入や就労収入などの複数の収入源によって財政的背景が確保されているといえる。

就労収入のある高齢者の割合は、17%（2000年）で、その平均額は25,376ドルである。

尚、補足的保障所得とは、低所得の高齢者と障害者を対象に現金給付を行うものである。2002年に連邦政府は職歴にかかわらず、すべての65歳以上に対して月額545ドルを、夫婦の場合は817ドルを保障した[24]。さらにほとんどの州でも独自の保障を行っており、その平均額は月額140ドルである。

米国の高齢者は、退職後の収入を以上のように得ている。その他にも、現金によるものではなく、住宅費、医療費、食事サービスなどの間接的な所得となるものや行政による固定資産税の軽減などが行われているところもある。これらによって、前述のように、貧困レベル以下の高齢者は少なくなっている。

3-5. 生活の質と主観的幸福感

ラーソン（Reed Larson 1978）は30年間にわたる、諸研究者による高齢者の主観的幸福感（subjective well-being）の要因分析研究を比較検討し、その結果、この分野の要因分析研究の難しさに触れながらも、「健康度」、「社会経済的地位（収入・職業的地位・学歴）」、「社会的活動」の3つが最も大きな影響を及ぼすものであると分析している[25]。

また、古谷野亘（2003; 2004）は、老年学で行われてきた生活の質（Quality

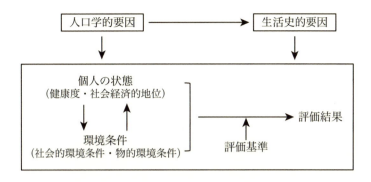

図序-2　QOLの構成要素・背景要因間の関係
出典：（古谷野1993: 132）

Of Life: QOL）に関する様々な研究を整理し、高齢者の生活の質の概念が、「個人の状態（健康度・社会経済的地位）」、「環境条件（社会的環境条件・物的環境条件）」、「個人の主観的評価（主観的幸福感）」のうちの1つ、またはいくつかを含むものになっていると分析している。そしてQOLの構成要素・背景要因間の関係図（古谷野1993: 132）を用いて（図序-2）、生活の質の概念を単一の測定尺度によるのではなく、複数の指標を組み合わせた指標モデルで構築することを提唱している。ラーソンが用語として定着させた主観的幸福感は、図序-2の「評価結果」の指標にあたる。

　「個人の状態」と「環境条件」の間には複雑な関係があり、「環境条件」が「個人の状態」の不十分さを補ったり、増幅したりし、反対に「個人の状態」が「環境条件」を改善したり悪化させたりする（古谷野2003: 149）。

　「個人の状態」のうち、属性との関連では、フィッシャー（Claude S. Fischer）による、学歴の高さは、交流関係の多さと相関している（1982=2002: 174）という指摘がある。その他、学歴が高い、あるいは所得が多い人は、ネットワーク全体、あるいは非親族ネットワークが大きい傾向にあるという先行研究や先行研究レビューが見られる（ウィルソン&ミュージック Wilson and Musick 1997; 藤村2001; 原田ほか2003）。また、生きがいを感じている高齢者の圧倒的

多数が、他者との交流関係の充実感を持っていることが論じられ（エヴェラード Everard 1999; 高野 2001: 332）、学歴や所得が交流関係を促進し、それが高齢期の生きがいに結びついていると見ることができる。さらに、交流関係の量と高齢者の精神的健康との正の相関が報告されている（バサック Bassuk ほか 1999）。健康度は、経済的条件と相互に関連しているため、これらの要素が複雑に絡み合っていることは議論の余地がない。ミドルクラスであることは、全般的に生活の質を保つために必要となる上記のような条件が、ある程度は満たされているといえる。しかし、退職し、高齢になるにしたがって、これらの前提も所与のものではなくなっていくことも考慮されなければならない。

　本書では、ミドルクラスの、ほぼ健康な、自立生活を送っている高齢者を対象とすることから、便宜的に社会経済的地位や健康度を一定とみなして、「環境条件」にあたる、社会的・物理的環境要素について、どのような場合に、高齢者が実際に肯定的な自我意識を持つことができるのかという視点から、生活の質を構成する要素を考察する。これに関して本書の3つの章で取り上げる大都市圏との関連においては、フィッシャー（1984）の下位文化理論では、社会的環境条件として都市化は人口規模の面（臨界量）でネットワークの同質性を高めるとされ、このことは、社会的交流活動において同じ動機をもった人々の結びつきが促進される可能性を示している。

　古谷野（2003）は、ラーソン以来、主観的幸福感の要因分析[26]は図序-2の枠組みに従って行われてきたが、「個人の状態」・「環境条件」と「評価結果」の間には、個人がそれらの生活条件をどう捉えているのかという「評価基準」が介在しているため、この「評価基準」を主観的幸福感に影響を及ぼす重要な要因として分析する必要性を指摘している。

　本書の分析を生活の質研究全体の中で位置づけると、事例とする地域コミュニティの物理的環境要素や社会的環境要素の分析は、図序-2の中の「環境条件」によって創出される要素を分析することであり、コミュニティ意識や役割の獲得という主観的な側面を見て行くことは、それらの「環境条件」を住民がどう捉えているかという「評価基準」に影響を及ぼすものとして見

て行くことである。したがって、本書は、古谷野の図式（1993: 132）に従えば、高齢者が生活の質を向上させるために、高齢者にとっての生活の質の構成要素がどのようなものかを追究する研究と位置づけている。

本書では、高齢者が生活の質を向上させる要素として、役割を重要な価値として追究していく。その根拠となるものは、活動理論の系譜につらなる議論である。

3-6. 役割理論

本書では、前述のように、高齢者の生活の質を捉える要素として、高齢者が人々との社会的交流の中で果たす役割の重要性に着目する。ここで、役割について、どのような先行研究がなされてきたのかを概観する。

役割概念は、ミード（George H. Mead 1934）の、自我が他者の「役割取得」という過程を通して形成されるという概念が原形といわれている。ミードは、自我は他者とのかかわりにおいて社会的に形成され、展開する、社会的構成物であると考えた。しかし単に社会的に形成されるのではなく、その過程を通じて生み出される人間の主体性（主我[27]）によって他者や社会を再構成するようになると考えたのである（船津2008）。その後、文化人類学者のリントン（Ralph Linton 1936）、構造機能主義社会学の立場からはパーソンズ（Talcott Parsons 1951）らによって、役割は、地位と結びついた義務や権利という性格が与えられ、「役割期待」として地位に従属的なものとして意味づけられるようになった。役割は、文化や制度に規定され、拘束されるものという概念である。しかし、役割期待とその遂行という側面だけでない、複数の役割や役割期待への葛藤という「役割コンフリクト」（コマロフスキー Komarovsky 1946; ストーファー Stouffer 1949; ケイン Cain 1973）や役割期待に対して距離をおいて行動する「役割ディスタンス」（ゴッフマン Goffman 1961）という概念も生みだされた（ケイン 1973）。

一方で、1920年〜1930年代に前述のミードを中心とした多くの研究者によって論じられ、1960年〜1970年代に再び注目された、シンボルを通じての人間の相互作用過程に焦点をおいたシンボリック相互作用論[28]は、リン

トン-パーソンズ的役割理論を批判し、役割を「相互作用過程」に結びつけて捉えている。すなわち、人間は他者の役割期待を認識し、選択的に推測し、解釈することを通じて、役割期待を修正し、変更し、「役割形成」を行うものであるとする（船津1976: 198）。船津は、さらに、「役割形成」は、他者との関わりにおいてはじめて具体化され、他者の存在が自己の行動に深い関わりをもった時に問題とされるものであると分析している（同1976: 200）[29]。

本書では、役割を、地位に結びついた義務や権利としての「役割期待」としてのみ捉えるのではなく、他者との関わり、すなわち人間の相互作用過程においてもまた具体化され、形成される主体的で肯定的な意識と定義する。

3-7. 活動理論の系譜

活動理論（キャヴァン Cavan 1962; キャヴァン, et al.1949; ハヴィガースト&アルブレヒト Havighurst and Albrecht 1953; レモン、ベントン&ピーターソン Lemon, Bengtson and Peterson 1972）は、個人のレベルに着目するミクロ理論として米国の老年社会学の初期の研究から提示されてきた（杉澤2007）。この理論では高齢者の自我意識の発達にとって、社会的交流の継続が重要であることが強調されている。この理論の骨子は、シンボリック相互作用論の自我概念に由来している（パサッシュ&ベントン Passuth and Bengtson 1988: 341）。活動理論の背景には、老年期における、実り多い、幸福な老いを追求する議論である、1950年代に登場した「サクセスフル・エイジング」（ロウ&カーン Rowe and Kahn 1997）の概念がある。それは、高齢者個人の身体的・精神的・社会的な機能の維持や高齢期における適応に焦点をあて、望ましい高齢者像を提示することを意図したものである。

その後、公民権運動の高まりの中で、米国社会の高齢者観に対しても意識が向けられるようになり、エイジズムに対する反論として、1980年代に、「プロダクティブ・エイジング」という概念（バトラー&グリーソン Butler and Gleason 1985=1998）が唱道された。「プロダクティブ・エイジング」の概念は、社会の中で高齢者が果たしている、または果たしうる役割に焦点をあて、高齢者の機会を拡大することを意図したものである（杉原2007: 239-40）。さらに、

1990年代には、「プロダクティブ・エイジング」の中心的な要素を含んだ、より広い概念として、WHOの影響を受けて、「アクティブ・エイジング」の概念（ウォーカー Walker 2002）も登場した。それは、とりわけ、高齢者の生活の質や精神的・身体的な安寧・幸福を強調したものである（前田 2006: 12-4）。これらの概念は、高齢者観についての様々な議論の中で登場してきたが、活動理論の主張と共通する指向性をもつものといえる。

活動理論の論旨を総合すると、「高齢期とともに退職や伴侶の死などによる役割の喪失を経験する。肯定的な自我意識を維持するためには、高齢期に喪失したそれらの役割を新たな役割で埋め合わせなければならない。したがって、高齢期の生活の質（well-being）は、結果的には、新しく獲得された役割における活動性の増大から生じる。」（筆者訳）という主張である（パサッシュ＆ベントン 1988: 341）。

活動理論は、高齢者が活動的であればあるほど、生活に対する満足感が高くなるという考え方であるため、この理論の思想的な背景には、活動性に高い価値を置く、米国中産階級に支配的な価値観があるとする指摘があり（袖井 1981: 102-40; 古谷野 2003: 145）、活動理論に相反する知見も少なくなく、この理論が適用できる範囲が限定的であることも示唆されている（杉澤 2007: 47）。また、活動理論への批判として高齢期とともに社会から離脱していくことが社会にとっても高齢者にとっても望ましいとする離脱理論（カミング＆ヘンリー Cumming and Henry 1961）の議論があり、論争が展開された。その後、高齢期を衰え、減退といった否定的特徴と同等視する固定観念が高齢者に与えている影響が指摘され、前述のエイジズムとして取り上げられた（バトラー 1975; パルモア Palmore 1999）が、これに対しても、衰えや減退といった老いの現実を否定することによって、かえってエイジズムを助長するという批判もあり、高齢期を実体として捉えるのは単純ではないといえる。

活動理論とその系譜に連なる諸研究は、ある意味で高齢者の可能性を積極的に取り上げて行こうとするメッセージ性をもっていると考えられる。そのために、高齢者の活動性を誇大化しがちでもあり[30]、高齢者観にとって、もろ刃の剣となりうるとも考えられるが、これらの諸研究が、医療分野から

の活動性を評価した実証研究（バサックほか 1999; ハウス House ほか 1988; ロウ＆カーン 1987; ゼーマン Seeman ほか 1994 など）と並行する形で、高齢者の社会参加の機会を結果的に促してきたことによって、高齢者に対する社会意識はネガティブなものからポジティブなものへと変化してきた。

金子勇（1993: 41,147-8）は、高齢期は、家族・親族を中心とした固定役割、職域を中心とした循環役割からの役割縮小過程であり、高齢期に重要となってくるのは彼らを取り巻く地域コミュニティであり、地域コミュニティを新たな役割（流動役割）の創造・回復・維持の生活基地と捉えるという議論を展開している。退職期は、確かに役割の大きな喪失過程でもある。しかし、これを補完するための新たな役割が得られるとしたら、この面から由来する生活の質を低下させることなく、あるいは高めていくことも可能である。金子が地域コミュニティに注目するのは、家族役割や職業生活に伴う責務が縮小することによって、それらに伴った広域的な活動の場が喪失し、さらに、高齢になるにつれて、車の運転をあきらめることなどによる移動性の制約からも物理的な行動範囲は次第に狭まっていくことによる。その一方で時間的な制約は減少する。したがって高齢者にとって彼らを直接取り巻く生活環境である地域コミュニティが漸進的に、相対的に重要な環境となってくる（フィッシャー1982=2002: 266-9; 前田 2006: 179）。

本書では、活動理論の役割補完の概念にもとづいて高齢者の生活の質を居住環境や社会的交流活動の側面から捉えて、ライフステージの変化によって相対的に小さくなってしまった親や職業人として果たしてきた役割の補完としてのものが地域コミュニティのどのような環境によってどのように生み出され、どのように高齢者自身によって獲得されるのかという視点で高齢者の生活の質を追究する。

3-8. 高齢者の活動

高齢者を活動との関連で研究した文献は多い。それらは高齢者のそれぞれの社会的交流における生活の質や精神的健康を主なテーマとしている。祖父母としての役割や親族との交流（クラーク＆ロバーツ Clarke and Roberts 2002; ベ

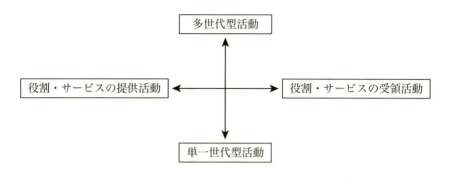

図序-3　活動の分類

(筆者作成)

ントン 1985; チャーリン＆ファーステンベルク Cherlin and Furstenberg 1985; モーガン Morgan ほか 1991; ロベルト Roberto 1992; 直井 2001) やボランティア活動などを通しての交流 (シャンブル Chambre 1993; オークン＆ミッチェル Okun and Michel 2006; ウィルソン＆ミュージック Wilson and Musick 1997)、友人やレジャーや学習活動などから得られる交流 (アダムス Adams 1989; クローハン＆アントヌッチ Crohan and Antonucci 1989; ケリー Kelly 1987; ケイ Kay ほか 1983) の他、単独で行う活動 (レヴィン Levin 編 1994; ケーニグ Koenig ほか 1993; ケーニグ 1995; ピーコック Peacock ほか 1991) もある。

　活動理論の代表的研究においては、レモン (Bruce W. Lemon) ほか (1972) は、高齢者の諸活動を分類して、それぞれについて、満足感を測った。それらは、友人とのインフォーマルな活動、親族とのインフォーマルな活動、隣人とのインフォーマルな活動、フォーマルな活動、単独活動の5つである。しかしながら、この研究では、対象の設定に課題があったことが、研究者自身によっても言及されている (レモンほか 1972)。その他にも、高齢期の生活の中にある、彼らそれぞれにとっての特別な活動がもつ意味の多様性を看過していると批評されている (パサッシュ＆ベントン 1988: 341)。

　本書では、活動について世代性と役割を考慮に入れて、別の視点から分類し、捉えた。概念図は、図序-3のようになる。

この考えに基づくと、活動は、世代の観点から、多世代型活動と単一世代型の活動に、その程度によって連続的に配置され（縦軸）、また、内容的に、役割・サービスの提供活動と役割・サービスの受領活動に、その程度によって連続的に配置される（横軸）。

高齢者の生活の質との関連を見る時、活動をどの観点から捉えるのかという位置づけは重要であるが、いずれの活動も、高齢者の生活の中で、連続的に生じ、日常生活を構成している。これらの活動によってもたらされる役割・サービスは、授受のバランスがとれている時、または受領より提供のほうが、やや多い時に幸福感や精神的健康度が高まるとされている（浅川 2008）[31]。

上記の図序-3では、主にボランティア活動などの貢献的な活動は、左側部分にあてはまる活動であり、主に友人や親族との交流や趣味などの社交的活動（運動・学習を含む）は、右側部分にあてはまる活動となる。

本書では、これらの諸活動のうち、主に「多世代型」の「役割・サービスの提供」活動に分類される活動に焦点をあてる。

3-9. 論点と意義

これらの知見を踏まえて、本書では、「大都市郊外」、「大都市都心」、「地方のスモールタウン」という、米国の異なる地域コミュニティで暮らす高齢者を対象として、まず、それぞれの物理的環境要素である居住性について検討を加えた上で、社会的環境要素である高齢者の社会的交流活動の諸要素を掘り起こし、その意義を分析していく（第1章〜第3章）。次いで、現在、一般住居で自立生活を送る、本書で対象とする高齢者にとっても、年齢の上昇とともに、ある時点で、居住形態の再選択が必要になるが、米国人高齢者にとって選択肢の一つとして考慮されることが多い「高齢者コミュニティ（リタイアメント・コミュニティ）」の物理的環境要素と社会的環境要素について考察を行う（第4章）。

以上の4つの事例から、高齢者の生活について、どのような環境の中で、どのような社会的交流が行われているのかを考察することで、社会的存在としての高齢者の実体を描写し、どのような要素によって高齢者が肯定的自我

を形成して生活の質を高めているのかを分析する。

　論点は、地域コミュニティの社会的交流活動において、異なる世代が相互に関わり合いを持つ多世代包摂性の関係が深まることによって、高齢者が役割を獲得し、生活の質を高めることにつながるか、ということである。

　活動と生活の質を扱った先行研究は、上記で見てきたように様々になされてきたが、高齢者の活動を世代間関係の視点から見ていくことが本書の特徴である。世代性の視点については、今までに世代間交流促進のためのプログラムや介入の事例研究（ペイン Pain 2005; カプラン Kaplanほか 2006）などがなされてきたが、高齢者の日常の広範な活動について世代間関係と役割発生との関連で追究することに本書の独自性がある。したがって、本書の意義も、そこにあると考えている。

【注】
1　出生時の健康余命（健康に過ごせると期待される平均的な年数）。健康とは、肉体的・精神的及び社会的に健康な状態をいう。WHO資料（2012年）によると、日本は75歳（男性72歳／女性77歳）でシンガポールの76歳（男性74歳／女性77歳）に次いで95か国中、世界第2位。米国は70歳（男性68歳／女性71歳）で世界25位。（総務省統計局ウェブサイト http://www.stat.go.jp/index.htm（2015年8月5日取得）参照）
2　米国では65～69歳の90％にあたる（アチュリー&バルシュ Atchley and Barusch 2004=2005）。古谷野・安藤（2008）によると日本ではその割合は70～80％であるという。また岡本（2005）によると、2003年の65歳以上に占める要介護等高齢者の割合は14％であることから、高齢者の85％程度は介護サービスを必要としていない元気な者とみなされているという。
3　役割についての本書での定義は、本章、第3節（3-6.）で後述する。
4　事例のうち、第1章のものは、高齢者の生活の質に関わる要素として地域コミュニティそのものを考察しているため、その他の世代への調査も含んでいる。
5　米国国勢調査局（U.S. Census Bureau）によって10年ごとに実施される国勢調査（Census）の2010年調査の統計資料。
6　米国国勢調査局 ウェブサイト http://www.census.gov/prod/cen2010/briefs/c2010br-

01pdf（2011年11月21日取得）の *Population Distribution and Change : 2000 to 2010*（March 2011）にもとづく。

7　メリーランド州の位置づけは「南部」のほか、「北東部」に分類している文献も見られる。本書は、小田ほか編, 2004『事典　現代のアメリカ』大修館書店．にもとづく。

8　これらの大都市郊外郡の選択については、各大都市圏の中心都市を含む郡に隣接している郡の中で任意に選択した。

9　西インド諸島および、ラテンアメリカ諸国出身のヒスパニック系は、スペイン語圏を母国とする人々で、人種のカテゴリーとは別範ちゅうである。

10　2005-2009 American Community Survey 5-Year Estimatesにもとづく。

11　尚、ギルバート－カールモデルでは、その他に、キャピタリストクラス（1%）、ワーキングクラス（30%）、ワーキングプア（13%）、アンダークラス（12%）に分類している。（ギルバート 2011: 32）参照。

12　http://www.gender.go.jp/danjo-kaigi/syosika/houkoku/honbun1.pdf.（2011年11月21日取得）の資料にもとづく。

13　米国国勢調査局ウェブサイト http://www.census.gov/prod/cen2010/briefs/c2010br-09.pdf（2015年8月17日取得）Frank Hobbs and Nicole Stoops, 2002, *Demographic Trends in the 20th Century: Census 2000 Special Reports*, U.S. Census Bureau. 参照。

14　米国国勢調査局ウェブサイト States & County Quick Facts参照。（http://quickfacts.censu.gov/gfd/states/00000.html 2015年8月15日取得）

15　高齢社会の定義は国連が定めている（山縣ほか編2010: 91）。ちなみに、日本は、2007年から超高齢社会（高齢化率が21%を越えた社会）となっており、2013年10月1日現在の高齢化率は、25.1%で世界一である。（平成26年版高齢社会白書参照）

16　1965年の移民国籍法では、出身国別割当制は廃止され、1国あたり、2万人を限度とすると同時に、移民の種類による優先順位が設けられた。この移民法によって、米国への移民は1980年代に年間平均約65万人となり、1994-98年には、年間平均78万人にも達した（小田ほか2004: 247）。

17　以上の2013年のデータはU.S. Census Bureau, Current Population Survey, 2013 and 2014 Annual Social and Economic Supplements.　にもとづく。（http://www.census.gov/hhes/ 2015年8月15日取得）

18　以上の記述は、（アチュリー&バルシュ 2004=2005: 12-21）にもとづく。

19　1978年の改正によってほぼすべての職種で70歳前の定年制度が禁止された。さらに、1986年の改正では、パイロットやバスの運転手などの職を除き、ほとんどの分野で定年制度そのものが禁じられた。（アチュリー&バルシュ 2004=2005: 111）

20 全米退職者協会（American Association of Retired Persons）は、1999年から、AARPが正式名称となった。
21 米国で1946年〜1964年に生まれた人々を指す。人口規模が他の世代に比べて圧倒的に多いため、彼らの世代がそれぞれのライフステージで及ぼす社会的な影響力は大きい。
22 この項目の記述は、（アチュリー＆バルシュ 2004＝2005：124-129）、（ケネリー Kennelly 2005）、およびウェブサイト投信資料館http://www.toushin.com/401k/basic/basic1_1.htm（2008年5月13日取得）にもとづく。
23 これには、利益分配制度、株式賞与制度、マネーパーチェス制度、従業員貯蓄制度があり、このうち、内国歳入法の401条k項の要件を満たしたものを401kプランといい、税制上の優遇が、企業に対してだけでなく、従業員に対しても与えられているなどいくつかの利点のために急成長した。http://www.toushin.com/401k/basic/basic1_1.htm（2008年5月13日取得）参照。
24 高齢者が補足的保障所得の給付を得るためには、月収が545ドル以下であると同時に、流動資産が2,000ドル以下であることを証明しなければならない。そのために資産調査を受ける必要があり、この調査を心理的に拒むために、補足的保障所得の受給資格があっても4割の高齢者が制度を利用していないという。（シュルツ 1992；アチェリー＆バルシュ 2004＝2005：129）参照。
25 ラーソン（1978）が論文の中で触れている要因分析研究の限界とは、well-beingが被験者の自記式によるものであることである。そのため、subjective well-beingという用語が使用され、主観的幸福感と訳されている。
26 現在に至るまで広く用いられてきた尺度は、ニューガルテンらの生活満足度尺度A（Life Satisfaction Index A；LSIA）とロートン（Lawton, M.P.）のPGCモラール・スケール（Philadelphia Geriatric Center Morale Scale）およびそれらの改訂版である。これらの尺度は、幸福な老いの程度を複数の下位次元から構成される多次元の概念として定義し、そのうえで幸福な老いの程度を表す得点を算出できるように設計されている（古谷野 2003：140-1）。
27 ミードによると人間の自我には2つの側面があり、ひとつは「主我」（I）、もうひとつは「客我」（me）である。自我はこの2つのかかわりから成り立っている。「客我」とは他者の期待をそのまま受け入れたものであり、自我の社会性を表し、「主我」とはその「客我」に対する反応であり、人間の主体的側面を表すものである。（船津 2008：91）参照。
28 ブルーマー（H.G. Blumer）、シブタニ（T. Sibutani）、ターナー（R.H. Turner）らによって1960年〜1970年代に展開されたシンボリック相互作用論（Symbolic

Interactionism）は、ミードの理論を科学的に定式化したものである（船津1976）。ブルーマーによれば、1.人間は、ものごとが自分に対して持つ意味にのっとって、そのものごとに対して行為する、2.このようなものごとの意味は、個人がその仲間と一緒に参加する社会的相互作用から導き出され、発生する、3.このような意味は、個人が、自分の出会ったものごとに対処するなかで、その個人が用いる解釈の過程によってあつかわれたり、修正されたりする、という３つの前提に立脚している（ブルーマー 1969=1991：2）。

29　船津（1976）は、したがって、それは、パーソンズらが規定する大きな社会構造にそのまま適用されるというよりは、小状況における人間のプラグマティックな主体性を表していることに留意すべきだという。

30　たとえばベティ・フリーダン（Betty Friedan）（1993=1995）の *The Fauntain of Age*（邦題『老いの泉』）では、社会で誤解されている高齢者の能力と可能性を積極的に掘り起こしたものであるが、その論調に対しては、かえって高齢者の弱者としての側面を攻撃することになるという批判もある。

31　浅川（2008）は、これをソーシャル・サポートという用語で説明している。それは、他者との間で取り交わされる、もろもろの支援・援助を指している。現在では、社会関係は、ソーシャル・ネットワークとこのソーシャル・サポートという概念で捉えられることが多いという。高齢者においては、サポートの受領のみを想定しがちであるが、高齢者も他者に対してサポートを提供しているのが普通である（浅川2008：109）。

第 1 章
大都市郊外住宅地コミュニティと生活の質
──メリーランド州ケントランズを事例として──

第1章では、米国の「大都市郊外」に建設された新興住宅地を事例として、第1部で物理的環境要素としてのタウンプランニング（住宅地計画）を、第2部で社会的環境要素としての地域行事を取り上げ、この両面から高齢者が生活の質を高める要素について考察する。ここでは、居住地コミュニティのコミュニティ意識を分析することによって、高齢者の生活の質を考察する。序章でふれたように、本書では、高齢者の生活の質の要素として、高齢者が担う役割に焦点を当てているが、本章で考察するコミュニティ意識には、住民相互の役割の重要性の意識という要素を含んでいるからである。

第1部　タウンプランニングとコミュニティ意識

第1節　タウンプランニングとコミュニティ意識をめぐって

　米国の「大都市郊外」の住宅地は、1956年の州間自動車道法（Interstate Highway Act）によって全米に建設された高速道路網にけん引される形で、幹線道路とのアクセスのよい場所に単一の機能（住宅専用地）で低密度といったゾーニング[1]にもとづく、標準的な住宅地、住宅様式で大量に建設されてきた。また住宅地の資産価値が維持されるように特定所得階層をターゲットとして価格帯や住宅タイプを限定した住宅開発が進んだ[2]。その結果、それぞれの住宅地には社会経済的に同質的な住民が居住する典型的な郊外が広く形成された。

　こうした住宅地では、言うまでもなく、かつてのスモールタウン的な、多様な世代によるコミュニケーションは成り立ちにくくなっている。それは第1に、そういった物理的な居住環境の変化のためである。低密度な住宅地構造では、日常生活に必要な店舗や諸機関への近接性に欠けるため、生活が車中心となり、人々の歩行を通じた交流が乏しくなってしまった。また、均質化された住宅地や住宅様式においては、公共広場、歩道、ポーチ[3]など、かつてのように人々が出会い、語らうパブリックな場が失われてしまった。第2には、住民特性の変化がある。所得階層にもとづく住民の社会経済的な同質化が進むと、年齢や職業などの多様性がもたらしてきた、利他的な交流が

進みにくくなる面がある。

　こうした反省から、従来の開発に対して、日常生活の機能を住宅地計画の中に包含した、近接感のある居住地を作り出し、コミュニティを再生しようというタウンプランニング（住宅地計画）の取り組みが進められた。1960年代以降、低密度性、単一機能のパターンを解消するものとして計画的一体開発（Planned Unit Development：PUD）と呼ばれる住宅地開発が促進された。これは、クラスター・ハウジング（Cluster housing）とも呼ばれ、自治体によって開発が承認されるとゾーニングの規制が緩和されて、住宅密度の増加や住宅様式の多様化が可能となった[4]。しかしこれらの住宅地や住宅様式も、開発者が想定したような近接感のある居住地や住民集団の多様性を生み出すまでには至らなかった（ライト Wright 1981）。

　これに対して「ニューアーバニズム」と呼ばれる都市計画運動はPUDの範ちゅうであるが、低密度性を解消し、米国の伝統的都市に見られるような住宅地や住宅様式によって世代や階層が多様な住民集団の形成を目指すものである。

　第1部では、住宅地や住宅様式などのタウンプランニングの物理的環境要素やそれに含まれる建設者のメッセージ要素が、住民のコミュニティ意識の醸成にどのように作用しているのかを、まず明らかにする。そして、こういった居住環境の下で、地域コミュニティの住民組織がどのように機能し、その結果、近隣ネットワークとしての住民の社会的交流はどのようになされているか、とりわけ、高齢者が住民としてどのような役割を獲得できているのか、ということを考察する。

　第1部の枠組みは、次の通りである。まず、第2節でコミュニティおよびコミュニティ意識についての理論的検討を踏まえ、タウンプランニングとしての「ニューアーバニズム」およびそのメッセージについて先進事例として取り上げて概説する。次いで第3節で先行研究と第1部の論点・意義について記述する。第4節および第5節で「ニューアーバニズム」の伝統的近隣住区開発（後述）として建設された郊外住宅地、メリーランド州のケントランズ（Kentlands）を具体例に取り上げ、住民へのインタビューにもとづく考察を行い、その結果を分析する。

ケントランズのタウンプランニングは、徒歩圏のまとまりとスモールタウン的な景観を具体化したデザイン実体の総体として、物理的環境要素と結びついている。

第2節　コミュニティ意識と米国の郊外開発

2-1. コミュニティの定義とコミュニティ意識

本章では、コミュニティを個人が趣味・関心などで選択的に見出す、クラブや組織などのようなアソシエーション的なものとは区別して、包括的な共同体的つながりを持つまとまりとして定義する。また実際の地域コミュニティを扱うことから、地域的空間の限定性もその概念に含むものとする（倉沢2002）。包括的な共同体的つながりとは、ベラー（Robert N. Bellah）ほか（1985＝1991）が定義する「社会的に相互依存的関係にあり、共に討議や決定に参加し、コミュニティを定義づけると同時にコミュニティによって育成されもする特定の実践をともにする人々の集団」という捉え方である。

また住民のコミュニティへの関わりの程度を示すものとして「コミュニティ意識（Sense of Community）」を指標とする。コミュニティ意識とは、マクミラン＆チャヴィス（David W. MacMillan and David M. Chavis）（1986）に従い、「Membership（所属感）」、「Influence（存在感）」、「Integration and Fulfillment of Needs（欲求充足感）」、「Shared Emotional Connection（情緒的一体感）」（筆者訳）の4要素[5]からなるものと定義する。タレン（Emily Talen）（1999）によると、学術的な意味でのコミュニティ意識は、1968年にクライン（D. Klein）が精神衛生学の分野で紹介した概念である。その後、コミュニティ心理学の分野で様々に定義されてきた（サラソン Sarason 1974; アンガー＆ワンダースマン Unger and Wandersman 1985; マクミラン＆チャヴィス 1986; ワンダースマン＆フロリン Wandersman and Florin 1990）。それらの内で、多く引き合いに出されているのがマクミラン＆チャヴィス（1986）である。

米国の郊外開発は、コミュニティ意識を失わせる方向に向かって行ったと言われている[6]。ジャクソン（Kenneth T. Jackson）（1985）は、米国郊外は「ド

ライブイン文化[7]」のためにコミュニティ意識が犠牲となり、これによって近隣の交流が失われ、生活が個別の家族の内側に閉じてしまったことを述べている。バウムガートナー（M. P. Baumgartner）(1988) は、参与観察した郊外住宅地において、郊外の表面的な平穏な生活は、個別化され、弱体化したコミュニティの結びつきから表出した、対立を避けるための道徳的最小主義によってもたらされているにすぎないことを見出している。

コミュニティ意識は、このように、社会文化的影響や、住民集団の性格に大きく左右されるであろうが、タウンプランニングによっても影響を受けると考えられる。

タウンプランニングで想定されたものは、物理的環境要素である。タウンプランニングの物理的環境要素とは、住宅地全体あるいは、個々の住居に関わる物理的な特質で、住宅地全体に関わるものとして、ゾーニング、自動車や歩行者などの動線計画、公園、店舗、公共施設の配置などがある。また建ぺい率や容積率の規制によって、一戸建て用地や集合住宅用地として建設地が区分される。個別の住居レベルに関するものでは、敷地面積、住居の広さ、外観、様式や住居間の多様性あるいは、均一性が挙げられる。

また、タウンプランニングが物理的環境要素を通して間接的に提唱するのは、タウンプランニングの建築家が発するメッセージである。それは、物理的環境要素の背景にある建設理念として住民に発信される。したがって、物理的環境には、この建設理念も含まれる。

2-2. ニューアーバニズムとそのメッセージ

事例として取り上げる住宅地ケントランズのタウンプランニングの建設理念である「ニューアーバニズム」は、ピーター・カルソープ（Peter Calthorpe）、アンドレス・デュアニー（Andres Duany）、エリザベス・プラター–ザイバーク（Elizabeth Plater-Zyberk）等を中心に、ロサンゼルスのステファノス・ポリゾイデス（Stefanos Polyzoides）、エリザベス・ムール（Elizabeth Moule）等、共通の方向を目指しながら米国の様々な都市で仕事をしている建築家たちのグループの考え方に与えられた名前である（香山 2002）。共通の方向とは、従

来の郊外開発で用いられているような車のスピードに合わせた尺度ではなく、人間の徒歩を基準にし、開発規模をヒューマンスケールの内に限定する、開発前の自然景観を生かし、開発の範囲を最小限にするなど、環境にも配慮した、コミュニティ意識の高い居住環境を創造しようという方向である。

「ニューアーバニズム」は、イギリスのエベネザー・ハワード（Ebenezer Howard）による20世紀初頭の「田園都市」[8]、米国のペリー（Clarence A. Perry）（1929）の『近隣住区論』[9]、ニュージャージー州の住宅地、ラドバーン（Radburn: 1929年建設）[10]などの影響を受けたもので、事実上の最初の実践は、1981年のフロリダ州シーサイド（Seaside）[11]である。その後、1991年に建築家、地方自治体の役員、民間団体により、「ニューアーバニズム会議（The Congress for the New Urbanism）」と呼ばれる組織が結成され、1996年には「ニューアーバニズム憲章（Charter of the New Urbanism）」として理念が明文化された。郊外開発だけでなく都市の再開発にも実践されている。

「ニューアーバニズム」の設計手法の中でも、特に公共交通機関との接続を重視した設計をTOD（Transit Oriented Development）、すなわち、公共交通指向型開発という。また、伝統的な町の要素を取り入れることを重視した設計をTND（Traditional Neighborhood Development）、すなわち、伝統的近隣住区開発と呼んでいる。事例で取り上げるケントランズの設計は後者である。

2008年の時点で、米国国内には約4,000の「ニューアーバニズム」によるプロジェクトが計画中または建設中である[12]。一般的な開発に比べて不動産価格の上昇の割合が大きいことから、市場評価は高いといえる（トゥー&エプリ Tu and Eppli）（1999）。

「ニューアーバニズム」が提唱する物理的環境要素の特徴は、徒歩で日常生活ができるコンパクトな町を計画することである。その基本は徒歩5～10分圏である半径400～600mほどの範囲に店舗、学校、諸施設、オフィス、公共交通機関の駅など、日常生活に必要なものを包含させて、一戸建て、タウンハウス[13]、コンドミニアム、店舗併用住宅（live-work unit）[14]（それぞれ賃貸を含む）などの多様な種類の住宅とともに、それらを比較的高密度に配置するというものである[15]。建物の配置や道路設計によって徒歩を促し、

様々なタイプの住居を組み込むことで、従来の計画住宅地より、階層や世代の多様化を試みている（レッチェーゼ Leccese ほか 2000）。

このように、住宅だけでなく、近隣を含む住宅地を開発することは1850～60年代の米国東部や中西部で、いくつかの先例が見られる[16]。前述したPUDについては、1960年以降は、郊外の土地価格の上昇に伴い、開発業者が、共有地を住宅地域内に持つ補完として住宅地部分の密度を高くできるゾーニング変更を取り付けた（マッケンジー Mckenzie 1994）。広義のPUDの居住者は、現在では全米人口の約6分の1に当たる4200万人とされる[17]。しかしながら、こうした計画住宅地では、住宅所有者組合が保持する制限約款によって住環境の資産価値を維持する努力が図られることがしばしば見られ、それが結果的には同質的階層集団以外を排除しているとの指摘もある（マッケンジー 1994）。

一方「ニューアーバニズム」が建設理念で追求するものは、郊外開発が失った、多様で活気ある伝統的な町、いわばスモールタウンの再生であり、従来のPUD住宅地の改善を試みたものといえる。表1-1は、米国郊外住宅地と伝統的都市の位置づけを示したものである。

ここでスモールタウンのイメージに言及する場合、次の3つの像がある。

第1に、米国人一般の心に広く刷り込まれたスモールタウン像である。19世紀後半、西部の農業地帯と東部の大市場をつなぐ鉄道網の沿線に無数の小さな鉄道町が点在した。能登路雅子（1990）によれば、それらは20世紀初頭、作家らによって偏狭、無知、独善の象徴として批判的に描かれた[18]。一方で、その共同体社会が産業化によって揺らぎ始めるにつれ、マーク・トウェイン（Mark Twain）の小説（19世紀後半）、ノーマン・ロックウェル（Norman Rockwell）の絵画やウォルト・ディズニー（Walt Disney）のディズニーランド（Disneyland）のテーマ（20世紀）などのように、素朴であたたかみのある理想的共同体として神話化されても描かれて、米国人大衆の郷愁の中軸が形成されていったという[19]。

第2に、「ニューアーバニズム」の伝統的近隣住区開発（TND）がモデルとしたスモールタウン像がある。「ニューアーバニズム」のTNDでは、米国に

表1-1 アメリカ郊外住区の位置づけ

		伝統的都市、スモールタウン	一般的な郊外住区	PUD (Planned Unit Development)	
				一般的なPUD	ニューアーバニズム
特徴		(1)住区内は徒歩中心 (2)日常的な住民間交流の機会多い (3)自然発生的な近隣精神	(1)住区内も車依存 (2)日常的交流が少なくなりやすい (3)近隣精神が育ちにくい	(1)車依存 (2)交流が乏しい地区が多い (3)共同所有施設等を通じ近隣精神涵養を目指す地区もある	(1)徒歩中心の生活促進 (2)日常的交流の機会増を目指す (3)近隣精神の涵養を重視
プライバシーとコミュニティの調整		コミュニティ志向	プライバシー志向	中間的	コミュニティ志向（スモールタウン的コミュニティというメッセージ）
物理的環境	住区の全体計画レベル	中〜高密度	低密度	中密度	高密度
	個別の住居レベル	多様性大	均質的傾向	地区によって異なる	多様性を追求

（筆者作成）

歴史的に永らえてきた、にぎわいのある町を観察し、それらの町の良い部分をデザイン要素として取り入れてきた。こちらは、より伝統的都市のイメージが強い。具体的には、17〜18世紀に町の起源を持つアレキサンドリア（ヴァージニア州）、チャールストン（サウスカロライナ州）、ジョージタウン（ワシントンDC）などである。

第3に郊外居住者自身が幼少期を過ごした記憶の中の「スモールタウン的」な像がある。それは、必ずしもスモールタウンではなく、現在の郊外居住者の大半を占める30〜60歳代が生まれた1950〜70年代における「郊外」である場合も多く、当時の郊外を舞台としたテレビのホームドラマ[20]などに牧歌的に理想化されて描かれたメディアイメージとも重なり、懐かしく思い出されるミドルクラスのホームタウン像だ（ハルバースタム Halberstam 1993=2002）。このホームタウンは現実のスモールタウンではなく、第1、第2のスモールタウンの断片的要素がノスタルジアとともに入り混じった「ス

モールタウン的」な町である。

ここではノスタルジアとしてのスモールタウンを現実に存在したものとしてではなく、郊外居住者によってイメージされるスモールタウンの要素をもった「スモールタウン的」な町という意味で用いる。

第3節　先行研究と第1部の論点・意義

第1部では、近隣住区開発の物理的側面から、コミュニティを考察していく。

H. ブルーマーは、自身のシンボリック相互作用論で「人間は物理的環境に直接的ではなく、シンボルを間にはさんで間接的に関わり、単なる刺激に対する反応としてではなく、それに意味を付与し、その意味の解釈にもとづいて行為を展開するようになる」と論じている（ブルーマー 1969＝1991）。第1部においては、物理的環境としてのコミュニティを住民がどのように捉え、どのように解釈して居住しているかを探っていく。

タウンプランニングとしての「ニューアーバニズム」によるデザインの個々の要素と、コミュニティ意識の下地になりうる住民の行動や社会的交流との関連についての先行研究は、比較的多い（リー＆アーン Lee and Ahn 2003; ロドリゲス Rodrigues ほか 2006; ブラウン＆クロッパー Brown and Cropper 2001）。

プラス（Jeanne M. Plas）とルイス（Susan E. Lewis）（1996）は、「ニューアーバニズム」によるリゾートコミュニティ、シーサイド（フロリダ州）を扱い、住民が形成するコミュニティを研究したものである。この研究では、環境心理学の視点からコミュニティを観察し、住民間のコミュニティに対する満足度を測っている。プラス＆ルイス（1996）は、マクミラン＆チャヴィス（1986）を踏まえ、「所属感（Membership）」、「欲求充足感（Integration and Fulfillment of Needs）」および「情緒的一体感（Shared Emotional Connection）」の3点をシーサイドのコミュニティ意識の規定要素として、町のデザイン、建築、町の建設理念との関連を分析した。この研究では、コミュニティの125人に面接調査を実施し、住民のコミュニティ意識の形成と、町の環境を計画する

こととの間の関連性を認めている。ただし、シーサイドは、住民が定住していない、リゾートコミュニティであるため、プラス＆ルイス（1996）では、住民のコミュニティ意識のうち、重要な要素である「存在感（Influence）」を測ることはなされず、厳密な意味では、コミュニティ意識が形成されていると結論づけることはできないと思われる。

本事例では、「存在感（Influence）」を住民の役割意識を形作る重要な要素として、他の3つの要素とともにコミュニティ意識の指標として考察した。したがって、シーサイド研究では、限界のあった、物理的環境要素と包括的なコミュニティ意識との関連を追究したこと、さらに、そのことが、高齢者住民の生活の質とどのように関連しているのかを追究したという点で意義をもつと考えている。

第1部の論点は、物理的環境要素としてのタウンプランニングが、住民の生活の質を高めるコミュニティ意識に影響を及ぼしているのかということである。この論点にもとづいて、タウンプランニングの物理的環境要素やタウンプランニングに含まれるメッセージ要素を、住民がどのように解釈し、近隣ネットワークをどのように形作っているのかを、住民のコミュニティに対する評価や様々なコメントを分析することによって見ていく。

第4節　調査の概要

4-1. 調査対象

調査対象とした住宅地は、ワシントンDC郊外に位置づけられ、メリーランド州、モンゴメリー郡（Montgomery county）、ゲイサスバーグ（Gaithersburg）市[21]にある。

このあたりは、連邦政府関連の施設や研究所が多く立地し、航空宇宙産業や情報産業などの先端産業も集積し、経済活動が活発に行われている地域である。また、2008年の大統領選では、メリーランド州で民主党への投票が62％（全米：56％）、モンゴメリー郡では72％であり、民主党への支持が高い地域でもある[22]。

第1章　大都市郊外住宅地コミュニティと生活の質　43

図1-1　ケントランズの位置図

（筆者作成）

　対象住宅地のケントランズ（Kentlands）は、ワシントンDCの北西23マイル（約37km）に位置している。「ニューアーバニズム」の伝統的近隣住区開発で建設された住宅地であり、「ニューアーバニズム」の郊外コミュニティ開発の代表的事例である。「ニューアーバニズム」運動の主要メンバーであるアンドレス・デュアニーとエリザベス・プラター–ザイバーク夫妻によって設計され、352エーカー（142ヘクタール）の土地に6,000人（住宅1,869戸）ほどが居住する。住民の入居は、1991年から始まり、1999年には、ほぼ完了した。土地の16%は共有地とされ、緑地、児童公園、リクリエーション施設、池や遊歩道などである（アレン Allen 2002）。林や池は、開発前からあったものが景観形成に生かされている。住居を近接して配置することや、玄関やポーチを通り側に面して設置すること、住宅の裏側に小路（alley）を作ること、車庫をアレー側へ配置すること（表通りには配置しない）、袋小路（クルデサック）を作らないこと[23]、意図的に多く計画された歩道網、住民の出会いの場としての広場の重視などは、密度感を伴った伝統的な町がもつ賑わいを新興の郊外住宅地に創造するための工夫で、戸外での人々の交流を促す目的がある。建築コード[24]に沿っている限り、住民は自由に建築業者を選択できる。住居は米国東部で伝統的なジョージアン、コロニアル、ヴィク

トリアン様式などが選ばれている。建築材については、天然材が重視され、連棟のタウンハウスは煉瓦造、戸建住宅は木造という規定がある。ピケットフェンス（picket fence）とよばれる白い柵を持つ家も多く、全体として伝統的近隣住区としての景観が形成されている。（章末資料参照）

住民は、住宅所有者組合にあたる「ケントランズ・シティズンズ・アッセンブリー（Kentlands Citizens Assembly：KCA）」と呼ばれる自治組織を組織している。会長のもとに5人の役員による評議会と、予算・選挙・環境管理や建築・環境規制、警備などのための10の委員会で組織され、「コミュニティ憲章（Community Charter）」や「条例（Bylaws）」を含む9つの設立文書を保持している。町の共有地の管理やゴミ収集、雪かきなどのサービスは住民からの共益費によってKCAが委託した業者が行っている。住民による活動・行事の運営促進や企画など、コミュニティの福祉・文化的な活動を行なっているのは、KCAとは別組織の「ケントランズ・コミュニティ・ファウンデーション（Kentlands Community Foundation：KCF）」であり、13人の運営委員によって運営されている。どちらの組織も役員は住民による選挙によって選出されている。コミュニティ内部のコミュニケーション媒体は、主としてKCA発行の『ケントランズ・エクスプレス（Kentlands Express）』や、『ケントランズ・タウンクライヤー（Kentlands Town Crier）』（全戸配布の月刊新聞）などである。

4-2. 調査方法

住民に対して2006年7月にインタビュー調査を行って、住民のコミュニティ意識を測るための質問をした。インタビュー対象者は、若年〜高齢者の世代が含まれるように条件を設定した上で、ケントランズの住民組織（「ケントランズ・コミュニティ・ファウンデーション：KCF」）を通じて、ケントランズの町内全戸に郵送されているコミュニティ新聞（『ケントランズ・タウンクライヤー』2006年6月号）で本調査の目的を説明したうえで募集し、募集に応じた22人の住民に実施した。

インタビューは、主に面接協力者の自宅で1時間前後行なった。22人のライフステージ区分の内訳は下記の通りである。（本文中、主なコメントには住民

の仮名と住民情報（住民記号（Aa～Va）・年齢・性別（男／女））を付した。尚、本書では本章以外にも対象とする住民をすべて仮名で表記した。また、表中の表記は住民記号とした。）

Ⅰ・就学前の子供を持つ世代：夫婦2組（30代前半1人・30代後半3人）
Ⅱ・学齢期の子供を持つ世代：夫婦2組（30代後半2人・40代後半2人）、男性1人（50代前半）、女性2人（30代後半・40代後半）
Ⅲ・子供が独立した世代：夫婦2組（50代後半1人・60代前半1人・60代後半2人）、女性1人（50代前半）
Ⅳ・退職後の世代：夫婦1組（60代後半・70代前半）、女性1人（80代前半）
Ⅴ・単身者：男性2人（20代前半・50代前半）、女性1人（40代前半）

質問内容は、(1) コミュニティの第一印象 (2) コミュニティの評価 (3) 行事・クラブの参加状況 (4) 社会的交流活動 (5) コミュニティ・住民の性格・世代に関すること (6) 住民としての義務や規制 (7) コミュニティの将来についてである。住民が自発的に語ったものや、面接者がコミュニティの組織のメンバーの場合、それに関連する質問も適宜加えた。

調査結果からマクミラン＆チャヴィス（1986）にもとづき、コミュニティ意識を考察し、物理的環境要素や「ニューアーバニズム」のメッセージとの関連を検討した。

4-3. 対象者の属性

対象者の職業は、ビジネスマン（8人）、公務員（4人）、弁護士（2人）、建築家（2人）、コンサルタント（3人）、研究者（2人）、アドバイザー（1人）であった。ただし、子育てで仕事を中断している人の中断前の職業や退職者の元の職業も、この人数に含んでいる。

以下は、個々の対象者の属性である。

Rayさん（住民記号Aa、24歳男性）は、建築家である。シカゴの大学院を卒業して、ケントランズに来て間もない（1か月）。店舗上住居に賃貸で居住している。ケントランズのコミュニティの中にある「ニューアーバニズム」の建築事務所（DPZ）に勤務している。主に、コミュニティ内の建築や改築な

どの申請の審査を担当している。単身者。シカゴ郊外（Elgin）出身。

Dianaさん（住民記号Ba、37歳女性）とGeorgeさん（住民記号Ca、35歳男性）夫妻は、ケントランズ在住1年半である。タウンハウスに居住。夫のGeorgeさんは、大手コンピューター会社の営業をしている。妻のDianaさんは、元大手コンピューター会社に勤務していたが、今は、子育てのため専業主婦である。夫妻には、2歳になる娘がいる。Dianaさんは、シカゴ郊外の出身。Georgeさんはカリフォルニア州（San Diego）出身。

Pollyさん（住民記号Da、38歳女性）は、夫と2人の娘（7歳、3歳）とケントランズ住んで5年になる。タウンハウス居住。Pollyさんは、住民組織、ケントランズ・コミュニティ・ファウンデーション（KCF）のマネージャーをしている。元、音楽関係の会社で販売・マーケティング部門で働いていたが、今は、子育て中で、コミュニティの仕事をしている。ニューヨーク州（Buffalo）出身。

Billyさん（住民記号Ea、33歳男性）とKellyさん（住民記号Fa、37歳女性）夫妻は、ケントランズに住んで7か月になる。一戸建て居住。2人の娘（4歳、2歳）がいる。夫のBillyさんは、消費者関係の元研究者であるが、現在は、子育てのため主夫をしている。妻のKellyさんは、経営コンサルタントの仕事をしている。Billyさんは、ワシントンDC出身。Kellyさんは、ペンシルバニア州（Levittown）[25]出身。

Benさん（住民記号Ga、38歳男性）とJennyさん（住民記号Ha、36歳女性）夫妻は、ケントランズに住んで4年半になる。一戸建て居住。2人とも弁護士だが、妻のJennyさんは、現在、2人の娘（7歳、4歳）の子育てのために専業主婦である。BenさんとJennyさんは、共にニューヨーク市出身。

Rosaさん（住民記号Ia、42歳女性）は、車庫上住居（carriage house）[26]に住んで12年である。建築家として、この地域（ケントランズ内外）の住宅の設計をしている。単身者。ワシントンDC郊外（Potomac）出身。

Yokoさん（住民記号Ja、49歳女性）は日本（佐世保）出身で、米国人の夫と息子（11歳）とケントランズに住んで5年になる。一戸建て居住。独立した娘がいる。元通訳で、現在は自宅で、米国駐在者などへのアドバイザーの仕

事をしている。

　Jimさん（住民記号Ka、46歳男性）とEmilyさん（住民記号La、47歳女性）夫妻は、ケントランズに住んで14年になる。一戸建て居住。夫のJimさんは、不動産開発業、妻のEmilyさんは、旅行代理業をしている。夫婦ともに、ケントランズの住民組織KCFの運営には長く関わってきた。夫のJimさんは、市の議員も務めている。2人の息子（13歳、15歳）がいる。Jimさんは、オハイオ州（Akron）出身。Emilyさんは、デラウエア州（Wilmington）出身。

　Frankさん（住民記号Ma、50歳男性）は、ケントランズに住んで13年になる。タウンハウスに居住。コンサルタントの仕事をしている。単身者。ワシントンDC出身。

　Lizzieさん（住民記号Na、52歳女性）は、一戸建て住居に住んで10年になる。経営コンサルタントをしている。夫と独立した2人の娘（社会人と大学生）がいる。Lizzieさんは、KCFの運営に役員として関わってきた。ミズーリ州（St. Louis）出身。

　Timさん（住民記号Oa、53歳男性）は、ケントランズに住んで8年になる。一戸建て居住。連邦政府機関に勤務している。妻と、大学生の息子、高校生の娘がいる。メリーランド州（Rockville）出身。

　Markさん（住民記号Pa、58歳男性）とSusieさん（住民記号Qa、64歳女性）夫妻は、ケントランズに住んで9年になる。一戸建て居住。夫のMarkさんは、国務省に勤務している。妻のSusieさんは、退職者で、元学校関係のコーディネーターをしていた。Markさんは、マサチューセッツ州（Cambridge）出身。Susieさんは、ニューヨーク州北部出身。

　Alexさん（住民記号Ra、68歳男性）とMonicaさん（住民記号Sa、66歳女性）夫妻は、ケントランズに住んで7年半になる。一戸建て居住。夫のAlexさんは、心理学者。妻のMonicaさんは、国務省に勤務している。再婚同士なので、子どもが多いが、皆独立している。夫Alexさんは、マサチューセッツ州（Boston）出身。妻のMonicaさんは、ペンシルバニア州（Philadelphia）出身。

　Mariaさん（住民記号Ta、81歳女性）は、ケントランズのシニア専用のコンドミニアムに居住。ケントランズに住んで3年半になる。退職者で、保険会

社で人材の仕事をしていた。イリノイ州（Kewanee）出身。子ども（娘）は独立している。単身者。

　Peterさん（住民記号Ua、69歳男性）とBettyさん（住民記号Va、73歳女性）夫妻は、ケントランズに来て5年になる。タウンハウス居住。2人とも退職者である。夫のPeterさんは、元コンピューター関係の会社勤務。妻のBettyさんは、保険会社で人材の仕事をしていた。2人の子ども（社会人の息子と娘）は独立しているが、娘は、結婚してケントランズ内（一戸建て）に住んでいる。Peterさんは、シカゴ郊外出身。Bettyさんは、コネチカット州（Hamden）出身。

4-4. 調査結果
　調査結果の内、コミュニティへの評価、コミュニティの特徴、コミュニティ内の世代に関する意識、社会的交流活動を取り上げる。
　コミュニティの評価についての質問は、「ケントランズの居住で最も気に入っている（like）のは何か」、「ケントランズの居住で最も気に入っていない（dislike）のは何か」の2つである。表1-2に住民の回答をまとめた。
　インタビューに答えた住民のほとんどが最も気に入っている点として、人々が友好的で、友達を作りやすいこと、近隣の人たちと良い関係を育んでいるということを挙げている（Dianaさん、Pollyさん、Billさん、Kellyさん、Benさん、Yokoさん、Jimさん、Emilyさん、Frankさん、Timさん、Markさん、Susieさん、Alexさん、Monicaさん、Peterさん、Bettyさん）。また、子どもたちも含めて、どこへでも歩いて行けること、近隣の人たちのところ、プール、店やレストランなどに歩いて行けることも大きな利点として住民の多くが言及している（Rayさん、Billyさん、Kellyさん、Jennyさん、Jimさん、Timさん、Markさん、Susieさん、Monicaさん、Mariaさん、Bettyさん）。
　最も気に入っていない点については、都心部への距離が遠いことへの言及がいくつか見られた（Kellyさん、Emilyさん、Monicaさん、Mariaさん）。その他、不動産価格が上がりすぎたこと、これによって20代の人口が欠如してしまっていることへの言及があった（Rayさん、Mariaさん）。商業地区での10代

の不良行為へのコメントもあった（Billyさん）。また、表1-2のコメントにもあるが、保護区（sanctuary）のように感じるということを挙げた人もいる（Billyさん）。ロケーションの問題や、住宅価格の問題は、居住性に影響を及ぼすが、その他には、ほとんどの住民によって欠点として共通に認識されている問題はないようである。

　コミュニティの特徴についての質問は、「ケントランズの特徴は何だと思うか」、「どんな要素がこのコミュニティの特徴に最も影響を及ぼしていると思うか」というものである。表1-3に住民の回答の主な要旨をまとめた。この回答については、表1-2の「最も気に入っている点」への回答、すなわち評価する点を挙げた回答と類似する点が多いため、コミュニティへの評価についての追加的なコメントとして読みとれる。

　回答は、物理的特徴を中心としたものとなっているが、個々のデザイン要素ばかりではなく、緑地や共有地を含む住宅地全体のレイアウトや町の雰囲

表1-2　コミュニティへの評価

住民	最も気に入っている点	最も気に入っていない点
Aa/24/男/V*単身者	基本的な要素はどこへでも歩いて行けること。グローサリーへ、レストランへ、誰もが必要とするサービスへどこへでも。	自分の年代の人々の人口的な欠如。（そういう人たちのいる）どこかをうろつきたいと思ったら車でどこかへ出かけなければならない。それが、ここのシステムが機能していない点。
Ba/37/女/I	自分たちにとって友達を作りやすいところ。人々はとても友好的である。家が似かよっていないところ。便利なところ。同じ金額でもっと大きな家を買えた。でもここには、公園があり、誰かに会える。すばらしいアメニティがある。	（好きなウォータースポーツをするための）水から遠いこと。
Da/38/女/II	近隣の人たちのことを知って友情を育てて行くことが好き。子どもたちも近所の人たちを良く知っていて、心地よい関係を作って欲しかったので、それがとても気に入っている。いざという時にすぐに電話して頼ることのできる人を5人知っているということもここの大好きな点。私も同じようにする。私には大切なこと。／（以前住んでいたところで）持てなかったものはネイバー、ネイバリネス。コミュニティに関わりたいからそこに住んでいるという感覚。それが私がさびしく思っていたこと。だから私たちはここを見つけた。	

住民	最も気に入っている点	最も気に入っていない点
Ea/33/男/I	近所の人たちが近くにいるので、子どもたちが遊びに行くのも歩いて行ける。人々がとても友好的。たくさんの友達ができた。本当にsense of communityがある。人々が歩ける範囲にいることができているからだと思う。一番好きなのは、歩いて行けるということ。すぐ行けるということ。子どもを学校に連れて行くのも、プールに連れて行くのも、サッカーとか何でも。	守られている（シェルタード）保護区（サンクチュアリー）のように少し感じる。ティーンエイジャーの不良行為。マーケットスクエアのあたりをうろついているティーンエイジャーの大きな集団があり、大きな声でのしゃべり、人々に不遜な態度を取ったり、車に卵をぶつけたり、ポスターを破ったり。彼らの親はそんなことをしているなんて知らない。これがただ一つのコミュニティについての嫌な点。
Fa/37/女/I *Eaの妻	どこかへ歩いて行けることが好き。いつも誰か知った人に会えること。人々がフレンドリー。朝は近所の人に会える。プールで座っていても会える。スターバックスでも、いつも誰かに会えてフレンドリーに話せる。	あまり嫌いな点はないと思うが、もう少し都心（city）に近ければと思う。そんなに都心に行きやすくない。少し遠い。
Ga/38/男/II	一番好きなことは、今、とてもいい友人たちの仲間がここにいること。以前のところではそうではなかった。	わからない。嫌いな所はない。
Ha/36/女/II *Gaの妻	一番と言えば、どこへでも歩いて行けるところだと思う。	ケントランズのルールについて、きついと文句を言う人がいて、（ルールが）この土地を同じ雰囲気で大いに魅了し続けているという、その価値を人々が理解していないと感じる時、がっかりする。
Ia/42/女/V *単身者	私の収入には限界があるが、私もここに住めること。小さな家に住んでいるが、コミュニティ内で、小さな家に住めること。ここでは、大も小も中も全てのタイプがうまく混じっている。ここでは、人々が異なる経済レベルにいても誰もそれを意識する必要がないこと。	（景観的に）住宅地域と商業地区とのつながりがよくない。
Ja/49/女/II	人付き合いがしやすいところ。子どもも親も友達が本当にできやすい。犬も。	（家と）家が近いので犬などを放し飼いにできないこと。騒音などの気配りがいる。/住人が近い（ところに行く）のに車を使うこと。
Ka/46/男/II	気に入っているのは隣人たち。どこへも必要なところへ歩いて行けるところ。子どもが遊んでいるときなど大人も子どもを見ていてくれるところ。	トランジット（市電）がない。メトロ（地下鉄）がない。
La/47/女/II *Kaの妻	隣人たちが一番。とてもいい隣人たちを持っている。子どもたちにとってもいい所。友達が多くて、（親が見ていなくても）自分たちだけでできる、子どもたちが独立心を持てる。	ワシントンにもっと近ければいい。近くにメトロの駅があって歩いて行けてワシントンにも歩いていけるような。ストリートカーのような、ライトレールとかのプランはたくさんあるが財政的なことで実現しない。
Ma/50/男/V *単身者	人々が一番気に入っている。二番目にこのコミュニティの快適さが気に入っている。でも人々がこのコミュニティの快適さに貢献していると思っている。彼らがコミュニティを作っている。	混みあっていると感じることがある。時には家々が近づきすぎていると感じることもある。プライバシーが時には欠けている。
Na/52/女/III	とても美しいところ。人々の多様性も好き。自分は環境論者なので土地を少なく使うことや持続可能性（というここの開発の価値観）や環境へのインパクト（が少ない）ということが）大好き。	何も嫌いなところはないがあえて言うなら家の外をこぎれいにしなければならない、フェンスを塗ったり、木が伸びすぎないように切ったりなどの責任。きれいなので気に入っているが。

第1章　大都市郊外住宅地コミュニティと生活の質　51

Oa/53/男/II	歩いてどこへでも行けるところ。Sense of community。その他の点は、普通のところは家がどれも3軒から5軒おきくらいに同じだが、ここでは皆違って見えるのでもっとおもしろい。	(あえて言えば)商業地区の駐車場(の存在)。
Pa/58/男/III	歩いていてどこへでも行ける。そこで人とばったり出会う。そして5分くらいすぐ話せる。人が通りに出ている。何も大げさな約束をしなくても通りに出れば誰か知った人に会える。	わからない。
Qa/64/女/IV*Paの妻	ここでは近隣全体が自分の庭のように思える。15分くらい外にいれば少なくとも5人くらいの知った人に会える。夕方5時くらいに犬と歩いていて友達が角のところに住んでいるのだけど彼女の犬も散歩させようかと言って、戻ってくればワインでディナー前のひとときを過ごしたりもする。時にはディナーも一緒にする。とてもインフォーマルだが外に出ればそんなことがある。家のタイプがいろいろあるのですべての異なる年代の人がいる。若い赤ちゃんのいる人たちとも交流できてとてもいい感じ。	そんなにあるとはおもわない。大きな庭が欲しいとか、家が近すぎるとか、ルールに従わなければならないとか、好きな色に家やフェンスを塗りたい人は引越しているだろうし。ここの人が余り好んでいないのは材料(マテリアル)があまりよくないことだと思う。もっと耐久性のある材料を使用するのを許可して欲しいと思っていると思う。ネオトラディショナルな場所として伝統的な雰囲気を残すためにあまり多くは変えられない。それがいやでもそれと争うことはできず、そういう場合は他へ行くことになる。フェンスをピンクにすることはできない。
Ra/68/男/III	ここではかつて住んだどこよりもsense of communityを感じている。人々を知っているし、人々は私のことを知っている。いろいろなことに参加している。ケントランズがすばらしい位置にあると感じている。他の人と同じようにケントランズの世話を焼いて行く助けをする必要があると思っている。	ない。
Sa/66/女/III*Raの妻	自分もまたsense of communityが好き。スモールタウンには住んだことがないがそういうものを経験しているかのように感じる。その他、映画館、レストラン、店、近所の人たちのところに、どこへでも歩いて行けること、すべてがとても近いことが気に入っている。そういうことが、たくさんどこへでも歩いて行った子どもの頃を思い出させる。アメリカの郊外ではふつう、人は歩かない。	ダウンタウンのオフィスに行くのに1時間半かかること。コミュニティに関してのことというより、自分の仕事のためのこと。それでもここが気に入っているので引越さない。
Ta/81/女/IV*単身者	便利なところ。グローサリー、銀行、レストランなどに近いことは魅力的。場所から場所へとつながっている歩道も好き。多くの郊外には歩道がないので通りを歩くのが難しいが、ここは安全。ほんとうにすばらしいところ。	人気が上がったので、高価になりすぎてしまったこと。退職したら収入は決まっているので。都心から遠いと思うこと。教会にたくさんの友人がいるし、今でも行っているが、18マイル離れている。運転できなくなったら、行くのが難しくなる。
Ua/69/男/IV	人が友好的なところ。安全。	ネガティブに思えることはなにもない。
Va/73/女/IV*Uaの妻	どこへでも歩いて行けるところ。人が友好的なところ。安全。夜十時でも歩ける。	何も思いつかない。家も気に入っているし、子どもたちも近くにいる。

※住民欄は、住民/年齢/性別/世代記号の順に記載。Caは、回答が得られなかったため除いた。(2006年7月のインタビュー調査にもとづく)

気を作っている部分への評価もある。また、表1-2と同様にコミュニティ意識（sense of community）への言及もあり、住民のコミュニティ志向を裏づける「コミュニティに関わりたいからそこに住んでいるというような感覚があ

表1-3 コミュニティの特徴

住民/年齢/性別/世代記号	コミュニティの特徴
Aa/24/男/V *単身者	歩けるコミュニティ。何でも必要な所へ歩いて行けるという側面。
Ba/37/女/I	家族に優しいコミュニティ。家族の交流がたくさんある。
Ca/35/男/I *Baの夫	スペースが限られているので、人々の結びつきはもっと固くなると思う。大きくなりすぎてコミュニティがなくなる心配がない。
Da/38/女/II	コミュニティに関わりたいからそこに住んでいるというような感覚がある。
Ea/33/男/I	空間の使い方が違っていて、コミュニティとして感じられる。ペンシルバニアのクラッシックなホームタウンと言うような感じ。
Fa/37/女/I *Eaの妻	緑地やコミュニティの共有スペース、商業地区とのアクセスのよさ、安全。
Ga/38/男/II	建築、レイアウト、マスタープラン、すべての家がコードに合うようにされていて、美的に見えるように考えられている点などがユニーク。
Ha/36/女/II *Gaの妻	デザインされた広場、遊び場、プール、コミュニティセンターエリアなどがユニーク。レイアウトも。車のスピードが出ないようにデザインされていること（道路）。そのように保つようにさせているルール。
Ia/42/女/V *単身者	緑地。密度が高く、家が通りに面していても、どこにでも小さな公園がある。公園の中に住んでいるような感じがする。湖もある。
Ja/49/女/II	他のコミュニティの人に、ここの住民がちょっとお高くとまっているというような噂がある。人がよそから見えるのと、ここに住んでいる一般の人たちが思うことにギャップがあると思う。
Ka/46/男/II	歩けること。
La/47/女/II *Kaの妻	プランニング。歩道が付いた通りやアレーなどがこのコミュニティの性格を決めていると思うが、同時に美しいところ。湖、木々、マンションのデザイン。美的価値が重要だと思う。
Ma/50/男/V *単身者	いろいろな種類の家があり、皆同じようには見えない。家々が近くに寄って建っている。いつもたくさんの人たちに会うことができる。
Na/52/女/III	土地を少なく使うとか、資源を使うのではなく再度、育てるという、持続可能であるべきで、このコミュニティのもつ、環境へのインパクトが（少ないところが）好き。
Oa/53/男/II	強いsense of communityとプライド。ここに越して来た人たちは別の場所ならもっと大きな庭を持つことができたが、ここでは小さな庭しか持てない。家よりもneighborhoodを購入した。
Pa/58/男/III	どこへも歩けるところ。普通の郊外の気に入らないところは歩けないところ。新聞を買いに行ったり、コーヒーを飲みに行ったりできない。
Qa/64/女/III *Paの妻	ここは玄関や台所などが通りに面しているし、ポーチなどで話したりできる。隣人がいるのがわかる。
Ra/68/男/III	ほとんど誰もがここでは、所属感、sense of communityを持っていて、自分たちがもつ、このコミュニティの質を維持しようと気にかけている。コミュニティとしてのケントランズ、生活体としてのケントランズについての共通感覚がある。

Sa/66/女/Ⅲ *Raの妻	ユニークでスペシャルで美しくて、木々や緑の空間がたくさんある。ここに住んでいる人がこのコミュニティに住んでいるという誇りをもっている。
Ta/81/女/Ⅳ *単身者	時々、他から隔絶しているようなところに感じることがある。人々はいいコミュニティを作るのに関心があるが、よくはわからないが、外のことに対してはあまり関心がないように見える。
Ua/69/男/Ⅳ	友好的。多様。便利。自然。
Va/73/女/Ⅳ *Uaの妻	（夫Uaを受けて）それにプラスして安全。歩きまわったりできる湖。

（2006年7月のインタビュー調査にもとづく）

る」（Pollyさん）、「家よりも近隣（neighborhood）を購入した。」（Timさん）、「コミュニティとしてのケントランズ、生活体としてのケントランズについての共通感覚がある」（Alexさん）などがコメントされた。

しかし、Yokoさん（Ja）やMariaさん（Ta）のコメントは、コミュニティの外の世界との対比として、住民のコミュニティ志向へのコメントに少々距離を置いたものである。

コミュニティ内の世代に関する意識を問う質問は「他のコミュニティより、世代が多様だと思うか」、「自分の世代が十分いると思うか」、「マジョリティな世代はどれだと思うか」、「住民は世代的にバランスが取れていると思うか」、「自分の世代のもつ役割は何だと思うか」、「どの世代がリーダーシップやパワーを持っていると思うか」、「自分のライフステージでこのコミュニティに住む意味は何だと思うか」、「世代の対立やギャップを経験したことはあるか」、「どういう状況で、異なる世代と交流するか」の9つである。全体のコメントの要旨を表1-4にまとめた。

コミュニティに住む住民の世代の多様性については、物理的環境要素としての住宅の多様性の知識から、多様な世代が住んでいると答えた住民や、自分の居住の感覚から、多様であると答えた住民が大半であった（Rayさん、Pollyさん、Billyさん、Yokoさん、Jimさん、Emilyさん、Frankさん、Lizzieさん、Timさん、Markさん、Susieさん、Markさん、Monicaさん、Peterさん、Bettyさん）。一方で、30代の若い世代を中心に自分たちの世代（子育て世代）が多いと答えた住民がいる（Dianaさん、Georgeさん、Kellyさん、Rosaさん）。特に小さな子どもを

表1-4 コミュニティ内の世代に関する質問

住民/年齢/性別/世代記号	他のコミュニティより世代が多様だと思うか	自分の世代が十分いると思うか	マジョリティな世代はどれだと思うか	住民は世代的にバランスが取れていると思うか	自分の世代のもつ役割は何と思うか
Aa/24/男/V*単身者	20代〜30代を除けばそう思う	思わない	2〜3人の小さな子どもを持った職業的に落ち着いた人たち	自分たちの世代は人口的に普通の状態ではない	次世代の働き手/商業的に外食などで貢献する
Ba/37/女/I	いいえ。自分たちの年代が多いと思う。でもリタイアメントコミュニティもある。	はい。	35〜45歳	いいえ。	
Ca/35/男/I*Baの夫	いいえ。まだ新しいコミュニティなので大半は自分くらいの年代だと思うが、年上の人もいる。			いいえ。	新しいコミュニティの第一世代だと思っているので、コミュニティを立ち上げて、発展させること。成長させること。
Da/38/女/II	はい。私が最も価値を置いているこのコミュニティの人々を思い浮かべるとすべての年代の人だから。	はい。		結婚していない、子どものいない年代のグループがいないと思う。その年代が住むのに高すぎる。	
Ea/33/男/I	このコミュニティ全体では、いい混ざり具合だと思う。近所の人はエンプティネスター(子育て後世代)だし。	十分いると思う。	妻(Fa)と同じ。	50％くらいが、50代、60代で、50％くらいが、30代、40代で、よいミックスだと思っている。	コミュニティの骨組みのような、コミュニティを保つためのコミュニティの生活用水のようなもの。コミュニティにフレーバーを与える。自分たちの小さい子どもたちが一緒に遊ぶのを見せるなど。
Fa/37/女/I*Eaの妻	多様性は少ないと思う。タウンハウスやコンドミニアムがたくさんあるので、前のところに比べると若い人が多いように思える。	十分いると思う。	30代から40代の小さな子どもを持つ世代。	とても若いか、とても古いかが、中年よりも多いと思う。	私たちは、コミュニティの中では、家族志向で、コミュニティの錨(いかり)のようなもの。
Ga/38/男/II	とても多様性はあると思うが、他と比べられないので。	妻(Ha)と同じ。	たくさんの人々と会う機会がたくさんあるが、ほとんどは自分たちの世代か、子どもが自分の子どもと同じくらいの世代なので、答えるのが難しい。	はい。	妻(Ha)と同じ。子どもたちにここは、ユニークで特別な所に住めて幸運だと感じさせるようにしたい。

どの世代がリーダーシップまたはパワーを持っていると思うか	自分のライフステージでこのコミュニティに住む意味は何だと思うか	世代の対立やギャップを経験したことはあるか	どういう状況で、異なる世代と交流するか
自分たちの世代と家族をもって職業的に落ち着いた30～50代の人たち		店舗上住居の所有者で、夜、広場で若者たちがうるさいと不満を漏らす人がいる	ほとんどすべての点において。
		バスケットボールフープをアレイに設置していいかどうかで、若い世代と古い世代が意見が合わなかった。	子どもたちが結びつけているから、90％は同じ世代と交流している。
自分たちの35～45歳の年代。ここに住むタイミングがぴったりだと思う。	今まで、たくさん引っ越していたので、たくさんの友人が持てなかった。コミュニティが小さいので友人、知人をたやすく作れる。	いいえ。	買い物の時。近所を散歩している時。時々はプールで。自分は仕事をしているので、妻ほどには交流していない。
わかりません。	家族の幸せにとても多く貢献できると思う。ライフスタイルの点から言うと以前より今の方が活動的になった。娘もここに来てずっとずっとアクティブになった。	いいえ。このコミュニティは、意思決定で古い世代と若い世代との間でギャップを生むようには作られていないと思っている。コミュニティの運営について、一般にコミュニティに住む人々は、同意していると思う。	ただ歩いている時、公園へ行って犬の散歩をしている人と出会った時、近所の人たちと話す時、通りを歩いている60代の人たちとあいさつする時など。
わかりません。	自分たちの生活を大いに豊かに保ってくれる。	いいえ。	歩道で人と会った時。
大いに古い人たちだと言える。50代か50代プラス。委員会の役員会議に行くだけで、そういう年代が代表者になっている。退職した人たちは時間があるし、とにかくその年代の人たちが多い。	家族にとって心地よいこと、子どもたちが家庭というものに対して良い感覚を与えられること、心地よいところで安全だと感じられるコミュニティを与えられること。	いいえ。	そんなに多くない。

住民/年齢/性別/世代記号	他のコミュニティより世代が多様だと思うか	自分の世代が十分いると思うか	マジョリティな世代はどれだと思うか	住民は世代的にバランスが取れていると思うか	自分の世代のもつ役割は何と思うか
Ha/36/女/Ⅱ	多様性はあると思うが、他とは比べられないのでわからない。	自分たちと同じ世代は多いにいると思う。	たぶん、自分たちの世代だと思う。30代。	はい、とても。	子どもたちが若いので、学校の教育環境を全て得られるように整えてあげること。このコミュニティがこの価値のまま続いて行くようにすること。
Ia/42/女/Ⅴ*単身者	いいえ。ほとんどの人々が小さな子供を持った人々だと思う。(学区がいいので)学校のためにここに住む人がある程度いる。	自分たちの30〜40代の世代は、マジョリティーだと思う。自分は、2人の子どもと夫を持っていないという点でマイノリティ。	自分たちの30〜40代の世代。	いいえ。	自分たちの世代はボランティアができると思っている。それによって人をサポートでき、人に会える良い方法だと思う。
Ja/49/女/Ⅱ	はい。	世代的にはマイノリティ。	子育て中の年代。	ケントランズの家の値段が最近高くなって、これから子育てをするような若い人たちには手が出なくなっている。	コミュニティを活気づかせている。購買力にも貢献している。
Ka/46/男/Ⅱ	ユニットサイズの多様性によって世代の多様性はある。子どもが小さい時は、タウンハウスに住み、大きくなれば一戸建てへ、子どもが巣立ったらタウンハウス、コンドミニアム、キャリッジハウス、シニアハウジングなど。	妻(La)に同じ。	自分たちの世代。	はい。	ここでは、世代が多様で、自分たちの世代は、多数派だと思うので、コミュニティを運営したりしていくこと。
La/47/女/Ⅱ*Kaの妻	はい。	子どもを持つ親という自分たちの世代はたぶん多数派だと思う。	自分たちの世代。	はい。良いミックスだと思う。問題は世代ではなく、収入の多様性。それが難しい問題。	子育てをしている人は安全のことなど子育てにいいようにいつも考えている。Stewardship。物事を起こりやすくさせる。興味のあることをしたいとしたら、それを実現させるようにする。

どの世代がリーダーシップまたはパワーを持っていると思うか	自分のライフステージでこのコミュニティに住む意味は何だと思うか	世代の対立やギャップを経験したことはあるか	どういう状況で、異なる世代と交流するか
今は50代、60代の世代だと思う。この前の役員メンバーの選挙の時の噂では、もっと若い人たちが必要だと聞いた。	友達。他のコミュニティでは、ここと同じようには、多くの友達を持てなかったと思う。周りに住む人が自分たちと同じように考えているということが、ただの偶然だとは思わない。	最近議論があったらしい。古い人たちの理解と若い人たちとの間で、子どもたちの必要とするものについて。バスケットボールフープをアレーに設置してもいいかという大きな問題。	交流と言うほどでもないが、プールや、パーティーで50代、60代の人たちと。でもほとんどは自分たちの年代の小さな子どもがいる人たちと交流している。
年長者。住宅所有者組織の役員メンバーは50～60代。		古い人たちが、若い人たちの意見に耳を傾けないようなことが問題。バスケットボールフープについての会合があったが、反対している。	犬の散歩をしている時、小さい子に会う。歩いている時にも異なる年代の人と会う。
子育てが終わった50代後半から60代が一番のリーダー。バイタリティがあり、まだ働いている人は経済力もある。	これから50代になって、子どもが巣立っても、50代の人たちを手本にしてオープンマインド的なリーダーシップの取れる世代になりたい。	道路でスケートボードをしている若い子たちを年配の人たちが理解しないことがある。	クラブハウスのジム、5Kマラソン、スイムチームの試合、小学校の学芸会、ドッグラン（犬の運動場）などで。
アレーで遊ぶ事について、是か非かということで、古い人たちと意見が対立した。車が入って来るところだということで。自分は子どもたちもそこで育ったらいいと思う。			気軽な交流はたくさんある。犬の散歩のときや、イベントに参加したときなど。芸術のイベントは年上の人と交流することが多く、スイムチームでは（親同士は）同世代。
住宅所有者組合の役員はもっと古い人。実際のコミュニティ活動に関わる人と政治的な面で関わる人とは世代が違っている。	ここにいることを楽しんでいる。コミュニティで人々は戸外に出て関わり、もし、興味のあるコミュニティを求めているのなら、そこに関わることが大切だと気付いた。	アレーでのこと。バスケットボール・フープのこと。古い人たちは反対している。	5Kレースは広範な世代の参加がある。

住民/年齢/性別/世代記号	他のコミュニティより世代が多様だと思うか	自分の世代が十分いると思うか	マジョリティな世代はどれだと思うか	住民は世代的にバランスが取れていると思うか	自分の世代のもつ役割は何と思うか
Ma/50/男/V*単身者	そう思う。	マジョリティだと思っている。たくさんいると思う。	30代から40代で十代の子どもや小さい子たちをもつ世代だと思う。	そう思う。	リーダーシップの役割。
Na/52/女/III	はい。とてもそう思う。	はい、思う。	もっと年上だと思う。シニアの住んでいるところがあるし、若いところもあるので両方。価格のために年長者、60代半ばの人々が多いと思うが、小さい子供のいる若い人たちもたくさんいる。		30〜40代の年代にとても関わっているが、年上の人もたくさん知っているので、彼らを若い人たちに紹介している。自分はその橋渡しになろうとしている。
Oa/53/男/II	そう思う。若い時に家を買って、子どもが成長して家を出て行ったら、家を売ってコンドミニアムに買いかえることができ、同じコミュニティにいることができる。	とてもたくさんいると思う。	40代前半から半ばくらいだと思っている。	30代くらいの人が、たぶん、60代、70代よりも多いと思う。	ボランティアなどでsense of communityに貢献している。自分の役割は35歳のそれとは違うと思う。それぞれの役割があり、果たしていると思う。35歳、55歳、75歳、それらの世代すべてが役割のチームのようになっていると思う。
Pa/58/男/III	はい。	たくさんいる。	40歳以上のグループか、たぶん、50歳以上のグループ。	はい。でもとても若い世代は少ない。	時間がある世代なので、市の活動や組織などへの参加ができる。そういう責任もあると思う。
Qa/64/女/IV*Paの妻	はい。それがここを住みやすいところにしている。	たくさんいる。でも価格がこれから家族を始める世代にとっては高すぎる。		はい。若い時はタウンハウスなどに住んで、それから一戸建てに移り、年を取ったら一戸建てから小さいのに移ることができる。	ここへきてから始めの5年間くらいはあまり参加しなかった。働いていたので時間がなかった。退職した後は十分時間がかけられる。
Ra/68/男/III	ここの他に2つくらいしか知らないが、ここでは確かに年代の多様性がある。通りを歩いているだけでも。	自分の世代は少数派だと思っているが、交流する同世代の人はたくさんいる。半世代ほど古い人も、半世代ほど若い人もいる。	推測では、子どもがまだ家にいる子育て期の世代だと思う。	そう思う。	私たちは、賢い老人です。半分冗談ですが。コミュニティの中でボランティアを提供しているほとんどの人が概して特定の世代だとは思わないが、(私たちの世代は)とても時間とエネルギーがある。

第1章　大都市郊外住宅地コミュニティと生活の質　59

どの世代がリーダーシップまたはパワーを持っていると思うか	自分のライフステージでこのコミュニティに住む意味は何だと思うか	世代の対立やギャップを経験したことはあるか	どういう状況で、異なる世代と交流するか
自分の世代。(住民組織の) 役員メンバーになっていたり、その活動に関わっているので。	自分の人生のこの時期に、自分にとってふさわしい場所。もし、孫を持ったとしてもここに住み続ける。このコミュニティはすべての世代の人々のためのものが何かしらあるから。	ない。ここは、誰もがとてもよく互いに混じり合っていると思う。高齢者用の住居もある。ここでのほうがもっと多くの高齢者に会っているので争いごとは知らない。	プールやイベントで。食料品店やレストランで。
今は、年長の人がリーダーシップを取っていて、退職した人がたくさんいると思う。一つのライフスタイルの人が (リーダーシップを取っていることが) 多すぎると思っている。		(大学でよそに住んでいる) 娘が戻ってきた時に、(住人としての権利が) 止められてしまってプールにお金を払わなければならない。住宅所有者組合の役員たちは年代のギャップでそういうことをわからない。	向かいの隣人との交流やその子どもたちのイベントを見に行く時。パーティーでも7歳から82歳が来た。それが、子どもたちがこのコミュニティで多く経験できること。
たぶん45歳くらい。	ここが好きで、ここに住めるのは幸運だと感じている。	いいえ。	ディナーを食べに行った時。バレンタインデーの時などたくさんランチをする人がいる。アーツ・バーンでの観劇の時、いろいろな年代の人が来る。5Kレースの時。FilmSociety (映画クラブ) にもたくさんの異世代の人がいる。
自分たちの世代。	すべてのライフステージに言える。	アレーでのバスケットフープの問題は、年長者、エスタブリッシュとの考え方の違いを表していると思う。これはたぶん世代のギャップだと思う。	
(夫 Pa を受けて) 自分はそうは思わない。どの世代もリーダーシップは発揮できると思う。	もしもっと前にケントランズがあったら、住みたかった。孫がここの環境で育つことを手伝おうと思っている。	ケントランズウォッチという犯罪防止の活動をしているが、ここでは、少しだが、破壊行為はある。車を壊したり、卵を投げたり、悪い言葉を浴びせたり。年代のせいだと思う。	
より経験がある人たちである傾向が強い。自分たちの世代ではなく、もっと若い。エネルギーのある人、やる気のある人、より時間のある人が関わっていると思う。	自分たちには旅行をする時間があってよく、家を離れるが、し易い。安全なコミュニティで周りに知った人がたくさんいて、家がOKかどうか、心配する必要がないから。	いいえ。	年上の世代とはないが、若い世代とは、家族や孫のことを含めれば、祝日、誕生日、記念日、クリスマスなど。

住民/年齢/性別/世代記号	他のコミュニティより世代が多様だと思うか	自分の世代が十分いると思うか	マジョリティな世代はどれだと思うか	住民は世代的にバランスが取れていると思うか	自分の世代のもつ役割は何と思うか
Sa/66/女/III *Raの妻	はい。	自分の世代だと思う人はコミュニティにたくさんいる。	世代的に多数派がいるとは思っていない。いろいろな年代の人たちがいると思う。とても広い範囲に亘る年代が存在している。	はい。	人々がボランティア活動をする時間のある人を探している場合、自分たちの世代はそういったことをする時間がよりある。自分たちの世代は子どもたちを持つ人たち同士よりも、活動でよりタイアップできる。
Ta/81/女/IV *単身者	そんなに多様ではないと思う。自分が育った町では、親も祖父母もずっとそこに住んでいたし、そういう世代のつながりがあった。ここは15年しか経っていないので、起こるのはこれからだと思う。	マイノリティだと思う。新しいコミュニティだから。たくさんの若い家族がいる。素晴らしいと思うし不満ではない。自分たちの年代だけのコミュニティは好きではない。他の年代のグループがいるのが好き。	たぶん、40代〜50代。20代前半などの若いカップルは何年か働いた後でないと来れないと思う。	今はあまりバランスが取れているとは言えないと思うが、ずっと住み続けたい人が多いだろうから、もっと古くなったらバランスが取れてくると思う。	たくさんの申し出がある。自分たち高齢者はいろいろなことを経験してきた。大恐慌のことを覚えているし、第二次大戦のことも覚えている。困難な時代を経験してきた体験は（若い世代に）有益だと思う。
Ua/69/男/IV	はい。	多いと思う。	（妻Vaを受けて）そう思う。でも、ライフステージが変わってもずっと住めるので、娘の例のように出て行かない。	はい。	安定させる（stabilize）こと。
Va/73/女/IV *Uaの妻	はい。だから引っ越して来た。若い人が周りにいるのが好き。ただ一つの年代が住んでいるリタイアメント・コミュニティのようなのは好まない。	少数派とは思っていない。	若い家族。ここで起こっている特別なことは、娘の場合のように小さなタウンハウスに越してきて、ライフステージが変わってから家族が成長しても一戸建てに移って住み続けていること。	はい。	全ての世代がいることは大切だと思う。人々が自分たちの世代を評価（appreciate）してくれる。自分はとてもいいベビーシッター。

（2006年7月のインタビュー調査にもとづく）

第1章　大都市郊外住宅地コミュニティと生活の質　61

どの世代がリーダーシップまたはパワーを持っていると思うか	自分のライフステージでこのコミュニティに住む意味は何だと思うか	世代の対立やギャップを経験したことはあるか	どういう状況で、異なる世代と交流するか
(住宅所有者組合の) 役員の多数派はたぶん、年上の人々だと思う。	(自分はまだ退職していないので) 時間がとても限られているが、やりたいことがたくさんあって、近くに人々がいて会うことができることは、すばらしい。	時々。子どもたちによって引き起こされる問題などがある。	プール、体育館、コミュニティの会合。レストランへ行った時。近所で。映画館で。自分にとっては誰でも、ばったり会った人と。自分が一番ここを気に入っていることの一つ。リタイアメント・コミュニティに住みたいという人もいるが、誰もが古い人たちで死ぬのを待っているようでいやだ。
たぶん40代～50代の人々だと思う。	この年代で住むのはすばらしい。自分たちが必要としているアメニティや便利さ、美しい場所がある。Sense of communityがある。知り合いやすく、話していて楽しい人をすぐ見つけることができる。	子どもたちがバスケットボールのネットを家の後ろのアレーに付けたいと言っていた。いいことだと思うが、家の所有者だったら、違うように思えるのかも知れない。その他に、マーケットスクエアにティーンたちが集まって人を脅したりすることがあるらしい。	ボランティアのGrand Readersで子どもたちと。ブッククラブで50代の女性と。図書館でのクラブ活動で。プールで。教会の活動で。
(妻Vaを受けて) 同じ。		いいえ。	
子育て中の人たち。	すべての世代がここにいるので自分たちが若くいられる。いろいろな人たちを見るのを楽しめる。旅行へ行く自由がある。家の補修に世話がかからない。	いいえ。	孫や子どもたちが参加するイベントを見に行く時。テニスの練習とか水泳。彼らを通じてそこで知り合う。

持った住民は、子どもの親同士の交流が中心となっているという言及もあり、住民全体の多様性の印象は、日常の交流関係によっても違っていると思われる。また、Mariaさんのように、家族が何世代にもわたって同じコミュニティに住んでいたという伝統的なコミュニティの世代のつながりとの対比として、多様ではないと回答したものがある。

自分の世代の役割については、「次世代の働き手」(20代)、「コミュニティを立ち上げて発展させること」(30代)、「コミュニティのアンカー（つなぎ止める錨）のようなもの」(30代)、「子どもたちの学校の教育環境を整える」(30代)、「ボランティアができる」(40代)、「コミュニティを活気づかせている。」(40代)、「コミュニティを運営していく」(40代)、「リーダーシップ」(50代)、

表1-5　コミュニティ内の社会的交流活動へのコメント

住民	ボランティア	クラブ・グループ	イベント参加	その他（関連して言及されたもの）
Ba/37/女		ベビーシッティング・コープを立ち上げた。	いつも参加している。毎週少なくとも2回。野外コンサート。プールでのピザパーティーや持ち寄りパーティーは自分が企画した。	
Da/38/女	住民組織活動（KCFのマネージャー）	(上の子の) スイムチーム	今はKCFのマネージャーとしてすべてのイベントに関わる。住民が提案したイベントをサポートする。	
Ea/33/男	5Kレース	フットボールクラブ、メンズクラブ	5Kレース、イースターバニーカム、カーニバル	
Fa/37/女 *Eaの妻		ランニング（朝、走る）、テニス（夕方女性のグループで）。(上の子の) サッカー、(下の子の) バレエ。	夜のサマーコンサートのようなものに参加する。	
Ga/38/男	住民組織活動（KCFの委員会メンバー）	参加していない	人々を一緒にさせるようなイベントに参加する。家族全体で参加できるもの。イベントの企画はコミュニティレベルではないが家でパーティーを開いたり、プレイグラウンドでおもしろいイベントをしている。	
Ha/36/女 *Gaの妻		参加していない。(娘の) スイムチーム	ほとんどはコミュニティのパーティーに参加する。そのほか、パレード、4th of Julyのカーニバル、クリスマスパーティーなど。コミュニティの人々を一緒にさせるようなものに参加する。	

第1章　大都市郊外住宅地コミュニティと生活の質　63

Ia/42/女 *単身者	住民組織活動（KCFの理事会役員）、今、歴史についてのアーカイブを担当している。ここを訪れた人に渡せるようなものを作成している。		ここではイベントが家族に合うようなものが多いので、独身なのでそういったソーシャルなパーティー（クラブハウスでの）のようなものにはあまり行かない。オクトーバーフェストが好き。5Kレースも。基金集めのイベントやゲイサスバーグ市全体のコミュニティが来るものが好き。	
Ja/49/女	過去にガーデンクラブ。ボランティアでは2週間に一度近所にニューズレターを配布。	（息子の）スイムチーム。子どもたちの年代は5歳くらいから18歳まででティーンエイジャーたちがコーチになって一緒に水の中に入って小さい子たちを遊びながら教えてくれる。	子どもを連れて行けるものに参加する。家族構成に合うものであればほとんど参加する。	
Ka/46/男	住民組織活動（KCFの理事会役員）。	メンズナイトアウト	よく参加する。市の議員としてゲイサスバーグ市のことにとてもたくさん関わっている。	ゲイサスバーグ市の市議会議員。これまでに2回選出された。
La/47/女 *Kaの妻	スイムチーム、KCFのプログラムや活動の手伝い、アーツバーン、かつてはPTA	ブッククラブ	子どもたちが小さかった頃はもっとたくさん参加していた。企画も過去にはたくさんした。KCFのプレジデントだった。	ボーイスカウト
Ma/50/男 *単身者		テニス。ここはいいテニスコートがある。	芝生でのコンサート、プールでのパーティー、クリスマスパーティー、オクトーバーフェスト	
Na/52/女	住民組織活動（KCFの理事会役員）	スイムチーム、テニスなど多数	KCFのボードメンバーとしてイベントやクラブをサポート、促進させる役割をしてきた。	
Oa/53/男	5Kレース		5Kレース、ドッグショウ	子どもが小さい頃はスイムチーム、サッカー、バスケットボールに入っていた。妻はちらしの配布、記事への寄稿。
Pa/58/男	住民組織活動（KCAの理事会役員）	メンズクラブ、テニス、スイムチーム。	オクトーバーフェスト	
Qa/64/女 *Paの妻	住民組織活動（KCF：プログレッシブ・ディナー・パーティーとかチャリティーとかフィルムソサエティというのを始めようとしている）ボランティアでひどい状態だったグリーンハウスをガーデンクラブとメンズクラブが協力して修復した。	ガーデンクラブ	アーツバーンなどの催し。演劇やミュージカルなどやアートの展覧会。マンションでのコンサート。クラブハウスでのいろいろなパーティー。毎週土曜日にあるクラブハウスの芝でのバンド演奏。ドッグショウ。マーケットプレイスで金曜の夜に行なわれるライブ音楽。	

住民	ボランティア	クラブ・グループ	イベント参加	その他（関連して言及されたもの）
Ra/68/男	無料の見学ツアーガイド。5Kレース。		そんなによくは参加しないが時々。子どものためのイベントが多いので。	かつてはミッドタウン・アドバイサリー・コミッティーのメンバーだった。その新聞作りの計画などに関わった。そのあと3年間KCFの役員メンバーだった。
Sa/66/女 *Raの妻	5Kレース	ブッククラブ	オクトーバーフェスト。金曜日の夜にマーケットスクウェアで行なわれる音楽の演奏。アーツバーンでの催し。文化的なイベントを好んでいる。そしてコミュニティ・ベースで行なわれるものを。／企画に関わったのはプログレッシブ・ディナー。グループになって一つのコースからスタートして次の人の家で別のコースの食事をとり、次の家でデザートをとる。その他5Kレースのボランティア。マーケットスクウェアでのアートショウ。	ゲイサスバーグ市の2つの委員会。ケントランズの外も含めてであればゲイサスバーグ市のコミュニティ・コース（講座）を担当している。
Ta/81/女 *単身者	運転のできない友人のために医者に連れて行く。	ライブラリーのクラブ活動でのコンピュータークラス。グループ活動としてはケントランズとしてではなく、このアパート内ではいくつかのメンバーになっている。ブッククラブなど。	アーツバーンの催しが好き。コンサートや演劇、秋に始まるフィルム・ソサエティもたぶんおもしろいと思う。ここで（コンドミニアム）Events Committee や Fountain Gran などのいくつかのプログラムを作った。	ゲイサスバーグ市のものだが、Grand Readers という活動に参加。メキシコや南アメリカから来たばかりで家で英語を話さない子どもたちに英語を教えている。
Ua/69/男	アーツバーンでの作品販売。オクトーバーフェストの手伝い。	ケントランズのグループ活動はしていない。	年に3〜4回くらい。アーツバーンのも好き。	市のライブラリーでの英語ボランティア
Va/73/女 *Uaの妻	アーツバーンではボランティアをしている。	ブッククラブ。ケントランズにはたくさんのブッククラブがあっていくつとは言えないが時によっていろいろな別のブッククラブに属したりする。私のは毎回1時間半ほどかけるまじめなもの。月一回。いい本を選んでいるし古典もある。	孫や子どもたちが参加するイベントは見に行くことはある。4th of Julyとか、アーツバーンのが好き。／プログレッシブ・ディナーというのがあって2ヶ月に一度くらい近隣の老若いろいろな人が集まり分担して持っていく。15人くらいでディナーをするのだがすべての年代が集まっててとてもいい。	

※AaとCaは、回答が得られなかったため除いた。住民欄は住民／年齢／性別の順に記載。（2006年7月のインタビュー調査にもとづく）

「若い人と年上の人との橋渡し」(50代)、「世代すべてが役割のチームのようになっている」(50代)、「時間がある世代なので、市の活動や組織などへの参加ができる」(50代)、「退職した後は十分時間がかけられる」(60代)、「とても時間とエネルギーがある」(60代)、「ボランティアの時間がより多くある」(60代)、「コミュニティを安定させる」(60代)、「とてもよいベビーシッター」(70代)、「困難な時代の体験を伝えることは若い世代に有益」(80代)などのコメントがあった。

　コミュニティ内での異なる世代との交流については、表1-4にまとめたように、買い物をしている時、歩いている時、プールで、パーティーで、犬の散歩で、ジムで、イベントで、レストランでなど、コミュニティのいろいろな生活場面で交流があることがわかる。

　社会的交流活動についての質問は、「ケントランズのボランティア活動に関わっているか」、「ケントランズのグループ活動のメンバーか」、「ケントランズのイベントには、よく参加するか／イベントに参加した時の感想はどうか」というように、ボランティア活動、クラブ・グループ活動、イベント参加の3つを尋ねた。これらの回答を、表1-5にまとめた。ボランティア活動も、クラブ・グループ活動も、イベントも全体的に良好な参加だが、特にイベント参加へのコメントが多く、年間を通じて複数のイベントに参加している様子がわかる。

第5節　分　析

　ここでは、インタビューでのコメントにもとづき、住民のコミュニティ意識について、2-1で記述したように、マクミラン＆チャヴィス（1986）のコミュニティ意識理論による4つの要素、すなわち、「所属感（Membership）」、「存在感（Influence）」、「欲求充足感（Integration and Fulfillment of Needs）」、「情緒的一体感（Shared Emotional Connection）」から評価し、これらがタウンプランニングの物理的環境要素や、それが内包するメッセージであるスモールタウン的要素と、いかに関連しているか考察する。その上で、高齢者住民の役割が、

表1-6　住民の物理的特徴の評価とスモールタウン的要素

住民	年齢／性別／世代記号	ケントランズで評価する物理的特徴 ①スモールタウン的要素②その他	スモールタウン的要素を評価する理由
Aa	24／男／V ＊単身者	①歩ける町、住居の多様性	・歩ける町が郊外では珍しく通りや店などで交流できる
Ba	37／女／I	①住居の多様性 ②材質の基準が高い、便利さ	・クッキーの型押しで作ったような均質なコミュニティとは違って見える
Ca	35／男／I ＊Baの夫	①（スプロール化を防ぐ）「境界」	・コミュニティが大きくなって、その良さがなくなる心配がない ・コミュニティが小さいので友人を作り易い
Da	38／女／II	①歩ける町 ②景観の美しさ	・子どもたちが近所の人のことを知って心地よい関係をつくれる
Ea	33／男／I	①伝統を想起させる景観、歩ける町、ポーチ ②建築の材質、建築コード、プランニング	・幼少期に見たTVアニメに描かれたスモールタウンに惹かれていた ・ケントランズは古いホームタウンのような感じがあり他のコミュニティと違う印象にさせている ・歩道で人と会ったり、ポーチで外を歩いている人と話す
Fa	37／女／I ＊Eaの妻	①歩けること ②緑地、便利さ	・メインストリートなどの要素が好きで、理想のスモールタウンに住みたかった ・ケントランズにはそれらの要素があり、いつも誰か知った人に会える ・近隣と交流できる
Ga	38／男／II	①歩ける町 ②建築、配置、マスタープラン	・以前より人と出会うのが容易になった
Ha	36／女／II ＊Gaの妻	①歩けること、集まる場所、高密度 ②遊び場	・子どもたちが通りを渡って友達の家に行ったり近隣で自然に仲良く過ごせる ・ケントランズが私たちと同じ考えの人を引き入れてくれたと思う
Ia	42／女／V ＊単身者	①歩ける町、住居の多様性、ポーチ ②緑地、湖	・住人が多様でいろいろなバックグラウンド、専門を持った人がいる ・ボランティアがすぐ見つかる ・誰かと会話することが容易 ・夕方散歩のときポーチに座っている人と話す ・住人はよく歩くので犬の散歩などで会い気軽に話せる
Ja	49／女／II	①不明 ②町並みの美しさ、自然	・近隣の人が子どもたちのことを知って声をかけてくれる
Ka	46／男／II	①歩ける町、住居の多様性、アレー ②タウンプランニング	・住居が多様で世代の多様性があり犬の散歩、イベントなどでいろいろな世代との気軽な交流が多い ・人と関わり易くコミュニケーションもとり易い
La	47／女／II ＊Kaの妻	①歩ける町、アレー、高密度の住居配置 ②自然を含む美的価値	・子どもたちが自分たちでどこへも行ける ・隣人と気軽な交流ができる
Ma	50／男／V ＊単身者	①住居の高密度配置、歩ける町 ②安全	・自分が育った所のような雰囲気がありコミュニティや近隣に心地よいものがある
Na	52／女／III	①歩ける町、住居の多様性 ②環境志向性	・子どもが自分たちで外出できる ・子どもたちがあらゆる年代の人と交流できる
Oa	53／男／II	①歩ける町、住居の多様性	・子どもが自分でどこへでも歩いて行ける ・歩いているとき近所の人たちと交流する ・イベントでは異なる世代と交流できる ・各世代に対応した住居があり長く住める

Pa	58/男/Ⅲ	①歩ける町 ②景観の美しさ	・伝統的都市へのノスタルジアを満足させる ・子どもの頃のような環境が再現できた ・郊外の欠点は歩けないことだが、ここは通りに出れば誰か知人に会える
Qa	64/女/Ⅳ *Paの妻	①住居の多様性 ②景観の美しさ	・通りを歩いていてたくさんの人と知り合える
Ra	68/男/Ⅲ	①歩ける町、伝統を想起させる町並み	・育った大都市の旧市街に似た町並み ・ずっとこんなところに住みたかったという場所のように見えた ・気軽で友好的な交流が生まれる
Sa	66/女/Ⅲ *Raの妻	①歩ける町、アレー、店舗上住居、高密度な住居配置、「境界」 ②プランニング、建築材料	・店舗上住居やアレー、歩ける町が幼少期を思い出させる ・高密度配置から家と家が近いので友達と交流できる ・境界があるのでコミュニティが大きくなりすぎない
Ta	81/女/Ⅳ *単身者	①歩ける町、高密度な住居配置、住居の多様性 ②便利さ	・スモールタウンのように感じる ・多くの郊外では歩道がなく歩くのは危ないがここでは安全 ・自分たちの世代だけでなく若い家族が多くいるのがいい
Ua	69/男/Ⅳ	①歩ける町、高密度な住居配置、住居の多様性 ②町の配置	・高密度配置から店や友人が近い ・住宅の多様性がライフスタイルの変化に対応でき、ずっと住める
Va	73/女/Ⅳ *Uaの妻	①歩ける町、住居の多様性 ②町並み景観、安全	・住居の多様性からライフスタイルが変わってもここを出ていかなくていい ・すべての世代がいることは大切だと思う ・人々が自分たちの世代を評価してくれる

(2006年7月のインタビューにもとづく)

ケントランズにおいてどのように創出されているのか、高齢者住民と他の世代との関係性についてはどうかを分析する。表1-6は、住民の物理的環境要素の評価とスモールタウン的要素との関連をまとめたものである。

5-1. 所属感（Membership）

ケントランズでは、住民組織のKCFが住宅地内の地図を作成し、住民に住所録が配布されている。通りの名前が住所に用いられており、住民の誰もが住所から町の位置関係をイメージでき、植栽による境界の設定とともに、地理的な「所属感」が形成されている。境界の存在について、「スペースが限られているので、人々の結びつきはもっと固くなる。これ以上大きくなってコミュニティが（拡散して）なくなる心配がない。」（Georgeさん・35歳男性）、「ケントランズでとてもいいと思っていることの一つには、木々に囲まれた境界があるので、これ以上大きくならないこと。いくつかのコミュニティの

ように大きくなりすぎる心配がない。」（Monicaさん・66歳女性）などの表現でケントランズへの「所属感」が語られた。

また建築やプランニングが、他のコミュニティと違っていることに対する評価が、「所属感」を高めている面もある。

「アメリカでは、多くの郊外コミュニティがクッキーカッターで切ったようにどれも同じように見える。ここでは、高いスタンダードで天然の素材を使用して、多くの建築業者によって建設されている。」（Dianaさん・37歳女性）、「空間の使い方が違っていて、コミュニティとして感じられる。」（Billyさん・33歳男性）、「ここがユニークな環境だから、いろいろな人が見に来るわけで、そのことに責任と誇りを感じる。」（Georgeさん・35歳男性）、「普通のところは家がどれも3軒から5軒おきくらいに同じだが、ここでは、皆違って見えるのでもっとおもしろい。」（Timさん・53歳男性）、「ユニークで、スペシャルで、美しくて、木々や緑の空間がたくさんあって、ここに住んでいる人がこのコミュニティに住んでいるという誇りを持っている。」（Monicaさん・66歳女性）などがコメントされた。

住民組織KCAの自治活動では、住民参加のタウンミーティングや役員の選挙が行われている。また、KCAが主催するものに、コミュニティの緑地で行われる祭「オクトーバー・フェスト」やコミュニティ内の通りを行進する「独立記念日のパレード」などがある。情報面ではコミュニティ新聞の『ケントランズ・タウンクライヤー』が各戸に郵送され、自治、行事、クラブ活動の様子、学校の話題、住民の話題などが毎月発信されている。

またKCFにより、電子メールでの情報発信や多くの行事が開催され、「Dinner Duty」と呼ばれる、病気、入院などで助けを必要とする人への食事作りの提供者の募集や、町中をコースとする「5Kレース」、緑地広場で行われる「ヤード・セール」、小学校のグランドでは「ドッグ・ショウ」などの年間行事も行われている。

クラブ活動は、コミュニティ内に8〜10ほどあるという「ブック・クラブ[27]」、KCFが創設した「映画クラブ（Kentlands Film Society）」、「ガーデン・クラブ」、「ケントランズ・メンズ・クラブ」などの他、子どもたちの水泳チーム（「The

Kentlands Kingfish」）や「子どもコーラス」が結成されている。

　このような住民組織による公的交流やクラブを通じた活動もケントランズの住民としての「所属感」を促していると思われる。ケントランズの町と住民たちについての形容には、「ケントランズはとてもユニーク。」（Kellyさん・37歳女性）、「人々が明白なアイデンティティとプライドを持っている。」（Markさん・58歳男性）、「この町についての共有の、何か特別なものの一部を成しているような感覚を持っている。」（Alexさん・68歳男性）などがあり、町の住民としての意識が表現された。

5-2. 存在感（Influence）

　「存在感」の意識は、前述のように、住民がそれぞれの役割をどう捉えているかの言及（表1-4）から判断できる。

　30代の住民からは、コミュニティ全体へ与える雰囲気や活力としての役割を意識したコメントが得られた。

　「新しいコミュニティの第一世代だと思っているので、コミュニティを立ち上げて発展させること。成長させること。」（Georgeさん・35歳男性）、「コミュニティの骨組み（fabric）のような、コミュニティを保つための生活用水のようなもの。自分たちの小さい子どもたちが一緒に遊ぶのを見せたりすることで、コミュニティにフレーバーを与えるような（役割）。」（Billyさん・33歳男性）、「年配の人たちが、『コミュニティ・ウォッチ（コミュニティ自警活動）』に取り組んでいるように、自分たちは、コミュニティの中では、家族志向（family-oriented）で、コミュニティの錨のような（役割）。」（Kellyさん・37歳女性）

　在職中の中高年者からは、コミュニティでのリーダーシップや、運営などの役割が語られた。

　「コミュニティを活気づかせている世代。（子どもの教育や消費の面で）購買量にも貢献している。」（Yokoさん・49歳女性）、「ここでは、世代が多様で、自分たちの世代がマジョリティだと思っているので、コミュニティを運営していくこと。」（Jimさん・46歳男性）、「子育てをしている人は、安全のことなど、

子育てにいいようにいつも考えている。世話人（Stewardship）の役割。」（Emilyさん・47歳女性）、「リーダーシップの役割。」（Frankさん・50歳男性）、「若い世代との中間にいる。年上の人を若い人たちに紹介している。若い人と年上の人との橋渡しになろうとしている。」（Lizzieさん・52歳女性）、「時間がある世代なので、市の活動や組織などへの参加ができる。そういう責任もあると思う。」（Markさん・58歳男性）

　退職者世代は、時間的な面から他の世代への貢献を意図したコメントや、経験を若い世代に伝えることへの役割を挙げた。

　「退職した後は十分時間がかけられる。」（Susieさん・64歳女性）、「とても時間とエネルギーがある。」（Alexさん・68歳男性）、「人々が、ボランティア活動をする時間のある人を探している場合、自分たちの世代は、ボランティア活動をする時間がより多くある。子どもが独立した人たち（Empty nesters）は、子どもがいる人たちと活動において、子どもたちを持つ人たち同士よりも、よりタイアップできる。」（Monicaさん・66歳女性）、「すべての世代がいることは大切だと思う。人々が自分たちの世代を評価してくれる。」、「自分はとてもよいベビーシッター。」（Bettyさん・73歳女性）、「たくさんの申し出がある。」、「自分たち高齢者は、いろいろな困難を経験してきた。大恐慌や第二次大戦のことを覚えている。ケントランズでは、たくさんのアクティビティがあるが、このような過去の体験から学べることを若い世代と共有できていないと思うので、これらを伝えられればいいと思う。困難な時代を経験してきた体験は若い世代に有益だと思う。」（Mariaさん・81歳女性）

　また、コミュニティの住民がそれぞれの役割をもって、コミュニティの役割を果たしているという次のようなコメントがあった。

　「自分の役割は35歳の人のそれとは違うと思っている。それぞれの役割というのがあり、（コミュニティでの）役割を果たしているのだと思う。35歳、55歳、75歳…。それらの世代すべてが、役割のチームのようになっていると思う。」（Timさん・53歳男性）

　このように、各世代の住民が、自分たちの役割を意識している。そして、高齢者住民からは、他の世代への貢献的役割が意識されているとともに、自

分たちの世代が他の世代から評価されていることも意識されている。

　またKCFは、住民のコミュニティ活動の促進や行事の運営などを行っているが、KCFのマネージャーは、この組織の役割を、「人々は自分が貢献できる方法を探している。彼らのために、その機会を見つけてあげること。」（Pollyさん・38歳女性）だと言う。そして「（仕事の大きさが）小さいほど、自分の役割が生まれやすくなり、意味あるものにし続けることができる。」ため、一つ一つのグループをなるべく小さくして、「参加することによって、その活動に貢献できたという達成感を得ることができるようにする。」のだとも言う。さらに、役員の一人は、この組織を「このコミュニティの居住を豊かにするためにある。人を紹介したり、関わるのに少々シャイな人を招き入れたり、一緒になるという機会を提供したりする。」（Rosaさん・42歳女性）と評価する。別の役員は「人々が共有の価値のもとに一緒になることに対して、意図的に、慎重に、前もって行動し、そのような状況がおこるようにし続ける。」（Lizzieさん・52歳女性）とKCFの任務を語った。

　マネージャーによると、KCFのプログラムに前年だけでも約350人の住民が参加し、関わったという。この組織が住民の役割意識を引き出し、コミュニティ意識を高める重要な意味を持っていることがわかる。

5-3. 欲求充足感（Integration and Fulfillment of Needs）

　物理的環境要素に関しては、歩けることへの評価が多かった。すなわち道路システム、町の配置への評価である。

　「自分が一番好きなのは、歩いて行けるということ。すぐに行けるということ。子どもを学校に連れていくのも、プールに連れていくのも、サッカーとか、何でも。」（Billyさん・33歳男性）、「歩いてどこへでも行ける。そこで人と出会う。そして5分くらいすぐ話せる。人が通りに出ている。何も大げさな約束をしなくても、通りに出れば誰か知った人に会える。」（Markさん・58歳男性）、「とても気に入っているのは、どこへでも歩いて行けること。すべてがとても近いこと。」（Monicaさん・66歳女性）、「子どもたちだけでどこにでも行ける。」（Pollyさん・38歳女性／Emilyさん・47歳女性／Lizzieさん・52歳女性／

Timさん・53歳男性)、「(子どもたちが)このような郊外でどこへでも歩いて行ける。」(Benさん・38歳男性)[28]「(考え方が自分と似ている)そういう人に出会うチャンスは多く、簡単だと思う。コミュニティのデザインと何か関連があると思う。人と出会う機会を容易くしている。」(Jennyさん・36歳女性)

　住居の多様性は、それによって世代が多様になっていること、生活の変化に合わせて町内の住宅を移動できることへの評価になっている。

　「住居の大きさの多様性によって世代の多様性がある。」(Jimさん・46歳男性)、「ライフスタイルが変わっても、ずっと住めるので、町を出ていかない。」(Peterさん・69歳男性)、「ここで起こっている特別なことは、娘の場合のように、小さなタウンハウスに越してきて、ライフステージが変わってからも家族が成長しても、一戸建てに移ってここに住み続けていること。」(Bettyさん・73歳女性)、「子どもが成長して家を出て行ったら、家を売ってコンドミニアムに買いかえることができ、同じコミュニティにいることができる。」(Timさん・53歳男性)

　ケントランズのコミュニティにある、高齢者用のコンドミニアムについてのコメントもあった。

　「自分たちがもっとシニアになっても、ここには退職者用のコンドミニアムがあって、階段の上り下りが大変になったら、そこへ移ることもできる。もしここでの生活が大変になったら、移るつもりでいる。」(Bettyさん・73歳女性)

　住居に一定の制限を課す「建築コード」については住環境維持、資産保持の理由で大半の住民が評価をしている。

　「(建築コードは)自分たちの近隣をとても良く見えるように保っている。自分が育ったレヴィットタウン(注25参照)では、家の色をひどい青色に塗った家があった。ここでコードがあってコントロールされているのは、いいことだと思っている。」(Kellyさん・37歳女性)、「そういうことが、コミュニティのレベルを維持することになる。荒れていくのを防ぐわけで、自分はそういうものは大切だと思っている。」(Frankさん・50歳男性)、「コードは理解できるバランス状態にある。価値を保つためには必要。」(Georgeさん・35歳男

性)、「ガイドライン（建築コード）は、ケントランズにとっていいことだと思っている。全然悩まされていない。逆に誰かが、ガイドラインを避けようとする時に悩まされる。」(Alexさん・68歳男性)

ただし、「建築コード」に関しては、次のような否定的なコメントもあった。

「(建築事務所の) DPZが作ったコードはあるが、それを住人たちがより厳しくした。家の色とか、いろいろ他の規制を作った。他の人がしていることに全く同意したがる人もいるが、自分はそれを好まない。もっと創造性が必要だと思っている。」(Emilyさん・47歳女性)、「すばらしいコミュニティに環境を維持するためには必要だと思うが、規制は厳しいと思う。理解はできるが、時には行き過ぎのような気がする。外見を良く保つ規制は、他より厳しい。」(Mariaさん・81歳女性)

ケントランズの住宅地は、人気を集め、不動産価格が高くなっているが、価格の高騰による経済的多様性の欠如への問題意識は20代（「ここで家を持つことが出来ない。同じ年代がいない。」(Rayさん・24歳男性)）と60〜80代（「価格がこれから家族を始める人にとっては高すぎる。」(Susieさん・64歳女性)、「経済的広がりはなく、エスニックな人にとっても手に入れにくい。」(Mariaさん・81歳女性)）から言及され、大方の住民に世代の多様性が多様な住居によって実現されていると認識されている一方で、不動産価格の問題は、世代のうち、経済的なゆとりが少ない20代の欠如と階層の限定をもたらしていることがわかる。

人的つながりについては、多数の住民から積極的な満足感が語られた。

「たくさんの友人ができた。」(Dianaさん・37歳女性)、「人々が友好的で、たくさんの友達ができた。」(Billyさん・33歳男性)、「一番好きなことは、今、とてもいい友人たちの仲間がここにいること。」(Benさん・38歳男性)、「自分はシャイな人間だが、ここに住んで誰かと会話を交わすことがずっと易しく、話しやすくなった。ケントランズのようなコミュニティに住むということは、人々が近隣のことについて何かしら話すことがあり、いい共通のテーマがある。」(Rosaさん・42歳女性)、「好きな点はやっぱり、人づきあいがしやすいということ。友達が子どもも親も本当にできやすい。犬も。」(Yokoさん・49歳

女性)、「人々が好き。人々が一番気に入っている。」(Frankさん・50歳男性)、「(気に入っているのは)隣人たちが一番。とてもいい隣人たちを持っている。」、「隣人がすぐ近くなので、少なくとも週2〜3回くらい話す。もっとの時もある。気軽な交流をしている。」(Emilyさん・47歳女性)、「自分は、人々を知っているし、人々は自分のことを知っている。」(Alexさん・68歳男性)

5-4. 情緒的一体感（Shared Emotional Connection）

これについての住民のコメントには、「ここで私たちは、すばらしいコミュニティの体験をしている。このコミュニティで起こっているようなことを求めていた。」(Kellyさん・37歳女性)、「他ではここと同じようには多くの友人を持てなかった。自分の周りに住む人たちが自分たちと同じように考えていることがただの偶然だとは思わない。」(Jennyさん・36歳女性)、「いざという時すぐに電話して頼ることのできる人を5人知っている。」(Pollyさん・38歳女性)、「ここでは、人々がいろいろな理由で一緒に集まるのだが、集まるたびに人に会って人と話をし、近くに住んでいることで物事を一緒にやり始める。」(Alexさん・68歳男性) などの積極的評価があった。

その他、住民が語る住民集団の特徴として、「コミュニティに関わりたいからここに住んでいるというような感覚がある。」(Pollyさん・38歳女性)、「ここに来ている人は、コミュニティを求めてきたので友好的な人が多い。あいさつをしたり、関わり合いたいという人が多い。」(Emilyさん・47歳女性)、「ここに越して来た人たちは、別の場所なら、もっと大きな庭を持つことができたが、ここでは、小さな庭しか持てない。家よりも場所（neighborhood）を購入した。」、「子どもを持つ多くの家族は、何かに属したい、コミュニティに属したいと思っている。」(Timさん・53歳男性)、「ここは、コミュニティが好きな人が買う。」(Lizzieさん・52歳女性)、「自分たちと似ている。」(Benさん・38歳男性／Dianaさん・37歳女性／Georgeさん・35歳男性／Jennyさん・36歳女性)、「感謝しているのは、同じ価値観を持っている人に会えること。ここでは、他よりも、もっと多いと思う。」(Emilyさん・47歳女性)、「活動的」(Kellyさん・37歳女性)、「人々がこのコミュニティの快適さに貢献していると思っている。」

表1-7　ケントランズの物理的特徴およびメッセージ作用の住民による解釈

	物理的特徴	ケントランズにおける規制・推奨内容	住民による解釈
住区の全体計画レベル	用途混合	住宅タイプ、大きさの混合、居住地区への公共・商業施設の混合	伝統的都市・スモールタウンの町並みの連想、世代間交流、コミュニティへの期待
	建物の配置	徒歩5分圏で生活できるよう、住居／店舗等を高密度配置	近隣とのつながりやすさ、コミュニティへの期待
	共有地、共有施設	緑地、湖などの自然景観保全、プール、テニスコート、クラブハウス、文化施設の共有、公共広場の重視	居住性へのアピール、住民交流、コミュニティへの期待
	地域性、歴史性	地域性、歴史性をもつ建物を修復（一部は市に譲渡）	スモールタウンの町並みの連想
	住宅裏小路（alley）	車の出入り、ゴミ収集用道路として採用	伝統的都市の町並みの連想
	道路、歩道	道路幅員の制限、歩道の設置（徒歩促進）	住民の交流
	その他	袋小路（cul-de-sac）の不採用、植栽による境界の明確化	袋小路については言及なし、境界線についてはコミュニティへの期待
個別の住居レベル（建築コードにもとづきKHTの承認が必要）	玄関位置、道路からの距離	玄関の通路側設置、道路面からの後退距離の制限	スモールタウンの町並みの連想、住民交流
	住宅タイプ	種類の多様性、伝統的様式の促進	世代間交流への期待、伝統的都市の町並みの連想
	店舗上住宅（live-work unit）	商業地区に採用	幼少期の記憶喚起、伝統的都市の町並みの連想
	建築材料	主に天然素材を建築材料に規定	スモールタウンの町並みの連想
	外構	ポーチ、白い柵（picket fence）の推奨	ポーチについては住民交流、白い柵については言及なし
	その他	ガレージの住宅裏への配置、車庫上小住居、庭の整備について規定	〈言及なし〉

※KHTとはKCAの委員会のKentlands Historical Trustを指す。
※袋小路の不採用は、ニューアーバニズムの建築家が歩行者の流れを遮断するものとして否定しているためであるが、今回インタビューでは言及を得られなかった。また白い柵、ガレージ、車庫上小住居、庭についても言及を得られなかった。
※出所：筆者作成。住民の評価は、2006年7月のインタビューにもとづく。

(Frankさん・50歳男性)「(前に住んでいたところでは)近隣の人々がコミュニティの他の人たちと交流することに、そんなに関心がなかった。ここはとても違うと思っている。とてもいい友達がここにいる。」(Monicaさん・66歳女性)などが挙げられ、住民集団の特徴に高いコミュニティ志向が観察された。

このように、コミュニティ志向という価値観を共有する住民間の社会的交流が活発に行われていることが、「情緒的一体感」の感覚を高めていることがわかる。

5-5. コミュニティ意識とタウンプランニングおよびメッセージ

以上の4要素の考察から住民たちが、高いコミュニティ意識を形成していると判断できる。町の物理的特徴とタウンプランニングのメッセージ作用を住民がどのように解釈しているかを表1-7にまとめた。

表1-6および表1-7から、タウンプランニングに盛り込まれたスモールタウンを連想するコミュニティへの期待によって、コミュニティを志向する人が集まり、そういった住民が交流する過程で「情緒的一体感」の意識を促進させ、このことが「存在感」の意識を高めているといえる。

また、物理的特徴が4要素に貢献している部分として、他と区別された町のイメージとして、町の規模や建築が「所属感」に、歩けることや住居の多様性が便利さや住民の社会的交流をもたらし、「欲求充足感」の向上にそれぞれプラスに働いている。さらに多様な世代の居住を生み出す、住居の多様性は世代間の役割意識の背景となり、「存在感」という要素に間接的に作用している。徒歩圏の範囲に住民が居住していることも、社会的交流の促進の面で「情緒的一体感」の意識の向上に間接的に機能している。

したがって空間に表象された物理的特徴が「スモールタウン的」要素を住民たちに日常的に体現させているという点で4要素それぞれの向上に貢献して、住民のコミュニティ意識に影響を及ぼしていると見ることができる。

5-6. タウンプランニングと高齢者の生活の質

このように、タウンプランニングと建設理念のメッセージは、物理的環境

要素として、住民集団の形成とコミュニティ意識の形成を促すものとして大きな意味をもつといえる。

ここで、高齢者住民にとって、これらの物理的環境要素がどのような意味をもっているかをまとめる。

第1に、住宅の多様性である。多様な住居が提供されていることによって、高齢期に対応した住居が存在する。多様な世代がコミュニティの中に居住しているため、コミュニティに活気がある。高齢者のコンドミニアムもあることが住民から言及されている。(インタビュー対象者の一人も、そこの住人であった。)

第2に、歩けることである。日常生活に欠かせない、店舗や施設が歩いて行ける範囲にあることによって車の運転を諦めた後でも生活ができる。コンパクトな近隣住区のため、どこにでも歩いて行ける近接性がある。住宅地のどこにでもつながっている歩道がある。そのため、人との交流がしやすい。

第3に、景観・町並みの設計である。建設理念のスモールタウンのメッセージは、「スモールタウン的」な景観として実現されている。そのために、ノスタルジックな懐かしさや心地よさや安心感がある。

これらから、物理的環境要素が高齢者の生活の質にとって影響を及ぼしていると考えられるのは、多様な住居の選択肢や徒歩圏の近接的な環境が得られるようになっていることで高齢者をコミュニティに引きつけていること、高齢者がコミュニティの中で、他の世代と社会的な交流をするチャンスが与えられるということである。すなわち、高齢者が、社会的交流の中で役割を得て、生活の質を高めていくための土台を提供していることだと考えられる。

第2部　地域行事とコミュニティ意識

第2部では、第1部で住民によって言及されたコミュニティ活動の一つ、「5Kレース」行事を取り上げ、住民のコミュニティ意識の醸成に、その行事がどのように機能しているのか、とりわけ、高齢者住民の生活の質にとってどのような意味を持っているかを社会的環境要素の側面から、その要因を考

察したい。

第1節　地域行事とコミュニティ意識をめぐって

　地域コミュニティにおいて、どのような仕組みが機能しているときに高齢者住民たちは、地域コミュニティと積極的な関わりを持つことができるのだろうか。より具体的には、地域行事は、どのような条件のもとで、そうした良好な関係を醸成していくことができるのだろうか。第2部では「大都市郊外」の住宅地における地域行事が近隣の住民の間に積極的な関わりと共感を生み、結果として高齢者住民が生活の質を高めることに寄与する過程と可能性について考察する。またこのような地域行事を創造するために運営主体、ボランティア、地域住民などが、いかに相互に関わっているのかを追究していく。

　ここでは、第1部で扱った「大都市郊外」住宅地、ケントランズで行われている「5Kレース」と呼ばれるマラソン行事を先進事例として検討する。

　この行事は、住民組織によって改良され、認知性が高く、住民を広く巻き込み、高齢者の競技者やボランティアも多く参加してきた。また、メリーランド州で行われている多数の市民向けランニング競技のうちから2008年より、州単位の「シニア・オリンピック」競技（3-2.で後述）の一つとして選定された。

　第2部の枠組みは以下の通りである。まず、高齢者の社会的ネットワークと主観的幸福感やボランティアとの関連についての知見を確認し、高齢者の地域居住における生活の質の向上に媒介的に機能するものに注目した先行研究を挙げ、ここでの論点を提示する（第2節）。次に、ケントランズのコミュニティで行われている行事について住民へのインタビューから得られたコメントをまとめた上で、ここで取り上げるケントランズの住民組織ケントランズ・コミュニティ・ファウンデーションが主催して行っているマラソン行事「5Kレース」の概要を述べ、この行事を「5Kレース」の主催者、ボランティア、競技者、その他の住民に分けて検討した調査結果を記述する（第3

節）。考察では、まず、地域行事としての「5Kレース」の特徴を質問紙調査結果（一部インタビュー）から整理する。そして、高齢者の生活の質を左右する重要な要因を、近隣ネットワークにおける交流関係や役割の充足感を満たすコミュニティ意識として捉える。それを特にボランティア参加者に焦点を当てて、第1部と同様にマクミラン＆チャヴィス（1986）のコミュニティ意識理論の諸観点から分析する。その上で、この行事がもたらした高齢者の役割とその意義を明らかにする（第4節）。

第2節　先行研究と第2部の論点・意義

　社会的ネットワークに焦点を当てた場合、高齢者の主観的幸福感に関して、何が寄与しているのかは、調査対象・時期などで多少の違いが見られ、友人ネットワークや近隣ネットワークが寄与しているとするもの（クローハン＆アントヌッチ 1989; 前田 2006）やそれらに親族との交際頻度なども加わるとするもの（クラーク＆ロバーツ 2004=2009; 森岡 2000; 直井 2001）があるが、特に高齢になるほど、より身近な近隣ネットワークの重要性が高まることが論じられている（フィッシャー 1982 = 2002: 265-9; 前田 2006: 169-80）[29]。

　オークン＆ミッチェル（2006）は、コミュニティ意識と高齢者のボランティアへの参加との相関関係を研究し、コミュニティ意識は高齢者のボランティア参加の環境要素（predictor）であることを明らかにしている。そして、ボランティアは貢献的活動であるため、高齢者の生活の質を高める役割意識を育むと考えられる。

　高齢者の地域居住における諸課題に対処する研究には、媒介となる機関やシステムのもつ役割に焦点を当てたものが見られ、その一つでは、「大都市郊外」において、住民に身近な組織による高齢者の地域居住を支えるシステム構築の重要性が論じられている。大江守之らは「弱い専門システム」と名付けた、コーディネーター的役割を持つシステムを提唱し、専門家によらず、行政職員や住民を中心として構成される組織による高齢者の地域居住を支えるシステムの取り組みを紹介している（大江・駒井 2008）[30]。また、ペイン

(2005) は、世代間交流を媒介するための活動や組織の可能性を、持続可能な社会のための助けになるものであると論じ、その重要性を強調している。

ここでは、そのような媒介となるものを前述の住民組織と見て考察し、住民組織が主催する地域行事と高齢者住民との関わりに焦点を置く。すなわち、高齢者住民がこうした地域行事によって交流関係を築き、近隣ネットワークを広げてゆく可能性とその意義をみていく。

コミュニティの行事や祭りについては、伝統的なものであれ、新しい住宅地での創出であれ、共同感情・共属意識を生みだし、参加するものに多様な役割を用意する可能性をもつものであると分析されている（倉沢 2002: 55-64）[31]。これらの側面は、地域行事が本来持っている潜在力として解釈することができる。

したがって第2部では、大都市の郊外住宅地において、高齢者住民が生活の質を高めることに地域行事のどのような要素が寄与するのかという論点から、役割が高齢者にどのように生まれているのかを探っていく。

ここでは、地域コミュニティの行事を世代間交流の視点から見ていくが、歴史の浅い郊外住宅地の行事がどのように多世代性を高めていったかという形成過程の要因を分析し、住民の交流を促進する住民組織の意義に注目する。

第3節　調査の概要

高齢者住民が生活の質を高めることに寄与するためには、地域行事がどのような要素を持つことが重要であろうか。以下これらの関係をインタビューと質問紙調査を通じて明らかにしたい。

調査方法は、第1部で用いた住民へのインタビュー記録（2006年7月実施、合計20人）と「5Kレース」のボランティア、競技者、地域住民および主催者への質問紙調査による調査（一部インタビュー調査を含む）(2006年7月、2008年8〜11月、2009年3〜7月、2009年11月実施、30〜80代の住民、合計21人[32]）によって得られた情報と「5Kレース」当日の観察（2008年8月30日）、および、ケントランズ・コミュニティ・ファウンデーション（KCF）の公開資料の情

第1章　大都市郊外住宅地コミュニティと生活の質　81

報を考察する形をとった。住民へのインタビューの質問は、ケントランズのイベント全般への参加状況や感想であり、「5Kレース」ボランティア・競技者・見物人への質問内容は「5Kレース」への参加頻度、参加形態、行事を楽しんだか、知り合った人の有無、行事の全般的評価、行事へのコメント、他の活動への参加などである。

3-1. イベント全般への参加および感想

「5Kレース」のイベントについて考察する前に、インタビュー調査によって得られたケントランズのコミュニティのイベント全般についての住民のコメントを挙げる（前掲第1部の表1-5）。ケントランズのイベントについて参加状況や評価を尋ねた質問には次のようなコメントが寄せられた。ケントランズのイベントについて住民の関わりが良好に行われている様子がわかる。

「（イベントには）いつも参加しています。少なくとも週2回。『野外コンサート』とか、『ファーマーズ・マーケット』とかに。自分で企画したのは、プールでの『ピザパーティー』や『ベビー・シッティング（コープ）』、『持ち寄りパーティー』などです。」（Dianaさん・37歳女性）

「いちばん最初は『5Kレース』を手伝いました。2番目の子どもが生まれ、仕事を中断することにしたので何か自分の刺激になるようなことをしたくなったのです。私は、忙しくしていたい人間なので自分らしくいられるような分野が欲しかったのです。（中略）今はKCFマネージャーとして、すべてのイベントに関わっています。」（Pollyさん・38歳女性）

「（関わったものは）『5Kレース』のイベントです。Pollyさんがそれを助けていて、私も沿道で手伝っています。印象的です。ケントランズのクラブハウスで4〜5回の会合を持ちましたが、ほとんど仕事の会合のようでした。そこの人々は、ある分野の専門家で、経験を提供してくれて、（中略）みんな『5Kレース』がうまくいくようにいっぱい気にかけていて、たくさんの人々がボランティアとして出てくれますし、とても特別だと思います。」（Billyさん・33歳男性）

「（参加するイベントは）ほとんどはコミュニティのパーティーです。それに、

『パレード』や『独立記念日のカーニバル』や『クリスマスパーティー』などです。コミュニティの人々を一緒にさせるようなものに参加します。（中略）人々をつなぐ、いい機会だと思います。」（Jennyさん・36歳女性）

「（イベントには）時々参加します。『オクトーバー・フェスト』が好きです。とてもいいのです。『5Kレース』も。去年は、人々にどこを走るかということを教えてあげました。そういうボランティアができるのです。」（Rosaさん・42歳女性）

「家族構成に合うものであれば、ほとんど参加します。（中略）（企画する人たちは）よくやっているなと感心します。新しいアイデアにもオープンですし、同じものばかりというのではなくて、いろいろ新しい試みも見ます。（中略）そういう新しい試みを出しているのは子どもから手の離れた、時間や余裕がある人たちだと思います。ケントランズを活性化するためには50代、60代の子育てが終わった人たちの力はとっても必要だと思います。」（Yokoさん・49歳女性）

「人々が集まる機会があるたびに、お互いを知り、より強いコミュニティになると思っています。イベントは、人々に結びついているという理由を与えると思います。ここのイベントは、人々の交流や社交のために開かれたもので、ほとんどのコミュニティにあるものとは違っていると思います。」（Jimさん・46歳男性）

「（イベントは）お互いを知るのに大切ですし、お互い出会うのに大切です。いいコミュニティを作るために大切だと思います。（中略）（ケントランズのイベントはプロセスに）たくさんの創造的な人たちがいてラッキーだと思っています。芸術的才能がある人たちが（芸術に触れる）機会を与えてくれるのは、すばらしいです。バラエティがあって色々な人にアピールできるイベントがあります。」（Emilyさん・47歳女性）

「今まで住んだところでは、こんなにありませんでした。メモリアルデー（戦没者追悼記念日）とか、レイバーデー（労働者の日）をプールで祝うくらいしか出ませんでした。誰も知った人はいなかったので。」（Timさん・53歳男性）

一方で、イベントが必ずしも自分たちの年代に合っていない、または若い

人のためのものが多いとのコメントもあった。以下は、そのようなコメントである。

「そんなによくは、参加しません。時々は（参加しますが）。子どものためのものが多いし、すべてのイベントが私の興味を引くというわけではありませんから。でも、たくさんのイベントがあって、すべてコミュニティの助けになっていると思います。私が行って関わる関わらないに限らず、イベントは、いいことだと思っています。」(Alexさん・68歳男性)

「いろいろな年代がいて、それぞれ異なる家族のタイプがいるので、それぞれにアピールするものは異なっていると思います。だから誰にでもアピールするわけではないですが、イベントがいろいろ行われているのは、すばらしいです。」(Susieさん・64歳女性)

「孫や子どもたちが参加するイベントを見に行くことはあります。テニスの練習とか、水泳とか。彼らを通じてそこで人と知り合います。『4th of July』とかが好きです。アーツバーン[33]のものも。孫がプールで行われる『ラフトパーティー』が好きなのは知っているし、若い人たちのアクティビティがとてもたくさんあります。」(Bettyさん・73歳女性)

「いいと思いますが、時々は変わればと思うこともあります。計画のいくつかに自分たちの年代も入れてくれたらいいと思うことはあります。もちろん、ここに住んでいるのは、高齢者だけではないので、新しいコミュニティなので若い人が多いのはわかっています。でも割と若い人に受けるようなものが多いかなと思います。年配者に受けるのは、どんなものか、などの計画に入れてくれたら…。時々は高齢者向けのもありますが、一般的に言うとあまりないのです。」(Mariaさん・81歳女性)

「家族に合うようなパーティーのような社交的なイベントは（独身なので）あまり好きではありません。どちらかというと基金を集めるイベントや、すべての住民やケントランズだけでなく市全体のコミュニティの人々が来るものが好きです。(中略)クラブハウスでのイベントはそんなに好きではありません。ほとんどがとても社交的なものだからです。」(Rosaさん・42歳女性)

「気に入っていますが13年もここにいるので、繰り返しになっていると思

います。似たものになってしまっています。何年も私はそれをやってきているからなのですが、今は、いつも人々がここに引っ越してきていて、彼らは新しい居住者ですから、彼らにとってはとてもエキサイティングです。(中略) 私は13年もやっているので少々繰り返しのように感じてしまうのだと思います。でも、それでもすばらしいですよ。『オクトーバー・フェスト』など、そこで何回やったっていいものもあります。」(Frankさん・50歳男性)

インタビューのコメントからは、ケントランズのイベントについて全体的には良好な評価がされている。しかしそれと同時に、子どもを持つ家族の世代を中心に、特にポジティブな評価がされている一方で、必ずしも自分たちの世代に合っているものがあるとは限らないことが年配の世代や単身者からコメントされ、また内容的に改良の余地があるものも指摘されている。

住民組織KCFの役員でもあるLizzieさん(53歳女性)は、住民組織のイベントへのスタンスについて語っている。

「私たちは住民たちを助け、ガイドしていると思っています。(中略) 多くのこのような組織では、役員が周りにいて『5Kレースやドッグ・ショウをやろう』と言ってボランティアを募って進めようとします。ここの違いは、住民が『ドッグ・ショウをしたらいいと思っているんですが』と言ってきて、役員が『わかりました。それを手伝いましょう』と言うのです。それは住民のアイデアなんです。ファウンデーションのアイデアではなくて。それが私たちのやろうとしていることです。そういう面でいろいろすることはあっても内容については立ち入らないのです。」

元KCFに役員メンバーとして関わっていたAlexさん(68歳男性)のコメントである。

「2〜3年前、(隣人が)フィルムグループを始動させる助けをしました。私は3年間KCFのボード(役員メンバー)にいましたので、KCFが、(隣人が)それを立ち上げて、組織するのを手助けしました。それはとてもやりがいのあるものでした。ポスターを作り、積極的に関わりました。私たちは、そのフィルムを上映することには関わりませんでしたが、それを見せるために立ちあげることをしました。」

以下の考察では、これらの住民のコミュニティのイベントに対する評価を踏まえて、「5Kレース」が高齢者を含む住民にとってどのような意味をもっているかを見て行く。

3-2. 住民組織と「5Kレース」の概要

第1部でも触れたように、主催者のKCFは主として文化、芸術、スポーツ行事やチャリティなどを行うNPO形式の住民組織である。13人の運営役員は住民から互選され、ゲイサスバーグ市によって任命されている[34]。KCFの主な目的は「住民たちの間に実質的な交流を生みだし、ケントランズのコミュニティへの参加を促す『しかけ』を作っていくこと」(KCF役員Pollyさん：2006年7月)である。KCFがサポートする行事には、「5Kレース」の他に「ヤングアーティスト・アウォード・コンサート (Young Artist Award Concert)」、「子どもコーラス」、「ドッグ・ショウ」、「自転車ラリー」、「ヤード・セール」、「クリスマス・コンサート」、「チャリティ・セール」などがある。また「ゴー・グリーン・グループ (Go Green Group)」と呼ばれる環境保護グループの活動や「コミュニティ・ガーデン (Community Garden)」作りなども行われている。これらの行事や活動は、住民によってアイデアが提案され、住民のボランティアが加わって具体化され実行されて、収益の一部はゲイサスバーグ市の奨学基金などへ寄付されている。

「5Kレース」はKCFの行事の中で最も古く、また最大の基金集めの行事である。2008年で15回目を迎えた[35]。ケントランズ住宅地に住民が入居して数年後に始まり、地域外の人々にも開かれてきた。最初のランナーは、わずか87人だったが、2008年には10倍近くに増加した。(章末資料参照)

2008年に、この行事は「メリーランド州・シニア・オリンピック」のランニング競技に指定された[36]。「メリーランド州・シニア・オリンピック」は、「高齢者世代が健康で活動的であることによって、生活の価値と質を高めることを目的とし、その結果、健康で持続可能性のあるコミュニティを作り、すべての住民に生き生きとした生活を保障することを狙った」(筆者訳)[37]行事である。「シニア・オリンピック」では単に高齢者層だけでなく、地域住民

と世代を超えた関わり合いが行われることを重視している。陸上競技、水泳、テニス、卓球、バレーボール、ボーリング、ローンボーリングなど32種目が各地で実施され、述べ3,000人を超える競技者が参加し、多数のボランティアが関わっている。上位入賞者（2008年度は275人）は、隔年開催の「全米シニア・オリンピック」の出場資格が得られる。実質的な主催者は、郡（county）であり、メリーランド州では、2008年からモンゴメリー郡が担当している。

　「シニア・オリンピック」のオープニング・イベントを兼ねて行われた2008年の「5Kレース」は「オリンピック」の参加資格を満たす登録者（50歳以上）は自動的に「オリンピック」競技者としてもエントリーされることになった。そのため住民の他にも州内各地からの高齢者競技者の参加があり、全1,170人のランナーの中に、79人の高齢者（60歳以上）が交じって走った（シニア・オリンピックへの参加資格の50歳以上も含めると220人となる）。60歳以上の高齢者の参加数は、これまでの「5Kレース」でも全走者の一定量を占めてきた[38]が「シニア・オリンピック」の一部となったことで参加への動機づけがさらに強化されたといえる[39]。

　競技者として出場しない住民も「5Kレース」の様々なプロセスでボランティアとして参加し、また応援や見物人として参加している。そのうち退職者は全ボランティアの20～25%だという（Pollyさん：2009年3月）。コース沿道でのバンド演奏者やチアリーダー、レース後の祭りの運営者も広い意味では、この行事のボランティアである。

　このように「5Kレース」は、競技者、ボランティア、見物人とも世代を越えて参加する「多世代型」の行事となっている。

3-3. 主催者

　企画は20～25人による「レース委員会」が行う。「レース委員会」はKCF役員を含んだ住民によって構成され、それ以外に120人以上のボランティアが加わる。そのうち、退職者は少なくとも30人程度含まれている。大会6か月前の2月に行われる立ち上げ会議（Kick off meeting）から、後援、PR活動、登録準備、コース管理、ボランティア募集、市との協議、協賛行事などを計

画準備する。

　当初このレースは30〜40代の参加者が中心だったが、主催者たちは競技者の年齢層を拡大させる以下のような工夫をした。

　2000年から子どものために5歳以下は「1/4マイル」、14歳以下は「1/2マイル」の競技も選択できるようにし、その結果、2008年現在では350人以上の子どもたちが参加するようになった。ここ数年間は、より多くの高齢者の参加を促すために意識的な努力をしてきた。まず「ウォーキング競技部門」を設けることで高齢者の参加を促し、2007年からは「ゴー・フィット（Go-Fit）」と呼ばれる、高齢者世代を対象としたプログラムを設け、「5Kレース」参加準備のための「事前トレーニング」を開催3カ月前から行えるようにした。前述のように2008年からは「シニア・オリンピック」のオープニング・イベントとしても貢献している。さらに親子、夫婦、兄弟姉妹による、「2人のチーム部門」を新設した。

　多様な世代を引きつけるために競技プログラムの工夫とともに、ボランティア募集面でもいろいろな手段を取ってきた。常連ボランティアからの友人の紹介、伝達媒体（ニューズレター、ウェブサイト、コミュニティ新聞、KCFの他の行事、コミュニティ・プール、口コミ）を使っての宣伝のほか、ボランティア参加者にはTシャツや朝食券（当日コーヒーショップで利用可能）やキャンディ袋（goody bag）が入った包みを無料配布するようにした。当日、ボランティアは「5Kレース」のロゴがプリントされたTシャツを着て大会スタッフとして行動する。Tシャツの図柄は子どもを対象としたコンテストの入賞作品を使用している。レースの1ヶ月後には、全ボランティアのための感謝パーティーをする。10代のボランティアには「SSL制度（Student Service Learningという、州内の中高生に卒業までに一定量のボランティアを義務付けている制度）」の実践機会を提供している。それぞれの役割を担うグループ規模は小さくし、「コース誘導」（55か所）や「給水サービス」（2か所）のボランティアは、自宅の最寄りの場所でできるようにして、気軽な参加を促している。（章末資料参照）

　また、チャリティの意味として競技者が支払う、大人35ドル、子ども12

ドルの参加費用や町の商業施設からの寄付金などの収益の50%を毎年、市の奨学基金に寄付している。

コース沿道では、バンドを地元から募集し、数か所で演奏をしてもらっている。レース終了後には「後夜祭（Post-Race Festival）」と呼ばれる催しを行い、地元商店が出店を出して軽食などを参加者に無料提供している。Tシャツコンテストの応募作品もここで展示している。さらに夕方にはコミュニティの芝生広場で「野外ピクニックパーティー」を開催している。

主催者は、責任を分担する運営メンバーが数的に充足しているか、メンバー間の負担感が公平であるか、欠員が生じた場合の対応策などに気を配り、経験あるメンバーと交代してもらうために新しいメンバーを常に探しているという。そして「毎年毎年、ボランティアたちが5Kレースに興味を引いてくれるようにし続け、積極的に参加してくれるようにすること」、「参加者に質の高い経験をしてもらいながら収益を上げて相当額をチャリティにまわせるようにレースの財政を維持すること」、「イベント時の参加者の安全に十分気を使うこと」などに最も留意しているという（質問紙調査：2009年3月）。

このように、KCFはプログラムの改良やボランティア募集の工夫などの他、ボランティアの役割の意味付けやイベント性の創造などによって、継続的に幅広い世代の住民を集め、「5Kレース」が経年の改良を重ねる上で多様な役割を提供する機能を果たしてきた。

3-4. ボランティア

「5Kレース」の行事は多くのボランティア住民のサポートによって特徴づけられている。

「レース委員会」によって話し合われて決められた主なボランティアの役割と募集人数は表1-8のとおりである。

「5Kレース」が行われる数日前およびレース当日には、20～25人の「レース委員会」メンバーに120人以上のボランティアが加わり、約145人（2008年）が「5Kレース」の運営をサポートした。実際のボランティアの仕事の遂行に先だって「5Kレース」の準備段階での説明会や話し合いもボラン

表1-8　ボランティアの役割と募集人数

ボランティアの役割	募集人数
競技者用ゼッケン/タイム記録チップの準備（レース4日前）	12人
登録ランナーのチェック/新登録者の登録/記念品・Tシャツ配布（2日前）	8人×2シフト
登録ランナーのチェック/新登録者の登録/記念品・Tシャツ配布（1日前）	8人×2シフト
記念品等の保管場所からの運び出し（1～2日前）	学生2人（要重荷作業）
受け付け用・出店用テントの設営/解体（レース当日）	6人
登録ランナーのチェック/新登録者の登録/記念品・Tシャツ配布（当日）	12人
新登録者の登録（当日）	1人
ランナーのコース誘導（当日）	60人以上
子どもレース出場者の誘導/メダルの授与（当日）	8人
ランナーへの給水/カップの回収（当日）	最低6人×2か所
スタートの補助/ゴールでの記録チップの回収（当日）	8人
屋台ステージの設営（当日）	10人まで

（KCFのボランティア募集用サイトをもとに作成）

ティアが参加して行われる。したがって、レース前からレース後に至るまで「5Kレース」に関わる委員会メンバーやボランティアたちのすべての世代が実質的に交流する機会が多く生まれている。

　次は高齢者ボランティアのコメントである。ボランティアをすることによって「5Kレース」遂行の役割を分担し、地域社会への貢献意識をもち、人と知り合い、交流することで、近隣とのつながりを強化している様子が表現されている。

　「私のいつもの仕事はペース・カー（先頭で速度を決める車）の運転で、もう10年くらい、やっています。競技者の登録の手伝いもします。5K（レース）で新しく知り合いになった人たちは8人くらい、います。彼らだけと特に約束をして会うということはありませんが、時々、別の行事やパーティー

でも会います。」(Danielさん・67歳男性・住民記号Gb)、

「夫と私は、ケントランズに越してきて以来、ずっと5Kレースではコース誘導のボランティアをしています。関わりになれることを本当にうれしく思っています。この行事は、たくさんのコミュニティ意識を生みだし、近所の人たちと会い、普段交流する機会のないコミュニティの人たちと知り合うことができます。戸外でこれをするのは気持ちの良いものです。特に天気がいい時にはね。5Kレースはチャリティとしての意味合いもあるので、やりがいを感じます。」(Karenさん・68歳女性・住民記号Fb・コース誘導)、

「5Kレースはケントランズの福祉に貢献するすばらしい機会です。友情の感覚が引き起こされます。」(Ruthさん・退職10年・女性・住民記号Kb・Tシャツの配布)、

「コミュニティの絆を作るのに役立つだけでなく、よい基金集めとなります。」(Paulさん・73歳男性・住民記号Hb・コース誘導、登録作業)、

「5Kレースは人々が、お互いに知り合うのにすばらしい方法で、大きな親睦感が湧いてきます。」(Stevenさん・80歳男性・住民記号Ib・参加者の案内、コース誘導、給水、登録作業)、

「ここの外の地域の人たちが、たくさん参加することや、子どもや(見物の)歩行者たちと関わることが気に入っています。」(Nancyさん・61歳女性・住民記号Eb・コース誘導、給水)

高齢者世代以外のボランティア参加者のコメントは以下のようなもので、「5Kレース」ボランティアによる日常での交際範囲外の人との交流意義やコミュニティへの所属意識などが言及されている。

「このボランティアをすると自分のいつもの付き合いの外にいる人たちと会えます。年配の世代、子どものいない人たち、子どもの年代が異なる人たちなどです。アクティブなコミュニティになるためには異なる人たちと会うことが不可欠です。」(Davidさん・40代男性・住民記号Bb・登録作業、コース誘導、給水)、

「このボランティアによって違う年齢グループの人々や、普段、付き合っている以外の人と会えます。」(Scottさん・40代男性・住民記号Cb・登録作業、

コース誘導、給水)、

「健康的な方法でコミュニティが一体となる、すばらしい機会で、とてもよいと思います。」(Lisaさん・50代女性・住民記号Db・登録作業、コース誘導)、

「私たちの近隣を外の人たちに見てもらうことで私たちに誇りがもたらされます。」(Pattyさん・30代女性・住民記号Ab・給水)

3-5. 競技者

　2008年の「5Kレース」の競技者は1,170人であった。スタート地点では、準備体操、大会役員とシニア・オリンピック役員の開会スピーチ、地元女性の国歌の独唱と続き、スタートが切られた。子どもたちが先にスタートし、大人たちのスタートが時間差で、数回に分けて行われた。距離が短い子どもの競技はスタート位置をずらしているが、レース中は老若男女が同時に走行するため、町の中を巡るコースを多様な世代の競技者が入り混じって走る光景が繰り広げられた。「ランニング競技部門」の他に、「ウォーキング競技部門」があるが、これには登録者の人数外にも高齢者やベビーカーを押す若い家族などが競技者と一緒に歩く姿が見られた（以上、筆者の観察による）。この競技に参加している高齢者が、その子どもや孫たちの「ウォーキング競技部門」への参加や、別のプログラムへの参加のきっかけにもなっているという（Pollyさん：2009年11月）。

　ケントランズの住民競技者のコメントを挙げる（表1-9）。彼らは競技への出場だけでなく、家族・友人・他の競技者・住民との交流を楽しむ様子を語っている。

「私は、家族や友人と楽しむためと自分の体力を試すために参加しています。ランナー同士、会話を交わしたり、走っているときは、お互いに励まし合ったりします。（中略）走ることや運動を健康的で安上がりに広める、とてもいい行事です。」(Sarahさん・60代女性・住民記号Ob)、

「参加理由は、健康のため、他のランナーと交流するため、家族や友達とマラソンを楽しむためです。ランナーたちとはレースが終わった後に会話を交わします。（中略）大きなコミュニティ一体感があり、友人と会う楽しみ

表1-9 「5Kレース」への住民のコメント

住民/年齢・年代・退職後年数/性別	①ボランティアの頻度 ②内容	③楽しんだか④新しく知り合った人がいるか⑤「5Kレース」の全般的な評価⑥「5Kレース」へのコメント⑦他の活動への参加
Ab/30代/女	①4～5回 ②ランナーへの給水	③とても楽しんだ④はい⑤とてもよい⑥私たちの町を町の外から来た人に見せることで大きな誇りがもたらされる⑦ケントランズの子ども水泳チーム。
Bb/40代/男	①2～3回 ②登録作業、コース誘導、ランナーへの給水	③とても楽しんだ④はい⑤とてもよい⑥普段の付き合いの外の人々（年上の世代、子どものいない人々、年齢が異なる人々）と出会うことができる。これはアクティブ・コミュニティであるために不可欠。
Cb/40代/男	①4～5回 ②登録作業、コース誘導、ランナーへの給水	③とても楽しんだ④はい⑤とてもよい⑥異なる年齢グループの人々や普段の付き合いの外の人々と出会える。
Db/50代/女	①2～3回 ②登録作業、コース誘導	③とても楽しんだ④はい⑤とてもよい、健康的な方法でコミュニティをつなぐすばらしい機会、コミュニティの一員であることが誇らしい⑥家族志向、コミュニティ志向でとてもよく出来ている⑦ケントランズの子ども水泳チーム。
Eb/61/女	①2～3回 ②コース誘導、ランナーへの給水	③まあまあ④はい⑤とてもよい⑥たくさんの外部からの人々が関わることや子どもたちや歩行者と話すことが気に入っている。⑦フィルム・ソサエティ、ガーデンクラブ、ライブラリーでの子どものためのシアター活動。
Fb/68/女	①毎年 ②コース誘導	③とても楽しんだ④はい⑤とてもよい⑥夫と私は引っ越してきて以来ずっとボランティアをしている。大いに関わることを楽しんでいる。普段会わない人と交流できるし大いにコミュニティ精神を生む。チャリティの意味もあるので意義を感じる。
Gb/67/男	①10年ほど ②ペース・カーの運転、登録作業	③とても楽しんだ④はい⑤とてもよい⑥5Kレースで8人の人と知り合った。別の行事で会うこともある⑦映画鑑賞グループのための音響機器の操作。
Hb/73/男	①2～3回 ②登録、コース誘導	③とても楽しんだ④はい⑤とてもよく企画された、すばらしい行事。コミュニティにとってすばらしい。⑥コミュニティの住民を一緒にするだけでなく社会的に意味のあるお金を集める行事。⑦教会でのボランティア、自転車でのパトロール、ケントランズの住宅改築などへの評価ボランティア。
Ib/80/男	①4～5回 ②サインプレートを出す、参加者の誘導、ランナーへの給水、チケットのチェック	③とても楽しんだ④はい⑤人々がお互いに知り合うのにとてもよい方法⑥親睦を大いに高める⑦ケントランズ・メンズクラブ、ケントランズ・シニア・ディスカッション・プログラム。
Jb/8年/女	①6回 ②登録、コース誘導	③はい④はい⑤すばらしい⑥住民にとっても参加者にとってもコミュニティ意識がもたらされる⑦ブランディズ・Univ.のサポート活動、ディナー・グループ、ブッククラブ、旅行グループ。
Kb/10年/女	①4～5回 ②Tシャツの配布	③とても楽しんだ④はい⑤ケントランズの福祉に貢献するすばらしい機会⑥友情の感情が引き起こされる⑦ガーデンクラブ、映画鑑賞グループ。
Lb/70代/女	①2～3回 ②パンフレットの配布	③とても楽しんだ④いいえ⑤すべての参加者にとってすばらしい行事⑥今年はシニアウォーカーとして参加する⑦ハウス＆ガーデンイベントでの基金集め（4～5年間）。
Mb/40代/男	①3回 ②ランナーとして参加	③自分の健康のため、家族や友人と走るのを楽しむために参加した。ランナーたちと会話を交わした⑤とてもよい⑥子どもたちと走りはじめたが家族の結束にとってとてもよい経験。子どもたちに一緒に練習することの大切さとすばらしさを教える機会となっている。

Nb/40代/男	①3回 ②ランナーとして参加		③自分の体力レベルを試すためと家族や友人と楽しむために走る。ランナー同士お互いに励まし合って走る⑤とてもよい⑥家族志向で人々は友好的。レース行事全体がとてもよく企画されている。
Ob/60代/女	①7回 ②ランナーとして参加		③友人や家族と走ることを楽しんだ、自分の体力を試した④他のランナーと会話を楽しんだ、お互いに励まし合った⑤とてもよい⑥5Kレースはこの地区での大きな行事となった。人びとは今、恒例となった行事のためにトレーニングをしている。この行事は健康的で安上がりなランニングを住民に広めている。
Pb/70代/男	①3回 ②ランナーとして参加		③他のランナーとレース後に会話を交わした。④はい⑤とてもよい⑥ケントランズで私が最も好きな行事の一つ。コミュニティの一体感によい、友人と会える、レース後の出店で楽しめる。
Qb/68/女	①ボランティア経験はない ②見物		⑤とてもよい⑥運動やフィットネスを促進するよい行事⑦フィルム・ソサエティ、ブッククラブ、ガーデンクラブ、ESLの生徒の指導（これらは自分の人生にとって大切で楽しめるもの。これらの活動を通して新しい友人と出会った）。
Rb/69/女	①ボランティア経験はない ②見物		⑤よい⑦Stroke association、Hazak、社交ダンス、ウォーキング（有益だと思っている）。
Sb/69/男	①ボランティア経験はない ②見物		⑤とてもよい⑦映画鑑賞グループ、モンゴメリー郡のホスピス（鑑賞グループで新しい映画を見たり友人と会うこと、ホスピスで病気の人と家族の手助けをすることを楽しんでいる）。
Tb/72/男	①ボランティア経験はない ②見物		⑤よい⑥他のコミュニティの人々をケントランズに引きつける、幅広い年齢層の参加者が関わる、社会貢献の基金集めとなる⑦映画鑑賞グループ（楽しい社交。国際的な映画がおもしろい）。

※A〜L;ボランティア、M〜P;ランナー、Q〜T;ボランティア未経験（2009年3〜7月の調査にもとづく）

があり、レース後の出店を楽しめます。」（Kevinさん・70代男性・住民記号Pb）、

「私たちは3人の子どもたちと一緒に家族で走り始めました。これは、家族の絆を強める体験ですし、子どもたちに一緒に練習するのがどんなに大切で、すばらしいか、教えるよい機会となっています。」（Edwardさん・40代男性・住民記号Mb）、「家族や友人たちと楽しむためと、自分の体力レベルを試すために走ります。レース中は、お互い会話を交わしたり、励まし合ったりします。これはとても家族的ですし、みんな友好的です。レース全体がとてもよく出来ています。」（Brianさん・40代男性・住民記号Nb）、

「（参加の目的は）健康のためです。ランナー同士で会話を交わします。こんな健康的で楽しい行事をするコミュニティの一員であることが、とても誇らしく思います。この行事は、たくさんの人々を、老いも若きも一緒にさせます。」（Lisaさん・50代女性）

3-6. その他の住民（競技、ボランティアともに参加していない高齢者）

次に競技、ボランティアのどちらにも参加しなかった人のコメントを挙げる。彼らは、いずれも「5Kレース」の意義を評価し、レースの見物人であった。

「（5Kレースは）運動や健康状態を高める、よいコミュニティ行事です。」（Jessicaさん・68歳女性・住民記号Qb）、また72歳男性（Garyさん・住民記号Tb）は「他の地域から、人々をケントランズに引きつける、幅広い年齢層の参加者が関わる、よい基金集めとなる」という点を評価した。レース当日、コース沿道で見物していた80代の女性は「家の近くを走るので、毎年こうして夫とレースを見物します。」と話してくれた。また70代の女性は「私たち（夫婦）は5Kレースには参加したことがありませんが、家の前をランナーが走りぬけるのを見てきました。」とコメントしている。

インタビューおよび質問紙調査から、住民組織のプログラム拡大努力を促進要因として、この行事のボランティア、競技者、見物人の間に、多様な交流が生じている様子が明らかになった（表1-9）。すなわち、「5Kレース」は、「多世代型」というだけでなく、実質的に世代間の関わりが生じる「多世代包摂型」の行事となっており、特に、この行事を支えるボランティアの任務は、高齢者の役割創出の場として機能しているとみられる。

第4節　分　析

ここで、「5Kレース」の特徴を整理し、この環境下におけるボランティア経験の意義と高齢者の役割の意義をみていく。

4-1.「5Kレース」の特徴

まず第1に、参加する場が多様である。競技者は共通のコースをマラソンだけでなく、ウォーキングすることもでき、年少者のために短いコースを設置し、世代の異なる競技者がチームを組むこともできる。また、ボランティアの仕事内容を細かく区分し、役割分担に多様性と具体性が生まれるように

表1-10 「5Kレース」行事の多世代性の形成要因

競技者	ボランティア	見物人
プログラム多様性	役割多様性	参加容易性
意味・目標の強化	参加容易性	地域住民(家族／友人)
(チャリティ／シニア・オリンピック)	意味強化(チャリティ／SSL)	公開性
	所属感の喚起	他の地域(親族／その他)
	(Tシャツ／感謝パーティー)	
認知性(宣伝手段の多様性／行事の継続性／行事の視覚性)		
イベント性(バンド演奏／後夜祭／野外パーティー)		
他行事との相関性		

(筆者作成)

している。

　第2に、参加容易性である。ボランティアの仕事量を小さく分割していることによって、どの世代でも無理なく参加できるように配慮している。ボランティア登録もウェブサイトなどから手軽にできるようにしている。Pollyさんは、KCFの役員としての役割を次のように語っている。「人々は自分が貢献できる方法を探しています。私たちの役割は彼らのためにふさわしい機会を探してあげることです。私自身の経験から学んだことですが、グループが小さければ小さいほど自分の役割(position)が生まれ、それを意味あるものにし続けられます。参加することによって、その活動に貢献できたという達成感(benefit)を得ることができるのです。」(インタビュー：2006年7月)

　第3に、参加の意味付けとインセンティブがある。「5Kレース」は、KCFの最大の基金集めの行事であり、収益の半分は市へ寄付して、経済的に困難な子どもたちへの基金に使ってもらっている。このことが住民たちに周知されている。レースへの出場や、それをボランティアとして支援することが社会的貢献につながるという意味付けは重要である。中高生のSSL制度の実践の機会となっていることは、十代の参加にインセンティブを与えている。また「5Kレース」のTシャツは、ボランティアや競技者たちのユニホームとしての意味があり、役割意識、共同感情、所属感を高めることができる。

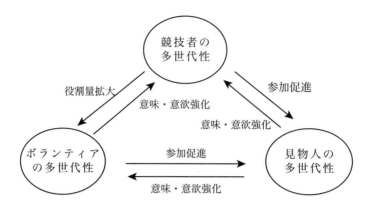

図1-2　各多世代性の相関

(筆者作成)

　第4に、イベント性である。レース中はコース沿道の数か所で、バンドの演奏やチアリーディングが行われる。レース後には、後夜祭や、夕方からの野外ピクニックパーティーを開き、「5Kレース」に終日にわたるイベント性を演出している。

　第5に、ケントランズで行う他の行事などとの相関関係である。前述のように、KCFは、年間を通じて様々な行事や活動を主催し、住民が異なる方法で出会う機会を提供してきた。「5Kレース」は、特に近隣住区全体が会場となるために、参加者の世代を超えた交流の様子が住民の目の前で広く展開されるという視覚性をもっているが、これは同時に他の行事とともに構築され、住民の交流ネットワークに組み込まれていく近隣の恒例行事としても受け取られている。

　表1-10に多世代性の形成要因を競技者・ボランティア・見物人に分けて整理した。

　「5Kレース」を構成するこの3者は表1-10に整理した諸要因によって多世代性を実現しているといえるが、さらに3者間の多世代性に絞ってみた場合、それぞれの多世代性は、図1-2のように、お互いに影響をしあって相乗効果を生むと考えられる。

第1章　大都市郊外住宅地コミュニティと生活の質　97

すなわち子どもや高齢者のためのプログラムの付加などによって、競技者の多世代性や参加人数の増加が実現していく過程でボランティアの役割量も拡大し、ボランティアの参加人数とその多世代性を促す結果となる。ケガなどにより競技から引退した高齢者の競技者が、その後ボランティアとして参加する例も少なくないという（Pollyさん：2009年11月）。このボランティアの多世代性は、また、競技者に対して参加の意味と意欲を与え、競技者の多世代性を促すことになる。競技者が多世代性をもつに従って、応援などに訪れる見物人にも、それぞれの世代が関わる家族（祖父母、親、子、孫）や友人など、多様な世代が加わり、人数も増加する（Pollyさん：2009年11月）。そうした見物人の増加と多世代性は、競技者に参加の意味と意欲をもたらす効果をもつ。一方、ボランティアの多世代性は、視覚的にも体験的にも見物人各世代の参加しやすさにつながる。同様に、見物人の増加と多世代性も、ボランティアに対して、役割の意味と意欲を与え、それがボランティアの多世代性を促進するといった、3者の相関関係が成立していく。

　以上のように、「5Kレース」の行事は、競技者、ボランティア、見物人の3者がそれぞれの多世代性に相関し、互いに影響し合って多様な世代を巻き込む行事となるための相乗効果を生んでいる。

4-2.「5Kレース」ボランティアの意義

　「5Kレース」のボランティアは、特に重要な意義を持っている。そこでコミュニティ意識（マクミラン＆チャヴィス 1986）を構成する諸要素である「所属感」、「存在感」、「欲求充足感」、「情緒的一体感」と「5Kレース」のボランティア経験との間の関連について、インタビューおよび質問紙調査（要旨は前掲の表1-9）にもとづいて考察してみたい。

　ケントランズの近隣住区外からも多くの競技者や見物人を迎える行事を他の住民とともに支えるという体験から、ボランティア住民の間には住民としての「所属感」が生まれている。調査ではケントランズの外からやってくる参加者に対するケントランズ住民としての意識も、いくつかコメントされた。「5Kレースは、コミュニティの外からやってくる人たちに自分たちの近隣

表1-11　多世代包摂型行事のボランティアとコミュニティ意識との関係

コミュニティ意識(マクミラン&チャヴィス)	多世代包摂型ボランティア経験
所属感(Membership)	・住民としての意識 ・主催者側スタッフの一員としての意識
存在感(Influence)	・他の世代の役割の意識化
欲求充足感 (Integration and Fulfillment of Needs)	・多様なボランティア役割の創出 ・人との交流関係の充足感
情緒的一体感 (Shared Emotional Connection)	・行事を支える協働者としての意識(コミュニティ精神・親睦感・絆・友情)

(筆者作成)

を見せることになるので私たちに誇りをもたらしてくれます。」(Pattyさん・30代女性)

　また、当日同じTシャツを着ることで、主催者側スタッフとしてのチーム意識が喚起され、レース後に開かれるボランティアのための感謝パーティーでは、ボランティア同士の「所属感」も生まれる。

　多くの世代がボランティアに関わることでは、他の世代の「存在感」が意識される。すなわち、多世代がともに関わることで、単一世代的状況では生じにくい、他の世代に対する意識が生まれる。前述のように異なる世代と出会えることの意義を住民が言及している。

　「このイベントは、若い人も年配の人もたくさんの人を一緒にさせてくれます。」(Lisaさん・50代女性)、「このボランティアをすると、自分のいつもの付き合いの外にいる人たちと会えます。年配の世代、子どものいない人たち、子どもの年代が異なる人たちなどです。」(Davidさん・40代男性)

　この意識は「5Kレース」で多様な世代の住民の協働関係をボランティアが自覚することによって、他の世代の役割を学ぶ契機になっている。

　「欲求充足感」は、個々のボランティアとして果たす役割(参加者の登録作業、ランナーのコース誘導、子どもランナーの誘導、メダル授与、ランナーへの給水、スタートとゴールの補助、テントの設営など)から、もたらされる。「5Kレース」に多様な世代が参加することでボランティアの役割量は拡大している

（表1-8）。また、ボランティアに参加することで、人と知り合い、交流するという、交流関係の充足感も生じている。

　前述のように67歳男性（Danielさん）は「5Kレース」で知り合った人たちと別のイベントでも交流をするようになったことをコメントしている。

　さらに、ボランティアたちは多くが近隣住民という身近な関係であり、「5Kレース」を共に支える者としての「情緒的一体感」が生まれている。大きなコミュニティ精神や親睦感が湧き、絆が作られ、友情が生じることなどが住民から寄せられた。

　「（5Kレースイベントは）人々がお互いに知り合うのにすばらしい方法です。親睦がとても深まります。」(Stevenさん・80歳男性)

　「自分たちが関わっていることを完全に楽しんでいます。このイベントは大きなコミュニティ・スピリットを生みだしています。そして普段交流する機会のない隣人や、コミュニティの人たちと出会う機会が得られます。」
(Karenさん・60代女性)

　このように、「5Kレース」を支えるボランティアの役割を、それぞれの世代の住民がそのボランティアの一部となって共に関わり、担うという体験、すなわち、多世代包摂性によって、マクミラン＆チャヴィスが定義したコミュニティ意識を構成する諸感覚が喚起されているといえる。この関係を表1-11に示す。

　これを第1部の先行研究で触れた、オークン＆ミッチェル（2006）の研究結果と照らし合わせると、高齢者住民の「5Kレース」へのボランティア参加への動機は、ケントランズで年間を通じて行われる様々なイベントによる住民間の関わり合いの経験の複合によって、交流ネットワークとして醸成されるコミュニティ意識が促進させていると見ることができる。したがって、タウンプランニングがもたらしたコミュニティ意識創出のための土壌は、住民組織による様々な多世代包摂型のイベントによって具体的な状況として現われてくるが、それによって喚起されたコミュニティ意識は、再びこのような「5Kレース」での高齢者住民のボランティア参加を引き起こす力となっていくと考えることができる。多世代包摂型のイベントでは、それがさらに

住民のコミュニティ意識を高めるように循環していくと考えられる。

4-3. 高齢者にとっての役割の意義

ここで「5Kレース」のボランティアがもたらす高齢者にとっての役割の意義を考察したい。高齢期は、金子（1993）が指摘するように、退職によって職業上の責任に由来する役割が失われ、子育て期のような、子どもに由来する役割も縮小していく傾向にある。それらの役割は、内容的には、人々が地域コミュニティ内外で多面的に抱えていた、労働、財政的責任、教育、保護などの役割である。高齢者が「5Kレース」ボランティアに参加することは、これらの役割を果たす対象を、自分自身の職業や家族という個人的なものからコミュニティの総体へと替えて回復していく端緒となると考えられる。「5Kレース」ボランティアには、分担した仕事を遂行する「労働役割」、レースが社会的貢献につながる収益を生み出すための一助となることでの「財政的役割」、そして仕事を通じて行われる他のボランティア住民や子どもたちへのアドバイスやリーダーシップなどの「教育役割」、参加者と直接触れ合っての応援や誘導、レース上の安全確保などの「保護役割」といった役割が補完的に生じるからである。これは高齢者にとって特に意味がある「主体的役割」（徳村・大江2008）[40]をもつ機会を増加させる。すなわち、高齢者は、この役割を通じて地域コミュニティに貢献し、コミュニティメンバーの一員としての位置づけを明確に意識することができる。職業や家族への多面的役割をもつ若年や中年世代と比べると、高齢者世代が担ったこの役割の意味は相対的に大きくなる。歴史の浅い郊外住宅地においては、なおさらである。「5Kレース」が十数年前に始まったばかりの頃は、住民の交流も少なく、参加者は若い世代（30〜40代）が中心であった（レース役員のコメント）。また、前述のイベント全般への評価の中には、コミュニティの行事が必ずしも高齢者世代に合ったものばかりではないということもふれられていた。このレース行事が多世代包摂型へと進化して、高齢者住民はコミュニティへ関わる大きな手掛かりの一つを得たのである。したがって、コミュニティの多様な世代の住民が協働する多世代包摂性をもったボランティアで、

高齢者住民が地域コミュニティの住民の一員として役割を担い、コミュニティ意識を育む要因、すなわち、生活の質を高める要因を得ていると類推できる。

まとめ

　第1部で考察したように、「ニューアーバニズム」の郊外住宅地ケントランズにおいて豊かなコミュニティが形成されていることは、住民が語ってくれた様々な話によって描写され、マクミラン&チャヴィス（1986）の定義にもとづいた4つの要素からみて、コミュニティ意識の高さとして裏づけられた。物理的環境要素は「所属感」、「欲求充足感」、間接的には、「存在感」と「情緒的一体感」にも働き、コミュニティ意識の向上に貢献していた。
　住民たちは、ケントランズという物理的環境を評価し、住民集団によって解釈された「ニューアーバニズム」という建設理念を通して、価値観を共有する近隣とのつながりやすさ、世代や家族の多様性などの人的環境を得たのである。したがって、この物理的環境要素は、地域コミュニティの主体となる住民を引き寄せ、住民が関わる場所を提供し、住民集団を形成するためのバックグラウンドとなったといえる。その上で、住民たちが運営する住民組織が様々な活動を創出することによって、その住民たちが実際に結びつき、住民のコミュニティ意識が醸成されて行ったと考えられる。このことは、物理的環境要素と社会的環境要素が密接に関連していることを示すものである。
　この結果、高齢者住民は、住民集団全体のコミュニティ意識の中に「社会的に相互依存的関係にあり、共に討議や決定に参加し、コミュニティを定義づけると同時にコミュニティによって育成されもする特定の実践をともにする人々の集団」（前掲）という、共同体のつながりの輪の一部として包摂されることによって、住民としての役割意識をもち、生活の質を高めていると言えよう。これは、すなわち、「すべての世代が役割を果たし、役割のチームのようになっている」（Timさん・53歳男性）ことであり、住民集団の多世代包摂性によって役割が創出されていることを示している。住民は、相互に役割

意識をもち、それが、結果として高齢者住民が精神的な生活の質を高めることに寄与していた。

　また、多世代包摂性とともに住民から頻繁にコメントされたコミュニティ志向の価値観は、住民のコミュニティ意識を構成する要素である「情緒的一体感」の感覚をもたらすものの一つであったが、「コミュニティに関わりたいからここに住んでいる」(Pollyさん・38歳女性) という価値観を共有する住民たちが知り合い、交流することで、価値の同質性を満足させる友情を育んでいる。これは、様々な世代の住民たちからコメントされたが、高齢者たちからも同様にコメントされている。「コミュニティとしてのケントランズ、生活体としてのケントランズについての共通感覚がある。」(Alexさん・68歳男性)、「(前に住んでいたところでは) 近隣の人々がコミュニティの他の人たちと交流することに、そんなに関心がなかった。ここはとても違うと思っている。とてもいい友達がここにいる。」(Monicaさん・66歳女性) など、このような価値を共有する人との「同質結合傾向」をもつ友情関係[41]を得られることもまた、高齢者が生活の質を高めることに寄与する要因となっていた。

　第2部では、コミュニティで行われている地域行事「5Kレース」を詳察した。ここでは、住民組織が媒介となって、競技者、ボランティア、見物人などが、単に多世代の参加という形だけでなく、実際に世代間に相互的な交流が生じていた。その結果として高齢者住民が地域コミュニティで役割を果たす機会が増加し、生活の質を高めていることを考察した。そして、そこに多世代包摂性という住民間の関係が実現していることを明らかにした。このような地域コミュニティでの行事がもつ意義は、単一世代の高齢者だけを対象とするものではないことにある。多様な世代の住民を対象として、行事の遂行プロセスの中に世代を越えて共に関わる場が数多く生じ、分担する仕事量や人数などの点で参加する各世代の住民に自分が果たす具体的な役割を実感できる仕組みが付与されるのである。そして、その結果、高齢者住民の活動性を引き出している。すなわち取り立てて高齢者だけではない各世代の住民の役割のネットワークの内に高齢者の役割が包摂されるという仕組みが作られていることである。「与えられる場」(受動的役割) が単に提供されるこ

とではなく、「与える場」(主体的役割)を持つ機会が、広く一般住民のどの世代にも作られていることである。これがとりわけ、高齢者住民には、特別な意味を持つと思われる。

　高齢者住民にとっての多世代包摂型行事の意義を整理すると、それは、そのような行事が高齢者住民の生活の質の要因の一つとして捉えられるコミュニティ意識(マクミラン&チャヴィス1986)、つまり、近隣ネットワークにおける交流関係や、役割の充足感を満たす意識を喚起することであると考えられる。

　競技などへの出場者、ボランティア、見物人など、地域行事の様々な集団に若年・中年・老年の各世代が参加することを通して交流が促進され、高齢者住民にとって好ましい共同感情・共属意識などをもった近隣ネットワークが形成されやすくなる。同時にまた、多世代がともに関わることで単一世代的な状況では生じにくい、他の世代への役割が生まれ、各世代の住民がそれぞれに担う役割も拡大する。それが結果として高齢者を含む住民全体が生活の質を向上させる社会的環境要素の土壌となる。

　「大都市郊外」の新興の住宅地では、特定の問題解決をめぐって住民運動が形成されるなどの非日常的事象を除けば、日常的には近隣関係の希薄さや、住民の凝集力の低さが障害となりやすい。これは、歴史をもつ伝統的な地域コミュニティの近隣関係とは対照的な状況である。しかし、そういった地域においても、創造のされかた次第では、意図的に住民間につながりを生みだそうとする媒体が、重要な社会的環境要素の一つとなりうることを第2部で試みた地域行事の考察によって追究した。

　以上、米国「大都市郊外」の計画住宅地のコミュニティを先進事例として分析することで、「大都市郊外」の新しい住宅地において高齢者住民が生活の質を高めるための物理的環境要素と社会的環境要素について考察した結果をまとめた。これらの諸要素によって住民の生活の質が自動的に向上していくのではなく、住民が環境要素を評価し、自身の価値観と突き合わせて解釈するというプロセスが重要であることは言うまでもない。それを経てはじめて、住民がこの環境要素を生活の質の向上要因として自身の内に取りこむこ

とができる。ケントランズでは、住民が多世代包摂的活動の中で、「評価基準」としての環境条件の解釈が良好な方向に揺さぶられていくことによって高いコミュニティ意識を創出したのだと考えられる。

【注】

1 州法にもとづき地方自治体が用途地区や密度などを定めたゾーニング条例を運用しており、郊外の自治体では住宅地専用の用途規制、最低区画規制などが定められている。
2 連邦住宅局（FHA）は1950年代までは開発業者に対して資産価値のある住宅地建設のために年齢、所得、人種などのターゲットを絞るようにアドバイスをしている（ライト 1981）。
3 伝統的住宅によく見られる、玄関外側の屋根付き張り出しスペース。椅子やテーブルが置かれることもあり、簡単な接客が可能。
4 大規模な例にColumbia（メリーランド州）、Reston（ヴァージニア州）、Irvine Ranch（カリフォルニア州）がある。
5 筆者訳の他、ダルトン（Dalton）（2001=2007）の笹尾敏明訳では、Membershipを「メンバーシップ」、Influenceを「影響力」、Integration and Fulfillment of Needsを「ニーズの統合と充足」、Shared Emotional Connectionを「情緒的つながりの共有」と訳している。
6 一方、米国の郊外開発で作られたコミュニティのコミュニティ意識は失われていないとする研究がある。ガンズ（Gans）（1967）は参与観察したレヴィットタウン（ペンシルバニア州）において多くの地域的で緊密な社会的ネットワークを見出し、場所的問題ではなく階級や価値の共通性などの要因がコミュニティ意識を左右すると捉えていることをあげている。またバルダッサーレ＆ウィルソン（Baldassare and Wilson 1995）は郊外コミュニティへの不満はコミュニティ意識が失われたからではなく郊外の急成長と密度の上昇によると主張している（タレン 1999）。
7 住宅地の他、レジャーや買い物など生活が車使用を前提として構成されている米国郊外の開発の様相を描写してこう表現している（ジャクソン 1985）。
8 イギリスのハワードが自著『明日の田園都市』（1902年）の理念にもとづき実践した自立都市建設運動。田園都市協会を設立しレッチワース、ウェルウィン両都市を建設した。
9 小学校を中心に子どもの行動半径程度のまとまりを生活単位とした居住地計画。

10　アメリカ地域計画協会と都市住宅会社が中心となり、スタイン（C. Stein）とライト（H. Wright）の設計によってニュージャージー州に建設された住宅地。ペリー（Perry）の『近隣住区論』（1929）を具体化したもの。

11　「ニューアーバニズム」の主要メンバーであるアンドレス・デュアニー、エリザベス・プラター–ザイバーク夫妻によって1981年に設計されたフロリダ州のリゾートコミュニティ。

12　「ニューアーバニズム」のウェブサイト（New Urbanism. Org）による。（http://www.newurbanism.org 2009年4月29日取得）

13　伝統的都市に典型的な2～3階建の連棟住宅。

14　店舗の上が居住空間になっている形式の住居。3～4階建のアパートメント形式になっていることが多い。

15　「ニューアーバニズム」では25～45戸/haが平均的でペリーの『近隣住区論』の場合と比べても倍以上である（海道2003）。

16　ディヴィス（J. Davis）とハスケル（L. Haskell）よる1855年のニュージャージー州のLlewellyn Parkやオルムステッド（F. Olmsted）とヴォー（C. Vaux）による1869年のシカゴ郊外のRiversideはその例である（ジャクソン1985）。

17　住民の共同所有部分をもつ住宅（PUDも含めてCommon Interest Development：CIDと呼ばれる）に居住する人口（ブレークリー＆スナイダー Blakely and Snyder 1997＝2004）。

18　シンクレア・ルイスの *Main Street*（1920）、シャーウッド・アンダーソンの *Winesburg Ohio*（1919）など。

19　能登路はマーク・トウェインの自伝的小説『トム・ソーヤーの冒険』や『ハックルベリー・フィンの冒険』の舞台である、彼が幼少期に過ごしたスモールタウンが「すべてのアメリカ少年の故郷」として神話的な場所となっていること、ノーマン・ロックウェルが1910年代から *The Saturday Evening Post* 誌の表紙に描き続けたような中西部のスモールタウンが神話的ヴィジョンとなっていること、ノスタルジアとしてのスモールタウンのメインストリートがディズニーランドに再現されていることを指摘している。

20　「オージーとハリエットの冒険」、「パパは何でも知っている」、「ビーバーちゃん」など、当時の郊外を舞台にしたテレビのホームドラマ。

21　1765年に小さな農業入植地として始まった。1878年にゲイサスバーグ（Gaithersburg）となった。市の人口は2011年現在で52,613人（白人58.2％、黒人14.6％、アジア人13.8％、ネイティブ・アメリカ人0.3％、その他13.1％）である。ゲイサスバーグ市ホームページにもとづく。http://www.gaithersburgmd.gov/（2011

年9月5日取得）

22　2012年の大統領選の結果では全米で民主党オバマ氏61.7％、共和党ロムニー氏38.3％、メリーランド州は民主党オバマ氏61.7％、共和党ロムニー氏36.6％、モンゴメリー郡は民主党オバマ氏70.9％、共和党ロムニー氏27.4％であった。（ニューヨークタイムズウェブサイト参照）（http://www.elections.nytimes.com/2012/results/president 2015年8月16日取得）

23　「ニューアーバニズム」の考え方では通り面に車庫が並ぶことや郊外住宅地に多用されてきたクルデサック（袋小路）は通りの賑わいを失わせるものと解釈されている。玄関を含む住宅前面を通りに近づけ住民と通行人との交流を図る設計も建築コードに含まれる。車庫はアレー（住宅裏の小路）に設置されることが多く、クルデサックはほとんど使用例がない（海道2003）。

24　建築コードとはコミュニティ憲章（Community Charter）にもとづくKentlands Design Standardsを指す。住居新築、増改築をする場合はKentlands Historical Trust（KHT）の承認を得る必要がある。

25　レヴィット＆サンズ（Levit & Sons）社によって第2次大戦後に建設された3つの郊外住宅地のうちの一つ。他の2つはニューヨーク州とニュージャージー州にある。工場であらかじめ組み立てられたパーツを現地で流れ作業によって住宅として建築するという方法で安価で画一的な住宅が大量に生産された。画一的な郊外住宅地の代名詞となっている。（ガンズ1967: 3）および（都市計画国際用語研究会編2003: G89）参照。

26　車庫の上が居住空間となっている形式のコンパクトな住居。伝統的な町などにグラニーフラット（これも車庫上や敷地内に作られる「おばあちゃんの家」といわれる小住居）や店舗上住居とともに元々ある様式。車庫上ではなく、厩舎上の場合もある。「ニューアーバニズム」では3様式とも多様な住居の1つとして取り入れられている小住居。

27　ミドルクラスを中心とした、主に女性による読書会グループ。米国社会一般に広く普及している。大小様々なものがあり、近隣関係、職場仲間、大学の同窓生などグループメンバーの関係はいろいろである。比較的学歴の高い階層によって行われているようであるが、おしゃべり中心のカジュアルなものから、本格的に議論するものまである。文献によると圧倒的にキリスト教、プロテスタントが多いという。（ロングLong 2003）参照。

28　この子どもたちの移動自立性に関して、Pollyさんは、（西海岸の郊外出身の）夫の幼少期の思い出として車の免許を取得するまでは友達のところへ遊びに行くにも、どこへ行くにも母親に車で送り迎えをしてもらわなければならなかったのがとても

いやだったようだという話をしてくれた。
29 森岡清志は大都市の高齢者の主観的幸福感に効果を持つ要素として男性では友人ネットワーク、女性では親族ネットワークを挙げている。同時に定年は地域のネットワーク活性化の契機となることも論じている。(2000: 170-84)
30 この文献では「弱い専門システム」の事例として横浜市地域ケアプラザやコミュニティ・カフェ（戸塚区ドリームハイツの「ふらっとステーション・ドリーム」）が紹介されている。
31 倉沢は諏訪の御柱祭と清水の飯田祭りをそれぞれ伝統的祭り、新しい住宅地での祭りの創出の例として取り上げている。
32 この人数には表1-9の住民の他、主催者側の住民1名が含まれる。
33 ケントランズの中央部の緑地広場近くにある、主として文化的なイベントが行われる建物。小規模だが、シアターもある。作家の工房、地元のアーティストの作品の展示・販売コーナーなどもある。
34 ケントランズでは緑地や旧土地所有者の住居や厩舎などの歴史的建物などを市に寄贈することによって管理運営費用の負担を軽減している。KCFの役員が市から任命される形をとるのも運営費用の助成などの目的があると思われる。
35 2015年で22回目を迎えている。
36 米国メリーランド州において2009年度は、162回ほどの市民向けのランニング競技が開催され、うち本書で取り上げた「5Kレース」を含め2大会が2008年度からの「シニア・オリンピック」種目に指定されている。
http://www.runningintheusa.com/RacesByState.asp?State=MD（2009年7月30日取得）参照。なお日本でもこうした市民向けランニング大会は全国各地で年間多数開催されている。http://runnet.jp/runtes/（2009年7月30日取得）参照。
37 メリーランド州シニア・オリンピックのウェブサイトによる。
http://www.mdseniorolympics.org/news/news_torch111907.html（2009年7月28日取得）
38 2007年は946人中70人、2006年は644人中22人、2005年は785人中48人が参加した。
39 2008年の「5Kレース」の世代別の競技者は9歳以下37人、10代168人、20代101人、30代334人、40代312人、50代138人、60代58人、70代19人、80代2人であった。(KCFの公開資料から算出)
40 徳村光太・大江守之（2008:149-178）で紹介されている概念。「主体的役割」は何らかのサービス・プロダクトを企画・製作・提供する参加形態であり「受動的役割」は「主体的役割」が提供するサービス・プロダクトを受け取る参加形態であるという。

41　友情が同質的な人々の間で形成されやすいという傾向を表す概念としての「同質結合傾向」を意味する「ホモフィリー」という言葉が、ラザーフェルド&マートン（1954）（Paul F. Lazarfeld and Robert K. Merton, 1954, Friendship as Social Process: A Substantive and Methodological Analysis, Morroe Berger, Theodore Abel and Charles H. Page, eds., *Freedom and Control in Modern Society*, New York: Octagon Books.）の中で紹介され、実証研究によって示されている。大谷信介（1995: 196）参照。

資料

ケントランズ住宅図
(ケントランズ住宅地内の建築事務所DPZ Partners, LLC提供資料を筆者が加工)

ケントランズ近隣住区風景（2006年7月、筆者撮影）

ケントランズのファーマーズ・マーケット（2006年7月、筆者撮影）

第1章　大都市郊外住宅地コミュニティと生活の質　111

ケントランズの高齢者たち（2008年8月、筆者撮影）

ケントランズの野外パーティー（2008年8月、筆者撮影）

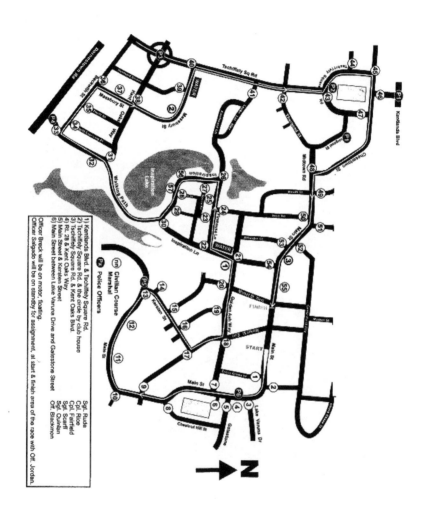

ケントランズ近隣住区内「5Kレース」のコースおよび、ボランティア配置図
(2008年8月、「5Kレース」配布資料を筆者が加工)

第1章　大都市郊外住宅地コミュニティと生活の質　113

「5Kレース」風景（2008年8月、筆者撮影）

「5Kレース」風景（2008年8月、筆者撮影）

「5Kレース」ボランティア（2008年8月、筆者撮影）

「5Kレース」ボランティア（2008年8月、筆者撮影）

第1章　大都市郊外住宅地コミュニティと生活の質　115

「5Kレース」見物人（2008年8月、筆者撮影）

「5Kレース」シニア入賞者（2008年8月、筆者撮影）

第 2 章

大都市都心居住と生活の質
──イリノイ州シカゴ市都心を事例として──

第2章では、「大都市都心」で生活する高齢者について、まず、物理的環境要素としての居住性について検討した上で、社会的環境要素として、高齢者それぞれが参加する様々な社会的交流活動を考察することによって、高齢者が生活の質を高めていく要素を追究していきたい。

第1節　大都市都心居住と生活の質をめぐって

　グローバル化の流れの中で、産業構造および都市政策が変化したことにより、米国では1990年代に大都市の都心地域の多くで大規模な再開発が進み、都心における居住環境が改善した。その結果、都心地域の人口が回復している（バーチ Birch 2009）。それは高齢者にとっても、「大都市都心」が退職後の居住地の選択肢の一つとして加わるようになったことを意味している。

　高齢者が「大都市都心」で生活することは、どのような側面をもっているのだろうか。都市アメニティへのアクセスの良さや生活の利便性については確保されるであろうが、その他に、どのような居住性を備えているのだろうか。また、どのような問題点があるだろうか。そして、都心居住者として社会的交流活動の面については、どのような活動をし、それが高齢者にとってどのような意味をもっているのだろうか。

　本章では、「大都市都心」に居住する高齢者が、居住性について、どのような意識をもち、退職生活をどのように評価しているかを調査した上で、彼らが「大都市都心」で日常行っている社会的交流活動を分析することによって「大都市都心」の地域コミュニティで高齢者がどのように役割を獲得しているのかを探った。そしてどのような要素が、高齢者が生活の質を高めていくことにつながっているのかを、交流する世代幅を考慮に入れて考察した。

　分析の枠組みは以下の通りである。まず、第2節で先行研究と本章の論点・意義を提示し、第3節で調査背景、調査方法および調査結果を記述する。第4節で調査結果の分析と考察を行う。そして最後に「大都市都心」に居住する高齢者の居住性と社会的交流活動において、生活の質を高めることに寄与する要素や役割が、どのようなところに創出されているか、考察結果から

明らかになった知見をまとめる。

第2節　先行研究と本事例の論点・意義

　すでに見てきたように、高齢期に重要となってくるのは、高齢者を取り巻く身近な生活環境である地域コミュニティである（フィッシャー1982=2002: 266-9; 前田2006: 179）。近隣の人々との交流頻度・教会活動への参加・ボランティア活動は、年齢と正の相関があることが明らかにされている（コーンウェル Cornwellほか 2008）。地域コミュニティが高齢者にとって新たな役割獲得の場となりうる（金子1993）。

　また、高齢者のもつ、他の世代への関心（Generative Concern）[1]が高まるにつれ、ボランティア活動が促進されることが報告されている（オークン&ミッチェル 2006）。そして高齢者の活動が活発であるほど満足度が高いことも報告されているが、それには、活動の量ではなく、活動の動機が重要であること、社会的動機（Social reason）が満足度と関連が大きいことが明らかにされている（エヴェラード Everard 1999）。

　序章でも取り上げたようにフィッシャーの下位文化理論（1984）では、人口規模が一定量以上（臨界量）となるとネットワークの同質性が高まるとされ、「大都市都心」という環境要素との関連では、このことは、社会的交流活動において同じ動機をもった人々の結びつきが促進される可能性を示している。

　これらの先行研究を踏まえて、「大都市都心」の高齢者がどのような社会的交流活動によって生活の質を高めるための役割を獲得しているのか、ということを本章の論点とする。

　本章の事例は、高齢者が、退職後に選択する移住地として近年増加している「大都市都心」という環境において、高齢者が生活の質を高める要素を探ったものである。考察では、高齢者が「大都市都心」での居住をどのように評価しているのかという居住性について検討した上で、日常生活で、どのような活動を行い、どのように新たな役割を獲得しているのかという社会的

環境要素について追究する。高齢期の移住地として高齢者の選択肢の一つに加わった都心居住について、新たな知見を蓄積することには意義があると思っている。

第3節　調査の概要

3-1. 背景

　米国の大都市圏において、ミドルクラスの高齢者へのインタビュー調査では、背景として、彼らが居住する建物を単位とする近隣コミュニティの住民の階層性は一般的に同質性が高いことが考慮されなければならない。大都市の都心居住者においても特徴的なのは、近隣コミュニティの同質性の高さである（大谷1995）。マッケンジー（1994＝2003）は、米国において住宅は、転売可能な資産として強く意識され、特に集合住宅や計画的一体開発などに見られる共用部分をもつ住宅地では、住宅所有者がアソシエーションを組織して、制限約款によって住居を含めた近隣全体の資産価値の維持に努めていることを書いている。この結果、第1章でも言及したように、厳しい制限約款を保持するほど、結果的に階層排他的要素が働き、大都市圏の住宅地が社会経済的に同質な住民集団のまとまりとなりやすいことを指摘している。

　また、「大都市都心」のミドルクラスの高齢者のもつ環境要因として、退職期前後のライフステージの変化に対応する形で、都心居住を自ら選択して移住していることも特徴的である。しかしながら、大都市圏全体では、多様な階層が存在し、特に都心地域では、階層はブロック単位でモザイク状に固まりながらも、その全体的な多様性は非常に大きいということもまた考慮されなければならないことである。

3-2. 調査方法

　米国の「大都市都心」地域に居住する高齢者へのインタビュー調査から、高齢者にとっての「大都市都心」での居住性と彼らの社会的交流活動から得られる役割を分析する。具体的には、イリノイ州シカゴ市の都心高層コンド

ミニアムに住む退職者16人へのインタビューを通して、日常生活についての質的質問調査を実施した。それらの回答から、まず、都心居住の利点と問題点に関する意識、退職生活の評価を記述し、考察を加えた上で、日常の社会的交流活動を分類し、活動を共にする世代や活動内容を明らかにする。その結果、日常のどのような活動に、どのような役割が発生しているのか、それらの役割について活動理論にもとづいて役割補完の見地から考察を試みる。

3-3. インタビュー概要

イリノイ州シカゴ市都心地域のミドルクラスの一般住民が居住する高層コンドミニアム（家族世帯、夫婦のみの世帯、単身世帯を含むすべての世代が居住）において、住民組織の役員を通じて募集した退職者（60代前半〜80代半ばの16人）に対し、本研究の目的を告げ、了解を得たうえで、2010年1月4日〜9日に、インタビュー調査を、それぞれにつき1時間前後実施した。インタビューは、主にインタビュー対象者の自宅を訪問しておこなった。夫婦の場合は、同席でそれぞれに同じ質問をした。質問内容は、居住年数、退職前の職業、退職後年数、退職理由、都心居住の利点と問題点、活動・クラブ・組織への参加状況と交流する世代幅、日常生活の概要と交流する世代幅、友人・親族との交流、将来の居住についての意識、退職生活への評価などであった。このうち、属性や退職理由に続いて、居住地および、退職生活に対する評価と社会的交流活動に関する質問への回答を中心に取り上げる。

3-3-1. 対象地域と対象コンドミニアムの概要

対象地域はイリノイ州シカゴ市都心の「ループ（Loop）」と呼ばれる地区にある。シカゴ市は米国中西部の大都市で、センサス2010による人口は全米第3位の2,695,598人である（図2-1）。人種の構成は、白人45.0%（全米72.4%）、黒人32.9%（全米12.6%）、ネイティブ・アメリカ人0.5%（全米0.9%）、アジア人5.5%（4.8%）、その他16.1%（全米9.3%）であり、全米平均と比べて黒人の比率が高い都市である。65歳以上の人口の比率は10.3%で、全米平均の13.0%と比べると低い比率である。

図2-1　シカゴ市の位置図

(筆者作成)

　2008年の大統領選では、民主党のオバマ氏が61.8%、共和党マケイン氏が36.9%の得票であった[2]。

　対象地区のループ地区の人口は29,283人で、2000年と比べて78.7%増加している[3]。対象者が居住するのは54階建ての超高層コンドミニアムで、居住者の人口は約1,500人（約740世帯）である。コンドミニアム内には住居以外に運動施設（プール、エクササイズ室など）、子どもの遊戯室、洗濯室、グローサリーストア、会議室、郵便物室、地下駐車場、管理事務所などがある。玄関ホールには2人のドアマンが24時間常駐し、入場者のチェックやビル全体の安全管理をしている。対象としたコンドミニアムのように、米国の「大都市都心」の居住形態としては、集合住宅の形態が一般的である。シカゴ市内では、高層・超高層のコンドミニアムが近年の都市再開発によって多く建設されている。（章末資料参照）

3-3-2. 住民組織

　住宅所有者の代表者によって組織されている理事会（board of directors）の役員は、15人で、住民の選挙によって2年に一度、改選され、年間11回の会合が行われている。年に1回は理事会とビルの管理側との会合が開かれる。また、どういうタイプの会合を開くか、どの候補者を選ぶか、議論する問題

についての投票も行われる。理事会の会合は、ビル内でテレビ中継されるため、理事会メンバーは、住民によく知られる存在となる。理事会組織の下に、「財政委員会」、「ヘルスクラブ委員会」、「エレベーター・メンテナンス委員会」、「生活と安全の委員会」、「社交活動委員会」、「インテリア・デコレーティング委員会」、「自転車ルーム委員会」、「駐車場運営委員会」、「グランド・メンテナンス・景観委員会」、「長期財政計画委員会」、「委員会政策レビュー委員会」、「選挙規約レビュー委員会」の12の委員会（committee）がある。主としてビルの運営、維持管理、社交行事などに関する仕事であり、それらを住民が分担している。クリスマスやハロウィンのパーティー、ピクニック、ブック・クラブ、ゲーム大会などの住民の交流のための企画も、委員会が行っている。これらの委員会の委員は、住民全体へ公募され、応募する住民は、その委員会に興味を持った動機、その委員会に関してもっている自分の経験、考えなどをシートに記入して提出する仕組みになっている。また、コンドミニアム内のサービスは、理事会が雇ったマネージャーがサービススタッフ（ドアマン、エンジニア、ガレージスタッフ、オフィススタッフなど合計46人）を雇う形で住民に提供され、共有施設の管理・補修は、理事会メンバーが計画的に行っている。住民は各ユニットの占有面積やビル内の場所（上層階か、下層階かなど）に応じて算出される「アセスメント」とよばれる毎月の管理費を支払っている。長期計画を含めた補修予算などもストックされ、良好な管理が行われ、築36年にもかかわらず、不動産価値は上昇しているという。（以上、住民組織役員からの聞き取りおよび資料にもとづく）

3-3-3. インタビュー結果の概要

インタビューで得られた対象者の属性、退職理由、都心居住についての評価（利点と問題点）、退職生活への評価、社会的交流活動（内容と世代幅）の概要を以下に記述する。

対象者の属性

16人の対象者は、退職者という条件だけをつけて住民組織役員によって

募集された。調査協力者となった住民の年齢は、60代後半〜70代前半が中心であった。しかし、早期退職をした59歳の女性や、退職して19年なるという84歳の男性も含まれている。対象者の多くは、子どもが独立した後など、退職期前後に都心に移住した10〜12年程度の居住歴である。退職前の職業は、ビジネスマン（4人）、公務員（2人）、学校管理職（1人）、学校教師（2人）、研究者（2人）、音楽家（1人）、建築家（1人）、会計士（1人）、看護師（1人）、NPO組織職員（1人）である。退職年数は、半年から19年までと多様であった（表2-3）。以下は、それぞれの退職者（仮名）の退職前の職業と家族に関する記述である。

Sophyさん（67歳女性・住民記号Ac）とCliffさん（66歳男性・住民記号Bc）夫妻は、長年住んだシカゴ郊外の家から2001年に、このコンドミニアムに引っ越して来た。妻のSophyさんは、小学校の教師とカウンセラーをしていた。9年半まえに退職した。Sophyさんは、このコンドミニアムの住民組織の役員をしている。夫のCliffさんは、音楽家で、7か月前に38年活動していたオーケストラの楽団を退職した。Sophyさんは、ミシガン州（Dear Born）の出身、Cliffさんは、テキサス州（Phoenix）の出身である。2人には子どもはいない。夏期は、ウィスコンシン州に滞在している。

Artieさん（84歳男性・住民記号Cc）は、大学で心理学を教えていた。妻のOliviaさん（78歳女性・住民記号Dc）は、シカゴ郊外の私立の学校（幼稚園〜高校）で教師をしていた。Artieさんは、アラバマ州（Birmingham）の出身で、Oliviaさんは、シカゴ市内の出身である。夫妻は、シカゴに長く住んでいたが、Artieさんの退職後、7年間、ノースカロライナ州の大学町（Chapel Hill）で過ごしたが、12年前にシカゴに戻ることにして、ここに引っ越して来た。子どもは、3人の息子と1人の娘がいて、カリフォルニア州に2人の息子が、シカゴの郊外に1人の息子が住んでいる。また、ワシントンDCに娘が住んでいる。孫は10人で親元に住む5人を含めて米国各地に住んでいる。

Ruthさん（66歳女性・住民記号Ec）は、政府機関で税務会計検査官をしていた。夫のFredさん（67歳男性・住民記号Fc）は、シカゴ市内で会計士をしていた。2人は、シカゴ郊外の同じ地域の出身で、高校時代に知り合った。子

どもが結婚して、それまで住んでいた郊外の家から19年前にここに引っ越して来た。シカゴ郊外とメリーランド州にそれぞれ息子家族がいて、2人ずつ、4人の孫がいる。

Coraさん（71歳女性・住民記号Gc）は、38年勤務した教育行政官を16年前に退職した。ケンタッキー州のスモールタウン出身のアフリカ系アメリカ人である。ここに住んで、22年になる。このコンドミニアムの住民組織の役員をしている。シカゴに娘と孫息子（23歳）がいる。

Henryさん（68歳男性・住民記号Hc）は石油会社を退職して13年になる。妻Fayさん（59歳女性・住民記号Ic）と5年半前に再婚して、ここに引っ越して来た。Fayさんは、NPO組織など複数の職場で働いていて1年半前に退職した。Henryさんはマサチューセッツ州（Boston）出身、Fayさんはシカゴ郊外の出身である。Henryさんには、カリフォルニア州に住む息子と娘、シカゴに住む息子の3人の子どもがいる。Fayさんには子どもがいないが、大家族の出身で、兄弟姉妹が近隣、市内、シカゴ郊外、インディアナ州、ヴァージニア州にいる。母親はフロリダ州に住んでいる。

Maxさん（63歳男性・住民記号Jc）は銀行を2年前に退職した。このコンドミニアムに住んで33年になる。シカゴ郊外の出身である。退職してから1年間、大西洋を巡る帆船の乗員（NPO組織）として航海を経験した。このコンドミニアムの住民組織の役員をしている。シカゴ郊外に2人の兄弟が、メイン州とメリーランド州に姉妹と兄弟が1人ずついる。

Alfさん（76歳男性・住民記号Kc）は、歯科医と大学の歯科での職を6年前に退職した。妻のPegさん（71歳女性・住民記号Lc）は、近くの病院で看護師として、外科、心臓外科、ホスピス、健康保険の仕事をしていて4年前に退職した。夫妻は、ここに住んで10年になる。Alfさんの出身は、エジプト（Cairo）で、親族は、皆、カイロにいる。Pegさんは、ベルギー（Oudenaarte）出身である。Pegさんは、前夫との間に2人の娘がいて、カリフォルニア州（Santa Cruz）とワシントン州（Seattle）に住んでいる。彼女たちの孫がそれぞれ1人ずつ（4歳）いる。

Noraさん（73歳女性・住民記号Mc）は、小学校の校長を10年前に退職した。

夫と2人でここに住んで20年になる。このコンドミニアムの別の階に娘が住んでいる。Noraさんは、ウェストヴァージニア州のスモールタウン出身のアフリカ系アメリカ人である。

　Tedさん（70歳男性・住民記号Nc）は建築家として建築事務所で働いていたが、4年前に退職した。ここに住んで10年になる。このコンドミニアムの住民組織の役員をしている。学校の教師をしていた妻とお互い再婚同士である。Tedさんの息子と娘はシカゴに住み、孫息子がいる。妻の方は、息子がアリゾナ州（Phoenix）、娘がワシントンDCに住んでいる。Tedさんの出身地は、シカゴの100マイル南の「トウモロコシ畑の中心」の人口2,000人の町である。

　Charlesさん（79歳男性・住民記号Oc）は、製造会社を17年まえに退職した。妻のDora（65歳女性・住民記号Pc）さんは、ライセンス会社を1年前に退職した。ここに住んで、12年になる。Charlesさんはイリノイ州の南部の農場で生まれ、近くのスモールタウンで育った。Doraさんは、ミシガン州のスモールタウン出身である。

退職理由

　退職の理由（なぜ退職したのか）を問う質問への回答は、大きく分けると、年金や社会保障の条件、本人や家族の都合、仕事への情熱の変化であるが、退職の理由は、これらがいくつか重なっている場合が多かった。退職者は、それぞれのことばで自分の退職の理由を語っている。

　中でも、年金額が最高になった、退職金の条件がよかった、社会保障で良い金額が得られるなどの経済的な点を挙げた人が最も多かった。

　Artieさんは「65歳の時、年金がピークに達しました。だから続ける経済的な必要性がなくなったんです。」と語った。

　Fredさんは「（その歳になって）そうすることができたからです。退職することが可能になったからです。」と語った。

　妻のRuthさんは「私は、政府機関で働いていたので年金がもらえるのです。それが退職を助けてくれました。お金を投資して毎月、私たちは一定金額を得ています。それが助けになっています。」と語った。

Coraさんは「その時が来たんです。33年勤務してきました。パッケージ（退職金）として5年分を（余分に）つけてくれたのです。そのために（年金の最高額である）38年間の勤務に相当する勤務期間に達したので、そこに留まる未練はありませんでした。」と語った。

Henryさんは、「私がいた部署が外部委託され、閉じられることになったので、（会社が）多くの社員に優遇退社を募ったのです。私も退職するのに潮時と考えたのです。」と語った。

Maxさんは、「私の上司が私に退職してパッケージを得たいかどうか尋ねたのです。（中略）私は予期していませんでしたが、明らかにとても素晴らしく、明らかに退職を決断することを、ずいぶん容易にしてくれました。」と語った。

Charlesさんは「私は最もいい時期が来たと感じたからです。62歳で退職しましたが、退職年金とまた保険年金も、その率が（いい時だった）です。ですから、一番いいと感じたんです。」と語った。

一方、夫婦の場合、妻の退職が、夫の退職時期の影響を受けている場合もある。

Artieさんの妻Oliviaさんは「私は、彼（夫）が退職したから退職しました。私は（まだ）若かったので働けたのですが、彼が働かないのに毎日働くのはしたくなかったのです。」と語った。

Henryさんの妻Fayさんは「彼が退職して暇な時間がたくさんでき、私は、いろいろ違ったことをしたかったのです。」と語った。

自分自身や家族の都合で退職したというコメントには、次のようなものがある。

Cliffさんは「（ビオラの演奏家として）私の肩がダメになり始めたということ、もはや私が望むレベルで演奏することができなくなったことがわかったので、変えようと思ったのです。そういうことを直視できない同僚もいましたが、私はそうはなりたくなかったのです。それが、私を退職生活へと導いたのです。」と語った。彼のコメントには職業人生を通じて磨いてきた演奏家としてのプライドとの決別をめぐる葛藤もにじみ出ている。

Cliffさんと似ているのは、自分の仕事への気持ちの変化を語ったAlfさんのコメントである。

　Alfさんは「以前と同じように関心を持てなくなり、何故仕事をしてきたのか、わかってくるまで職を離れ、休止したかったのです。そして私は退職するいい時だと確信したのです。」と語った。

　Noraさんは「たぶん、年齢です。それと私は41年間ずっと働いてきました。私は娘が生まれた時に2～3カ月休んだだけでした。私がもう既に身につけた経験を若い人たちにしてもらう、そろそろ潮時だと思ったのです。」と語った。

　Alfさんの妻のPegさんは「私には（西海岸に）双子の娘たちがいて、彼女たちが同じ年に出産したのですが、（中略）私は休みを取ることができませんでした。私にはそうする（退職する）ことしかできませんでした。（中略）ですから私は退職する時だと決めたのです。」と語った。

　Doraさんは「私は病気のために退職しました。」と、記憶障害が出たことが退職の理由だと語った。

　退職して仕事以外のことをしたいという動機もいくつか語られた。

　RuthさんとFredさん夫妻は、退職後の生活を2人で話し、同時に退職した。Fredさんは、上記の経済的理由とともに「私たちは、旅行に行き、休暇を取り、冬には良い気候のところで過ごしたりしたくなったと話したのです。」と語り、Ruthさんは「年をとって退職生活を楽しめなくなるまでは待ちたくなかったのです。」と語った。

　Maxさんのもう一つの動機は、同時に別に、以前からしてみたかった1年間の大西洋一周の航海の機会が得られることになったことだという。「別に計画していたわけではありませんでした。でも、人生の中で幸運なことの一つが起こったので私はそうしなければならなくなりました。」と語った。

　また、建築事務所をやめた後、自分のビジネスをしたいと考えていたというTedさんは、少々複雑な心境を語った。「私は今、70歳です。そして（4年前に）最後の仕事から離れた後、自分が退職したとは決して思っていませんでした。何か自分自身のことをしようと思っていました。ただ、（結果的に）

そうしていないだけで。でも私は、働かないことで、たくさんのもっとすばらしいことをして楽しく過ごしています。」

都心居住についての評価

インタビューから得られた都心居住の評価を表2-1にまとめた。

都心居住の利点

都心居住の利点を問う質問（退職者としてこのコミュニティに住む利点は何か）に対する回答では、大きく分けて、都心居住全般へのコメントとコンドミニアム居住という居住形態についてのコメントの2つが挙げられた。

まず、車の運転をあきらめた場合の生活の利便性を左右する、徒歩圏内にすべてが揃っていることや、良い医療施設の存在など、都市アメニティへの近接感である。様々な文化的アメニティが充実していることへの満足感も共通していた。また、24時間体制で管理されている居住環境の安全性に対する安心感や、郊外の一戸建て居住で経験してきた、住居の維持管理の労力の軽減、コンドミニアム内の設備の利便性、コンドミニアム内での社会的交流など、高層コンドミニアムの居住形態から由来するものや、内部のコミュニティへの評価も同様であった。具体的には、「美術館、劇場、博物館、映画館、買い物など何にでも歩いて行ける」、「病院や医療施設がとても近い」、「公共交通機関が便利」などの都心の利便性へのコメント、「高齢者は公共交通費が無料になり、チケットが安くなる」など、行政の高齢者優遇政策へのコメント、「庭の手入れや雪かき、屋根の修理などがいらなくなった」、「ドアマンが24時間いるため安心」、「何かあったらスタッフが来てくれる」、「ビルの中でエクササイズができ、グローサリーの買い物ができる」など、居住形態へのコメント、「ここで多くの人に出会える」、「（コンドミニアムが）垂直（方向）の村のようだ」などといった、ビル内のコミュニティへのコメントが挙げられた。

表2-1　都心居住の評価

回答者	退職前の職業	都心居住全般の利点	コンドミニアム居住の利点	都心居住全般の問題点	コンドミニアム居住の問題点
Ac/67/女/9年	小学校教師／カウンセラー（退職9.5年）	・住むのに便利	・雪かき、庭の手入れ、芝刈り、屋根の手入れなどの管理がいらない。 ・安全性が得られる。		・騒音問題が起こりうる
Bc/66/男/9年＊Acの夫	音楽家（退職7か月）	・利便性 ・アメニティ ・歩けること ・住みやすさ ・運転することが少なくて済む	・大きな安全性がある		
Cc/84/男/12年	大学教授（退職19年）	・様々な活動ができる ・コンサートに行ける ・いい医療がある		・シカゴは気候が寒いことが問題。	・大きな問題は見当たらない ・時には（住民の意見を）役員たちが調整する必要がある
Dc/78/女/12年＊Ccの妻	学校教師（退職19年）	・音楽などの諸活動、医療が近い ・高齢者は交通費が無料 ・運転を諦めても良い交通機関がある	・一戸建てに住むよりも安い ・居住の維持に要する責任がずっと少ない（パイプやヒーターが壊れてもすぐに人が来てくれる） ・多くの人に出会える（垂直の村）	・より注意深くなければならない。Streetwiseが必要。	・大きな問題はない。自分たちのコミュニティなので、生活していく内には気に入らない人とも付き合うことになるが、それが人生だと思う。
Ec/68/女/19年	・税務会計検査官（退職6年）	・何にでも近い ・リクリエーションも近くでできる	・孤独になることはない	・消費税が他より高いのでシカゴでは何でもお金がかかる	・コストが他よりもかかる ・休日にパーティーをする時など、部屋が大きくないのであまりたくさんの人を呼べない（不満ではないが）
Fc/69/男/19年＊Ecの夫	会計士（退職6年）	・交通機関、娯楽施設、買い物、職場、銀行、ファイナンスの場所などに近い	・プールやヘルスクラブや年間を通じて社交的な活動がある	・多くの他の場所よりもお金がかかる（居住費・駐車場・レストラン）	・都会のコンドミニアムなので広さが大きくない（それほど不満というわけではない）
Gc/71/女/22年	教育行政官（退職16年）	・何にでも近い（最高のレストラン、劇場地区、最高の店などに） ・都会の中心で、選挙権人口が多いので予算が多く、自分が必要とするものに多く支出してもらえる ・清潔で緑地が多く美しい ・湖があることと格子状の道で、わかりやすい	・とても素晴らしく親切で有能で適格なスタッフがいる ・昼でも夜でも人を呼べるので安心の感覚がある ・全てのユニットにセキュリティ・システムがある ・ヘルスクラブがあるので運動のために外出する必要がない	・夏には観光客が多く、人々がうろうろしていて歩行しにくくなる	・アセスメント（管理費）が上昇する ・時には1人でいたいと思っても人々と会わずに外出、帰宅することはできない

Hc/68/男/5年半	石油会社勤務（退職13年）	・自分たちが有利に享受できる文化的な活動がある（リリックオペラ、文学・宗教・経済などのセミナー）	・屋外スペースと文化的活動に近い ・建物の中にグローサリーストアや便利なものがある	・何の問題も思い浮かばない	・何の問題もない
Ic/59/女/5年半＊Hcの妻	チャリティ組織や教会に勤務（退職1.5年）	・たくさんの博物館や美術館や公演の場所に近い ・多様な活動に歩いて行けて、歩くことを楽しめる	・一戸建てに住むと必要な外回りのメンテナンスや庭仕事が、ここではやってもらえるので、レジャーなどに時間が使える	・自分たちには健康上の問題もないので不都合を感じない	・シカゴは犯罪があるが自分たちには関わってこない
Jc/63/男/33年	銀行勤務（退職2年）	・店、劇場、博物館などが近く、何でもできる ・車に乗る必要がないので歩くことを楽しんでいる ・医療施設に近いので、緊急なことがあれば助けはとても近い	・垂直の村。自分たちは自身の村を持っている。コミュニティと見ている ・建物が美しい ・ヘルスクラブやプールがある ・都心へすぐに歩いて行ける	・もっと田舎の環境で何かをするためには遠くに行かなくてはならない（スキーなど）が、深刻な不都合は思いつかない	・思い浮かばない
Kc/76/男/10年	歯科医兼大学教授（退職6年）	・映画館、劇場、美術館に行くのが大好きだが、全てがここではとても近い	・コミュニティがとてもいい（自分は友人をすぐに作れるタイプではないが、（住人が）とてもいい人々なので友人ができた） ・ヘルスクラブが使える		・ビルが良く運営されているのでそんなに多くの問題がない ・改装時の騒音以外には何の問題も思いつかない
Lc/71/女/10年＊Kcの妻	看護師（退職4年）	・いい病院が近い ・運転をしなくなっても公共交通機関やタクシーがあり、劇場などに簡単に行ける	・年をとったら一戸建てに住むよりも、コンドに住む方がはるかに生活が容易 ・ビル内に小さな店、ヘルスクラブがある		・自分たちだけで決めないで隣人たちのことを考慮に入れなければならないこと（それが利点ともなっている） ・時には騒音で悩まされることがあるが、大した問題ではない
Mc/73/女/20年	小学校校長（退職10年）	・都心の何にでも近いところにいる。公園、美術館、買い物、特定な文化活動に近く、歩いて行ける距離にある	・このビルには、退職してから会ったとてもいい人たちがいる		・家が通りに面しているわけではないので、人々が見たり見られたりして絆をつくることができない、友情とか仲間の感じが持てないのではないかと思っている
Nc/70/男/10年	建築家（退職4年）	・医者、病院、ヘルスケアなど全てのものにとても近い ・好きなスポーツチームと交流できる	・とても安全で、安心できる ・管理が優れている	・気候（寒いこと）が唯一の不満	・理事会役員だが、このビルの1/20の住人を知っているだけ（同フロアでも会ったことのない人がいる）

回答者	退職前の職業	都心居住全般の利点	コンドミニアム居住の利点	都心居住全般の問題点	コンドミニアム居住の問題点
Oc/65/女/12年	ライセンス会社勤務（退職1年）	・自分が年を取るにつれて医療が必要になっているが、いい医者や病院に近いこと ・コンサートホールやレストラン、いろいろなところに歩いて行ける	・ここに住んでいて周りの人と知り合いになり、都市の中のコミュニティのように感じている	・近くは問題ないが、郊外に行くのに交通が渋滞する	
Pc/79/男/12年＊Ocの夫	製造会社勤務（退職17年）	・友人、文化、教会、オーケストラ、レストラン、買い物、公園、医療の場所があること		・郊外への交通が問題	・友人を作るのに長くかかる

※回答者欄は回答者/年齢/性別/居住年の順に記載。（2010年1月のインタビューにもとづく）

都心居住の問題点

　都心居住の問題点を尋ねる質問（退職者としてこのコミュニティに住む問題点は何か）では、回答者の多くが特に見当たらないと答え、回答者から大きな問題として指摘されたものはなかった。都会の犯罪に対するコメントは、一般的問題として言及されたが、深刻な恐怖というものではなかった。これについては、米国のいくつかの大都市同様、1990年代にシカゴ市も都心再開発によって都心地域にあったスラム地区が解消され、都心環境が大幅に改善しており、犯罪が減り、都市の安全性が向上したことも影響していると思われる（Birch 2009）。ビル居住から由来する問題については、具体的には「ビル居住なので、一戸建てに比べて規則があり、自由がある程度制約される」、「管理費が上昇する」、「郊外の一戸建てに比べて広さが十分でない」、「改修工事がある時に騒音に悩まされる」、「住民の意見の調整が必要なことがある」などが挙げられた。しかし、これらの点に関しては、共同生活をするコミュニティの一員として許容できる問題であることも付け加えられている。また、都心の高層コンドミニアムという居住形態において、住民同士のコミュニティ意識や面識が、あまりないという指摘があった。その他、コンドミニアムを含め、都心で生活するためのコストが高いという指摘や、シカゴの冬期の気候の厳しさを指摘するコメントもいくつか見られた。

退職生活への評価

　退職生活への評価を問う質問（退職生活を概してどのように評価しているか）に対する回答は、「素晴らしい」、「とても満足」、「とてもよい」、「優れている」、「楽しい」、「悔いがない」、「とても幸せ」、「気に入っている」、「とても楽しんでいる」など、ほとんどが、積極的評価であった（後掲の表2-3）。

　以下は、個々のコメントの一部である。

　Fredさんが「とても良いです（Very good.）。すばらしいです（It's great.）。」と答えたのに対して、妻のRuthさんは、「同感です。一つだけ問題があるんです。やりたいことをすべてやる十分な時間がないんです。私たちは、今、前より忙しいんです。働いていた時は多く活動をしようとは思いませんでした。ただ仕事に行って帰宅するだけでした。時々、何人かの友人と会いました。今はとてもたくさんの時間があるので、私たちは多くのことをやってみようとするわけで、時には時間がなくなってしまうんです。」と苦笑した。

　Pegさんは「年をとることは容易なことではないと思いますが、同様に得るものもあります。これ以上のものはないくらいで、とても幸せです。私が想像しうる限りで、このような生活しやすい、しっくり合って楽しめる状態にいることは。だからね。」

　Tedさんは「私がこうなったらと思っていたものとは、まったく一致しているとは言えませんが、（中略）私は自分のささやかなビジネスを考えていましたし、たぶん、私はまだ、何かをすることができるかもしれません。でも、私自身、もはやこれ以上何かに一生懸命に取り掛かって仕事をしないことを、ただとても楽しんでいます。私はとても楽しんでいますよ。」

社会的交流活動

　社会的交流活動についてのインタビュー結果については、まず「どのような活動やクラブや組織に参加しているか」を取り上げ、次項で「その活動で交流する人々の世代の幅はどのくらいか」の質問への回答を取り上げる。

　Eメール交換や電話での会話、または、単独で行う活動を除いた、主として対面交流に絞った活動内容としては、「博物館・水族館などでのボラン

ティア」、「劇場での案内係」、「教会での朝食提供ボランティア」、「日曜学校の教師」、「ホームレスへの食事提供ボランティア」、「貧困家庭への古着・古本提供活動」、「貧困家庭の子どものための奨学基金活動・教育支援活動」、「アフリカ支援活動」、「ホスピスや病院ボランティア」、「学校での教師の手伝い」、「ガイドボランティア」、「エクササイズ」、「ゴルフ・スキー・ヨット・テニスなどのスポーツ」、「航海」、「旅行」、「親族との交流・世話・介護」、「観劇」、「ブック・クラブ」、「マガジン・クラブ」、「映画クラブ」、「ブリッジ[4]・クラブ」、「退職者グループ」、「ダンスクラス・語学クラスの受講」、「大学・図書館の社会人講座の受講」、「修士課程での勉学」、「コンドミニアムの理事会役員活動・委員会活動」などが挙げられた。1人の高齢者が、これらの活動を複数、または、季節ごとに変化させて行っていた（表2-3）。

　以下は、個々のコメントの一部である。

　半年前に退職したCliffさんは、次のようにコメントした。「私は今、移行期なんです。だから私の今の活動で私を決めるのはフェアじゃないんです。私は移行期にあるのですから。でもこう言えます。これから新しいことをするための計画を探すのをとても楽しんでいます。取りたい講座や行きたい旅行や弾きたい時にピアノを練習する喜びや、行きたい時にジムに行くこと、乗りたい時に自転車に乗ること。確かに夏期の（ウィスコンシン州で行っている）自転車（クラブ）は私にとってとても重要な活動です。自転車に乗ることはとてもわくわくします。」、「私はたぶん、シカゴの自転車クラブに入ります。もう少ししてから入るつもりです。」音楽家の彼は、コンドミニアム内のイベントのために編曲もしている。「ささやかなコンサートです。多くの人々が関わります。楽しいものです。（中略）私は、より多くのバイオリンパート、歌唱パートを作り、多くの人々が一緒に楽しめるようにして行きます。ポピュラーミュージックの編曲をビル内の住民のためにしたり、ファンクションルーム（宴会場）でクリスマスパーティーをしたりする時などに曲に沿って歌ったり、そんなふうに発展して、人々のためになって行くことを願っています。」

　Cliffさんの妻のSophyさんは「近くに、すばらしい大学のクラスを受け

機会があります。シカゴ大学が正規学生ではない人々のために講座を設けています。(中略) 講座はシカゴ大学で行われます。(中略) ここから10〜15分のところです。ブック・クラブは、ここです。財政委員会、理事会役員など (の活動は) すべてここです。ビル (コンドミニアム) の中です。」

　Oliviaさんは水族館 (Shedd Aquarium) で行われている教育ボランティアをいくつか担当している。「週1回。夏以外に。私は貧しい人たちに数学を教えています。たいていは年配の人、中年くらいの人にです。貧しい人々で高校を卒業していないのです。私は彼らを助けてGEDと呼ばれる試験のために準備するのです。それは高校教育を受けるもう一つの方法なのです。(中略) もし高校や学校を終えていなければ、あとから学校に戻ることができてGEDを取得するのです。」、「(別の) 教育グループの子どもたちは、学校に行っている子どもたちなんです。子どもたちが私たちのクラスに来るんです。そこで私はクラスを持っているんです。」

　Oliviaさんは少し前に、夫のArtieさんと子どもオペラの手伝いをしていた。「彼らはシカゴの (いろいろな) 学校から来ていました。私たちは、彼らの世話をしたんです。リハーサルの間、彼らを所定の場所に連れて行き、それぞれのコースに分かれていましたので (Oliviaさん)」、「彼らを静かにさせたり (Artieさん)」、「放課後のおやつを出したり、忙しかったわね (Oliviaさん)。」、「(中略) 上演中に時間通りにステージに連れて行ったり (Artieさん)」、「そう、そのとおり。彼らをしょっちゅう確かめて大変だったわ。大仕事でした。(中略) Artieと私は何十ものカップケーキを作って、ショッピングカートにそれらを入れて、上演 (の練習を) している博物館にわざわざ持って行ったのです。(中略) バスに乗って、まちまちの時間に子どもたちが来るので、絶えず騒々しくて (Oliviaさん)。」

　RuthさんとFredさん夫妻は、ユダヤ教の寺院に属していて、そこで行われている様々な活動をしている。寺院を通じた活動で、夫婦でブリッジをし、Fredさんは男性のディスカッション・グループで雑誌の記事について議論している。「彼らはとても面白い記事を持ってきて、それから2〜3の記事を選んで、それらについて話すんです。それはただ社交目的ではなく、知的なも

のです。」、「それから2人ともブック・レビュー・グループに所属しています。(中略) それらは、寺院（活動）の一部ですが、私たちは、ただお祈りのためだけに寺院に行くわけではなく、たくさんの活動のために行くのです。映画レビュー・グループもそこにあって、友人と一緒に行って映画を見ます。月に一回。寺院に行って、その映画について、プロの映画評論家と一緒に話し合います（Ruthさん）。」、さらに2人は、この映画グループのほかに、もう一つ、「映画を見て、ディナーを（みんなで）食べるような」映画クラブにも入っているのだという。「そのようにして私たちは、たくさんの友人たちと出会ったのです（Ruthさん）。」その他にも「私たちはある学校の教師をしています。(中略) 私たちは恵まれない子供たちの学校のためにボランティアをしています。それはとても貧しい子どもたちが行く（学校です）。彼らは多くの助けを必要としているからです。(中略) 彼（夫）は、読みを教えています。一度に1人の生徒に対して、上手に読めるように指導しています。そして私は幼稚園のクラスを助けています。教師たちが私にしてもらいたいと思っている何でも。私はアルファベットを良く知らない子どもたちの何人かを助けています。それとか、もし彼らが書類、手続きなどの書類が必要な時に助けています。週に一度、午前中に。それから月に一度ディナーをホームレスに提供しています（Ruthさん）。」、「私たちはそれを寺院に所属している一環として、人々に提供するために（キリスト教の）教会と一緒に活動しています。私たちはそんなに家にいないんですよ（Fredさん）。」そしてさらに、2人は、劇場での案内係やコンドミニアム内で担当している住民組織の複数の委員会の仕事、スペイン語の語学学習についても言及した。

　Coraさんは、コンドミニアムの住民組織の理事会の役員であるが、そのほかに「経済的に恵まれない子供たちのためのチャリティの会長」をしている。「私のフリータイムのほとんどはその組織とコンド（コンドミニアム）の仕事に費やしています。私は、コンドのニューズレターの編集をしています。(中略)（チャリティ活動では）私は、4歳から18歳の子どもたちを連れて行きます。(中略) 私たちは、彼らにテニスを教えます。テニスで大学への奨学金を得られるのに十分なくらいまで教えるのです。」

第2章　大都市都心居住と生活の質　137

　HenryさんとFayさん夫妻は、劇場で公演されるものを鑑賞したり、図書館での講座を受講している。「私たちはリリック・オペラ（Lyric Opera）のセミナー会員でした。（中略）（他に）フィナンシャル・セミナーに行きます。それとニューベリー・ライブラリー（Newberry Library）のクラスを受講しています。宗教や文学です。その他、シカゴ大学で行われるセミナーにも行きます。（中略）夏期に、基本的に気候がいい時には、5月から11月の間に私は週2回ゴルフをします。（中略）セミナーは、ただ一日、夕方の講演だけというものもあれば、8回から10回コースのものもあります。平均して私たちは週1回、セミナーか講座に、とにかく行きます。（Henryさん）。」、妻のFayさんは、熱心なカトリック教徒である。「私はボランティアの仕事をたくさんしています。病院でボランティアをしていて、患者へ聖餐[5]を持って行きます。それから教会でボランティアをしています。私は教会でとても熱心に活動しています。（中略）神学に興味があって、修士課程で神学の研究もしています。それに多くの時間を費やしているんです。」
　Maxさんは「航海（sailing）をとても楽しんでいます。それはNPO組織です。（その組織の）役割は、航海訓練を教えることです。私は、その組織のために何らかのことを少しだけですが、やっています。（中略）私はプレゼンテーションをし、人がこのようなことに興味を持ってくれるように話をしています。特に若い人々に。それと、私は、スキーをとても楽しんでいます。それから、フランスにいる家族に会いに行ったりもします。（今は）そのようなことをする、たくさんの時間がありますから。そういう（今までの）埋め合わせをするようなものです。私は、東海岸、西海岸と全米に友人たちがいますし、ワシントンDCに兄弟が、メイン州に姉妹がいますので、ただそこを巡って行くだけでも、実際、時間を要しますが、大きな楽しみでもあります。それから（コンドミニアムの住民組織の）理事会役員でもあります。大した意味はありませんが、副議長をしています。あなたが考えるよりも、仕事は多いです。というのは、ここは、村のようなところですから。再検討をすることがたくさんありますし、情報提供をすることも多くあります。（中略）このビルにとって、住民や家の所有者にとって利益になることをしていこうと

しています。」彼はまた、ボランティアで元の職場の同僚たちの相談に乗り、サポートをしている。また、近くに住む、認知症のおばの介護をしている義理の叔父をサポートしている。実は、このことで、Max さんは、正式な活動にあまり参加できないでいるのだという。週に 2～3 回は助けが必要とされ、すぐに駆けつけなければならないからである。「私はたぶん状況がこうでなかったら、もっと長期の計画を考えるでしょうが、ただそれができないのです。というのは、彼（義理の叔父）が倒れたり、何かしたら、私は 100％自分の時間を捧げるでしょうから。航海することができたという事実は幸運でした。その間、何も起こらなかったからです。」義理の叔父からは、「頻繁に電話があって『手伝って欲しいんだけど来てもらえないだろうか。そしてお昼を食べましょう。』と。（中略）私は何をやっていたとしてもそれをキャンセルするんです。私は決まったスケジュールがそんなにないのですが、それは、必要な時に彼らをサポートしなければならないからなんです。」と語った。

Alf さんは、大学の名誉教授として専門家の会議に出たり、学生の論文審査の試験に加わっている。その他に「シカゴ文学クラブに所属しています。それは、実際、毎週あって、1 年に 9 カ月あります。メンバーたちは自分の文章や本の要約を発表します。私たちはまた、友人たちと社交的なイベントをします。エジプト系アメリカ人の専門家団体があり、それに行っています。」

妻の Peg さんは「私は（病院で）ボランティアをしています。それと、スペイン語を勉強しています。毎週土曜日に会うグループがあって、市内のカルチャーセンターで 2～3 時間、教師がいて、文法（の勉強）やディスカッションや出来事などを会話したりしています。（また、）フィールド・ミュージアム（Field Museum）で人類学の団体の助言委員をしています。助言というのは、私たちは、学芸員たちと話し合うようなことをしていて、募金集めや、彼らがやりたい展覧会の発表、日本のとか、中国のとか。つまり、私たちは、フィールド・ミュージアムの仕事をサポートするためのボランティア組織なんです。基本的には、フィールド・ミュージアムに寄付を促すために、メンバーを勧誘する活動です。」この人類学団体には、夫の Alf さんも所属してい

る。また、Pegさんは、メキシコ博物館のメンバーでもあり、いくつかの役割を持っている。さらに、コンドミニアム内のブック・クラブに所属し、時には市内の講座も受講している。「それと私たちは旅行をたくさんします。いつも何かやっているのよ。とても忙しいんです。」

Noraさんは、「私の大学が同窓会組織を作っていて、私たちは、基金を集めて、学校に行っている子どもたちに大学からの奨学金を渡しています。（また、）私は、ブック・クラブで活動しています。（中略）私たちは、様々な見地から議論します。それから、私は、教会でとても活動しています。私は日曜学校のクラスの教師です。もう一人の男性と共同で。それから、私の2人の姉妹と毎週日曜日の朝の朝食を子どもたちのために作り始めましたが、今は誰でもお腹をすかせた人に作っています。私たちは、毎週日曜日に温かい栄養のある朝食を提供しています。50～75人の人たちが毎週日曜日に私たちの料理にやってきます。たくさんの買い物をし、家で料理の下準備をいくらかしています。それら3つの活動と、私は3人の姉妹がいますが、私たちは、社交的な事を一緒にやっています。ほとんどは食べることですが。」Noraさんの教会での活動は、この他に、コンドミニアム内に住む知人が一定期間ごとに提供してくれる孫のお下がりを教会に来ている子どもたちにもっていくこと、友人たちが提供してくれた服などを集めて女性シェルターに届けること、姉妹たちと中古品店をまわって教会の子どもたちのためのTシャツを買ったり、教会の台所用品を買うことなど多岐にわたっている。階下に所有しているという予備の部屋は、知人が提供してくれた小さな男の子の服などでいっぱいになっているという。

Tedさんは、妻と一緒にゴルフやダンスクラスに行くというが、クラブや活動はそれほどやっていないという。彼は、コンドミニアムの住民組織の役員をし、建築家としての専門知識を多くの委員会の仕事に提供し、大半の時間をそれに費やしている。

Charlesさん、Doraさん夫妻は、教会に関わっている。特に夫のCharlesさんは、教会で年長の人が投票で選ばれて就くという幹部（Officer）の地位に就き、その役割をボランティアでしている。「教会は私が関わっていること

表2-2　社会的交流活動の世代幅

回答者	子ども〜若年世代	中年世代	高齢者世代
Ac/67/女		←住民組織理事会役員→→	
		←←←住民組織内委員会→→→→→→ (財政・ヘルスクラブ)	
			←←ブッククラブ→→
			←←大学講座→→
			←←友人→→
Bc/66/男		←住民組織内委員会（ヘルスクラブ）→	
		←←←自転車クラブ→→→→→	
	←歌の編曲→		
Cc/84/男			←大学退職者グループ→
	←←←←子どもオペラ→→→→→		
		←←エクササイズ→→	
	←←親族→→→→		
Dc/78/女	←←←←←水族館ボランティア→→→→→→		
	←←←子どもオペラ→→→→		
		←←←劇場案内→→→→	
		←←親族→→→	
Ec/68/女		←←←←食事提供ボランティア→→→	
		劇場案内→→→→→→→→→	
	←住民組織内委員会（財政・自転車・社交活動・ヘルスクラブ）→		
	←←←←教育ボランティア→→→→		
			←ブッククラブ→
			←→ブリッジ→
		←←←←スペイン語→→→→	
		←←←←映画クラブ→→→→	
		←←エクササイズ→→	
			←←友人→→
	←←子ども家族→→→→		
Fc/69/男		←←←←食事提供ボランティア→→→	
		←←←劇場案内→→→→	
	←←住民組織内委員会（財政・自転車・社交活動）→→→→		
	←←←←教育ボランティア→→→→		
			←ブッククラブ→
			←→ブリッジ→
			←←メンズグループ→
		←←←←スペイン語→→→→	
		←←←映画クラブ→→→→	
		←←エクササイズ→→	
			←←友人→→
	←←子ども家族→→→→		
Gc/71/女			←←住民組織理事会役員→→
	←←←就学支援活動→→→→		
		←←エクササイズ→→	
		←←テニス→→→→→	
	←←子ども家族→→→→		
Hc/68/男			←←住民組織理事会役員→→
	←←住民組織委員会（財政）→→→→		
		←←←教会ボランティア→→→→	
			←ゴルフ→
		←←講座（大学・図書館）→→→→→	
		←←←オペラ観劇会員→→→→	
		←←エクササイズ→→	
			←←友人→→
		←子ども→	
Ic/59/女	←←←←病院ボランティア→→→→→→→→→→		
	←←←教会ボランティア→→→→		
		←←←オペラ観劇会員→→→→→→	
		←←エクササイズ→→	
			←←友人→→
		←←←親族→→→	
	←←大学院での学習活動→→		
	←←講座（図書館）→→→→→→→→		

第2章　大都市都心居住と生活の質

回答者	子ども〜若年世代	中年世代	高齢者世代
Jc/63/男		←住民組織理事会役員→→ ←元職場へのサポート→ ←←←航海訓練組織→→→→ ←スキー（冬期）→ ←エクササイズ→→→→→→ ←←←←シューティング→→→→→ ←友人→→	←親族→
Kc/76/男	←←学生指導→→	←専門家会議→→ ←エスニック専門家団体→ ←博物館サポート→→→ ←文学クラブ→→ ←映画クラブ→→→ ←友人→	
Lc/71/女	←←←←←住民組織内委員会→→→→→ ←←←病院ボランティア→→→	←博物館サポート（2か所）→→ ←ブッククラブ→ ←講座→ ←←←スペイン語→→→→ ←映画クラブ→ ←エクササイズ→→→→ ←友人→	
Mc/73/女	←←←←←教会活動→→→→→ ←←←住民組織委員会（インテリア）→ ←←アフリカ支援活動→→→→ ←子ども→	←奨学基金活動→→→ ←ブッククラブ→ ←友人→→	←親族→
Nc/70/男	←住民組織委員会（エレベーター・景観）→ ←ダンス→→ ←←水泳→→→→→→ ←子ども→	←住民組織理事会役員→→ ←ゴルフ→ ←友人→→	
Oc/65/女	←←←←教会ボランティア→→→→→→ ←←←←体重管理クラブ→	←ウォーキング→ ←友人→→	親
Pc/79/男	←←←教会ボランティア→→→→→ ←←←ガイドボランティア→→→→	←住民組織内委員会活動→ ←友人→→	親族

※回答者欄は回答者／年齢／性別の順に記載（2010年1月のインタビューにもとづく）。

の一つだと言えます。それと、いろいろな委員会（住民組織）に参加しています。また私は、パートタイムの仕事をしています。小さな組織ですが、彼らの記録を取ったり、いろいろなことをいくらかやっています。でもそれらを、ほとんどコンピューターを通じてやっています。それと、時々近くで無料ガイドをやっています。グラントパーク（Grant Park）のオーケストラの。人々をオーケストラのところへ連れて行き、また、彼らに公園についての情報を提供するのです。」

妻のDoraさんは、教会、友人とのウォーキングの他、自身のルーツである家系図について研究しているという。「今は、私の家系図研究をしています。というのは、私の曽祖父や曽曽祖父のことを発見するようなことは、過去とのつながりを感じるのです。（方法は、コンピューターや図書館で）データベースを探すことによってです。（中略）時には、マイクロフィルムを見なければなりません。たとえば、今は、私はデンマークを調べています。私のデンマークの伝統を。それで、その国の習慣を研究しています。それから少しだけ、言語を学んでいます。専門用語をね。（中略）コンピューターで研究していると同じ事を研究している他の人々と繋がります。図書館でマイクロフィルムを見ていても。」

社会的交流活動の世代幅

これらの活動で交流する人の世代幅については、各退職者が回答した情報を表2-2にまとめた。これらの世代幅には、ボランティアや様々な活動などにおいては、それらの活動をする側の世代だけでなく、その活動で交流する対象者もすべて含んでいる（子どもたちや教師や客など）。

第4節　分　析

以下に、これまでの調査結果について分析する。

4-1. 都心居住の肯定的評価

都心居住の利点を問う質問への回答では、前述のように都心居住全般へのコメントとコンドミニアム居住という居住形態についてのコメントの2種類が言及された。

都心居住全般についての肯定的評価を構成しているのは、利便性と都市アメニティの多様性の2つの要素である。また、コンドミニアム居住についての肯定的評価では、安全性、住居の維持管理、交流や活動の3つの要素に分けられる。以下、それぞれの要素について考察する。

4-1-1. 都心居住全般への肯定的評価

利便性

これについてのコメントは、生活に必要なものへの近接性についての感覚である。高齢になり、運転をしなくなった時には、それが重要な価値となってくる。特に医療施設や交通機関へのアクセスの良さが言及されている。

Oliviaさんは「ヘルスケアを、どこで得られるかというと、歩いて行ける範囲です。」、「多くの人は、運転を諦めます。私たちも諦めました。私たちは、ただ歩き、電車に乗るのですが、とてもよい交通機関があって、バスや電車に乗ります。」と語った。

Fredさんは「交通機関に近く、娯楽施設に近く、買い物にも、それと職場。今は働いていませんが。銀行に近く、ファイナンスをする場所に行きたい時も、そこに近いのです。」と語った。

Maxさんは「医療施設を含めて、すべての施設に近いのです。もし、緊急なことがあれば、助けはとても近いのです。別のところでしたら、必ずしも本当に手に入るかどうかわかりません。今は私には大きな問題ではありませんが、もっと年をとったら、たぶん大きな問題となってくるでしょう。（中略）私のおじとおばは、まさに何にでも近いところに住むために、そこ（半マイルのところの通り）に引っ越して来たのです。（中略）もし、彼らに問題が生じたら、病院はたった2ブロック先にあります。彼らにとっては、それは大変大きな保険なのです。」と語った。

Pegさんは、「(居住性の利点は) 年をとるにつれて変わってきました。今は健康がとても重要になってきました。私にとっては、いい病院が近いことが重要です。それと都会が好きなのは、今はまだ運転をしますが、運転をしなくなってもいい公共交通機関やタクシーがあって、劇場にも簡単に行けます。もし離れた小さな地域だったら、そうすることは難しいですから。ですから、私は、田舎より都会に共感します。」と語った。

都市アメニティの多様性

これらについてのコメントは都心に、文化施設や娯楽施設といった都市的アメニティや交通機関などのインフラが多様に存在すること、またそれとの近接性に対する評価である。

Cliffさんは、「大都市のわくわくさせるようなアメニティのすべてを利用することは、何年か前は、できませんでした。エバンストン(Evanston; シカゴの郊外)に住んでいたということは、何かをするためには車を運転して来なければなりませんから。今は、ここ都心に住んでいるので、ずっと簡単に、エバンストンに住んでいた時より都市のアメニティを享受することができます。」と語った。

Artieさんは「私たちは、(退職後一時期) スモールタウンに引っ越すことによってわかったのですが、私たちは、都会人(urban people)なのです。すぐ目の前が都会(city)であるということ、文化的なイベントや、都会のすべてが私たちは気に入っています。」と語った。

妻のOliviaさんは「私たちは歩くのが好きで、このあたりの活動が好きで、音楽が好きで、劇場が、芸術、レストラン、すばらしいのです。」、「それに高齢者は、交通費が無料なのです。バスや地下鉄などが。」と語った。

Ruthさんは「劇場に近いので劇場にたくさん行けます。それと私たちは公園が大好きです。だから夏期には戸外で楽しみます。行きたいところが何でも近いのです。」と語った。

Henryさんは「ここのライフスタイルです。私たちが有利に享受できる文化的な活動です。たとえば、リリック・オペラ、市内で開催されるたくさん

のセミナー、文学、宗教、経済などの視点からの。私たちが、近くで有利に受けられるたくさんの活動があります。(中略) 私たちは、都会が好きなのです。(中略) ですから、主として私は、文化的な活動に便利なロケーションが気に入っています。」と語った。

Alfさんは「私たちは、映画が好きですし、劇場に行くのが好きですし、美術館が好きです。すべてがここではとても近いのです。」と語った。

これらの「大都市都心」がもつ、アメニティの豊富さは、そのまま、退職者の社会的交流を促進する活動の場の源泉ともなっていることが表2-3（後掲）からもわかる。

4-1-2. コンドミニアム居住についての肯定的評価

安全性

安全性についての評価は、コンドミニアムの建物の安全管理に関するものである。エントランスには、フロントデスクに2人のガードマンがいて、24時間、来訪者の入場をチェックしている。住民たちは、それぞれがエレベーターに通じるドアのカギを持っており、エントランスからエレベーターへ、または、駐車場からエレベーターに通じるドアへ行くためには、そのカギを使用しなければ進入できないようになっている。このようにして二重に守られているということが、安全性への評価につながっている。

Cliffさんは「こういったビルには、おおきな安全性があります。ずるがしこい犯罪がある中で。一軒家は犯罪を被りやすいです。個人的な自由さはありますが、そういう安全性の点では劣ります。安全性はビルにおいては、より慰めとなります。」と語った。

Sophyさんは「この部屋に来るのに心配なしで済みます。ドアを閉めたら誰かが、物取りが入って来る心配をしなくて済むということです。」と語った。

Coraさんは、フロントデスクをはじめ、ビル内にスタッフがいることで安心感があるとコメントしている。「いつでも、昼でも夜でも人を呼べます。だから安心の感覚がありますし、すべてのユニットにセキュリティ・システ

ムがあります。もし夜ドアが何らかの理由で開いたら、デスクのところにいる人が見に来てくれます。」と語った。さらに、フロントデスクのスタッフについて、次のようにつけ加えた。「彼らはとてもとても親切なんです。もし、2〜3日、顔を見せないと彼らは、電話をしてきてくれます。大丈夫かどうかってね。特に高齢の人にはね。それとか、1人暮らしをしている人たちには。」と語った。また、「オフィスでは、『健康チェックリスト』と呼ばれているものを保持しています。もしリストに載せたければ、住民はサインアップして、定期的にOKかチェックを受けるのです。」とも語った。

住居の維持管理

子どもの独立や退職というライフステージの変化を契機として、都市郊外の一戸建てから、都心のコンドミニアムに移住してきた人も多いことから、これらの利点を考慮のうえで選択したと思われる。退職者たちのコメントには、郊外の一戸建てで要した住居管理の労力との対比としてコンドミニアム居住を評価しているものが多い。

Cliffさんは「私が都心に来た思いの一つは、コンドミニアムに住むというライフスタイルを持つということなのです。」、「この種の生活は年をとって不自由になった時、(郊外の) 一戸建ての家や、田舎の家より、確かにずっといいのです。田舎では、他人がしてくれることに頼らなくてはなりません。ここでは、すべてがドアステップのところにあります。」と語った。

妻のSophyさんは「このようなコンドミニアムに住むということは、すべてが世話をしてもらえるということなんです。雪かきをする必要がありません。庭の手入れが要りません。芝刈りをする必要がありません。屋根について心配する必要がありません。誰かほかの人がしてくれるんです。それが、一戸建てに住むこととの違いです。家に住んでいるとそういう責任が生じてきますが。」と語った。

Oliviaさんは「ここでは、雪かきやヒーターが壊れたとか、もし、パイプや配管に何か不具合があったとしても、修理しに来てくれます。何の心配もしなくてもいいという、物理的な利点があります。(中略) 一戸建ての家に

住んでいた時は、配管の人を呼ばなければならなくなると、ハァー大変だったわ。（コンドミニアムは）居住のための維持に要する責任はずっと少ないです。」と語った。

Coraさんは「ここには、大変すばらしくて、親切で、有能で、適格なスタッフがいます。彼らは46人で、大きな事務所を管理したり、不動産を管理したり、清掃する人や技術者、そういった人たちです。」と語った。

Fayさんは「郊外の一戸建てに住むと外回りのメンテナンスとか、庭仕事とかがありますが、ここでは、すべてやってもらえます。時間が自由になって、レジャーなどに使うことができます。」と語った。

Pegさんは「私は看護師として、たくさんのコンサルティングをしてきました。年配の人々がどんなことをするのかを学びました。それで年をとったら、一戸建てに住むよりも、コンド（コンドミニアム）に住む方が、はるかに（生活が）容易だということがわかったのです。それで私はコンドミニアムに住みたかったのです。」と語った。

交流や活動

以下のコメントは、コンドミニアム内での交流や活動についての評価である。

Oliviaさんは、コンドミニアム内での交流について次のように述べている。「（ここでは）多くの人に出会えるのです。天候が悪くても、階上（の友人のところ）に行ってワインやディナーを共にし、（中略）それは村のよう…垂直の。垂直の村（vertical village）です。」と語った。

RuthさんとFredさんは、コンドミニアム内でできる活動を挙げている。「（コンドミニアム内には、エクササイズができる）ヘルスクラブがあります。スイミングプールがあります。グローサリーストアがあります。だから私たちはここを出ることなく、たくさんのことができます。天候が悪くてもね。」、「プールやヘルスクラブや年間を通じて社交的な活動があります」（Fredさん）。「孤独になることはありません」（Ruthさん）と語った。

Alfさんは「私にとっては、いつでもすぐに友人を作れるわけではありま

せん。年をとるにつれて、それ（性格）を変えるのは、容易ではなくなっています。しかし私は、このコミュニティはとてもいいと認めざるを得ません。とてもいい人々がいるという意味で。彼らと友人になりましたし。」と語った。

4-2. 都心居住への否定的評価

都心居住への問題点を問う質問への回答では、都心生活全般に関するコメントとビル居住に関するするコメントの他、シカゴという地域的な点からのコメント（気候）があった。

4-2-1. 都心生活全般への否定的評価

これに関しては、都市犯罪のコメントと都心居住のコストについてのコメントがあった。

都市犯罪のコメントでは、Oliviaさんは「私は、（都心居住の問題点は）犯罪だと思います。より注意深くしなければなりません。都会生活の知恵（street wise）が必要だったりするのです。特に高齢者は、財布を盗られる可能性が高いし、杖を使っていたりなんかするとターゲットになりやすいのよ。スリやなんかのね。」とコメントした。Oliviaさんは、シカゴ南部のダウンタウンで育ったが、母親がそこに住んでいた時、何度か、スリなどの、とても嫌な目に遭ったのだという。

都心居住のコストについての、RuthさんとFredさんの指摘は、「多くの他の場所より、お金がかかる、高いということです（Fredさん）。」、「アパートメントの費用や（Ruthさん）」、「駐車場の費用、レストランもここではお金がかかりますし（Fredさん）」、「何でもシカゴではお金がかかるんです。消費税が他よりも高いので。でも、私たちは、ここに住む前に郊外に家を持っていました。その家はもっと大きかったので、その家を売却して、ここの費用を払うことができました（Ruthさん）。」ということである。しかし自宅のユニットの大きさについては、人が来て泊まったり、パーティーをするのには小さいと感じている。

第2章　大都市都心居住と生活の質　149

4-2-2. ビル居住の問題

　ビル居住から由来する問題についてのコメントは、集合住宅居住という居住形態から生じる規則や合意についての問題、住民間のつながりについての問題、管理費の問題、騒音の問題の4つにまとめられる。

　規則について、Oliviaさんがコメントしたのは「一戸建てに住むのに対して、（集合住宅では）規則があるので、時には、十分な自由がないということです。多くの人々がいるので、規則がなければならないので。それが問題と言えますが、ひどい問題と言うわけではありません。何人かは（問題のある人も）いますけどね。」ということである。多くの人が暮らす集合住宅では、住民同士がお互いに守る規則や規制が必要となってくる。そのために、十分な自由がないと感じることもあるようである。住民組織の理事会役員のSophyさんは、規則について次のように説明している。「金銭的な義務（毎月の管理費）ばかりでなく、私たちには、守るべき規則があります。たとえば、ユニットの工事は月曜日から金曜日までの8時から5時までしかできません。午前8時から夕方5時までです。すべての工事関係者は、電気工事人、大工、配管工など、それらの人々は5時以降、ビルから出なくてはなりません。土曜日と日曜日は、それもできません。夜10時まではピアノを弾けますが、それ以降は弾けません。私たちは小さなコミュニティに住んでいるので、お互いに協調（respectful）し合わなければならないのです。そういうことがルールを作ることでなされているのです。それらが、ビル内で義務とされていることです。ビルを維持するための金銭的義務、それと隣人たちに迷惑をかけないようにする責任です。」

　合意については、Pegさんは「このコミュニティに住む唯一の問題点として私が考えるのは、自分たちだけで決めないで、隣人たちのことを考慮に入れなくてはならないことです。」と語っている。しかし、同時に「でも私はそれがまた、利点であることもわかっています。周りの隣人たちと知り合うことは良いことだし、つまり、隣人たちを知りますし、かといって、近すぎもせず、お互い話し合って…。」と付け加えている。

　Artieさんは、住民たちの意見や考えが必ずしも一致しない問題を次のよ

うに語っている。「政治的な問題として、私たちは市の方針（city politics）に対処しなければなりませんが、同様にこのビルの方針（politics）にも対処しなくてはなりません。理事会があり、基本的な決定をするわけですが、住民がいつもその決定に同意するわけではありません。時には、役員たちが調整しなくてはなりません。それらの問題がなければよいわけですが、住民たちは共同生活をしていますので。」

次は、住民間のつながりの問題に対してであるが、以下のようなコメントがあった。

Oliviaさんが利点として「垂直の村」と形容したのに対して、Noraさんは反対に、ビルという居住構造について次のように問題視している。「コミュニティ意識（sense of community）を得られないことだと思います。家が通りに面している地域に住んでいれば、人々は、見たり見られたりして、お互いに絆を作ることができます。ですから、私は、特にこのコミュニティに住んでいる人が持っていないのは、そういう、友情とか仲間（comrade）の感じだと思っています。」ビルの中でも、ピクニックやクリスマス会などの社交的イベント、ブック・クラブ、同じ委員会を通しての活動や、エクササイズルームでの活動、エレベーターの中、郵便室などで出会い、友人関係を育むことは、もちろんできるし、それがコメントに、利点としても挙げられている。その反面、この「垂直の村」は物理的な視点からは、通りを歩いて顔を合わせるといったカジュアルな環境とは異なっている。そのために、特定の人との交流は実現しても、ビルのコミュニティ住民全般を見た時、コミュニティ意識が住民全体に広く行き渡っているとは言えないのかもしれない。

Tedさんのコメントも、ビルの住民同士の面識が部分的であることを示している。「私は高層ビルに私の人生のかなりの期間住んで来ました。でも時には同じ階に住む人でさえ、知らないこともあります。というのは、彼らのスケジュールが私たちのとは、とても違いますので。この階では、たぶん、私は…この階には12のユニットがありますが、たぶんその半分、残りの半分は会ったことがありません。おかしいことではあります。私たちは、ここで同じフロアに皆、住んでいるのに、です。でも何人かのそういう人々とは

会ったことがないんです。」

　管理費の問題では、Coraさんは、次のようにコメントした。「管理費の料金は必要なのですが、毎年上昇しているのです。今年は上がりませんでしたが、でも普通は毎年上がっています。必要なものですが、それは収入を下げますから。でも享受しているすべての利益をすべての住民たちが得るには、それが上がる必要があるのです。私たちのほとんどの（ビルで働いている）スタッフは組合を持っていて、組合の賃金を得ているからです。（中略）私はそれに不満を言っているのではありませんが、でも、時には、それを支払わなくて良ければ、どんなにいいだろうと感じることもあります。」

　騒音の問題については、Sophyさんから「Noraさんと話せばわかると思いますが、彼女の娘さん（同じコンドミニアムに住んでいる）は、ひどい騒音に悩まされています。実際、彼女は理事会に助けを求めに来たのです。私たちは、約100ドルの罰金を、そして1,000ドルまでの上限で課しました。騒音が続くので。私たち（のユニット）には、騒音問題はありませんが、（このビルで）騒音問題は起こり得ます。」とコメントし、夫のCliffさんも「一般的に騒音には、私は否定的な意味合いを持っています。騒音を出すことに対して、気にしないでいたいし、他のユニットからの騒音は、あまり聞きたくないからです。」とコメントしている。

　Pegさんは、「時には階上のユニットの改装の時のように、悩まされることがあります。ずっと続くわけではありませんが、この（現在の）場合のように、7か月。騒音は、長期です。それに（工事）日中ですので…。でもそれらは、時折起こるようなこと（occasional thing）で、どうすることもできませんね。」とコメントし、「でも、もし私が何かをやっていれば、他の人々を私が悩ませてしまって、やはりどうすることもできませんから。それはお互いさまですよね。それが、コミュニティですね。」と続けた。

4-2-3. シカゴ地域の気候

　冬期の気候の問題は、都心居住の問題ではないが、居住地への評価に影響を与える問題として取り上げる。気候へのコメントとして、次のような指摘

があった。Artieさんは、「シカゴは気候が問題だと思います。寒いのです。」と言い、妻のOliviaさんは、「私は、氷の上で転ぶのを恐れているんです。」と答えた。

Tedさんは「(問題点は)主に気候ですね。それが唯一の不満です。私はイリノイ州に生涯住んで来ましたが、4年間だけ、テキサス州に住みました。(中略)(そこは)ずっと暖かいです。私の妻はシカゴで生まれましたが、気候にうんざりしています。」これらは、地理的な問題である。しかし、この問題により、このあたりの地域では、生活が冬期と夏期に二分され、人々の活動も異なってくるのである。退職者にとっては、冬期に避寒地に旅行したり、長期滞在するという形がしばしば取られる大きな理由となっている。Tedさんは、将来の居住プランについての話の中で「ここで住居を維持し、そしてフロリダ州でも住居を維持し、半分の時間をフロリダ州で、半分をここで過ごすとか、多くの人々がそうしています。ここ(このコンドミニアム)にはたくさんいます。でも、一般に多くの(退職者の)人々がそうしています。『スノーバード(snowbird)』と呼ばれています。フロリダ州で3～4カ月過ごすのです。」と語り、彼の兄弟が住むフロリダ州のリタイアメント・コミュニティをTedさんが将来の居住地の候補の一つに考えていることに言及している。

4-3. 社会的交流活動についての分析

都心居住の評価についての回答では、利点に対するコメントが積極的に、多く言及され、全体的に都心居住への満足感が観察された。また、退職生活に対する評価も高く、調査対象者が都心での退職生活に全体的に高い満足感を持っていることが伺われた。以下の考察では、これらの評価に寄与する要因の一つとして高齢者が関わっている諸活動を分析していく。

4-3-1. 社会的交流活動の分類

第3節で挙げた住民の社会的交流活動を内容的に整理し、分類したものが、表2-3である。高齢者の回答結果を整理すると、特に専門的知識や技術を要

しない「一般的貢献活動（①）」、職業上培った知識や本人の特技や学歴などを活かした「専門的貢献活動（②）」、友人・親族との交流や趣味の活動などの「社交的活動・運動（③）」、講座の受講や仲間との学び合いといった「学習活動（④）」に分類できる。このうち、①の「一般的貢献活動」と②の「専門的貢献活動」は、本人が第3者にサービスを提供する貢献的活動である。また③の「社交的活動・運動」と④の「学習活動」は、本人自身のサービス享受の側面が中心となっている。表2-3を個人別に見ていくと、それぞれの高齢者が参加している活動は、サービス提供活動とサービス享受の活動のどちらもが含まれていることがわかる。

また、表2-2にまとめた交流の年齢幅について見ると、すべての世代が関わる活動であると回答した活動と、ほぼ同世代で行われると回答した活動と、主として中高年世代で行われると回答した活動に分かれた。このうち、すべての世代が関わっている活動には、「博物館・水族館などでのボランティア」、「劇場での案内係」、「教会での朝食提供ボランティア」、「日曜学校の教師」、「ホームレスへの食事提供ボランティア」、「貧困家庭への古着・古本提供活動」、「貧困家庭の子どものための奨学基金活動や教育支援活動」、「ホスピスや病院ボランティア」、「学校での教師の補助」、「ガイドボランティア」、「テニス指導ボランティア」、「コンドミニアムの委員会活動」などが含まれている。

ほぼ同世代で行われると回答した活動には、「ブリッジ・クラブ」、「マガジン・クラブ」、「ゴルフ」、「旅行」、「退職者グループ」などが含まれている。

主として中高年世代で行われると回答した活動には、「エクササイズ」、「スキー」、「観劇」、「ブック・クラブ」、「映画クラブ」、「ダンスや語学クラスの受講」、「大学や図書館の社会人講座の受講」、「コンドミニアムの理事会役員活動」が含まれている。

表2-3と合わせてみると、①と②での社会的交流活動は、年齢幅が大きい多世代型となる傾向があり、③と④では多世代型となるものも含まれるが、全般的に中高年世代に限定されるか、同世代（高齢者）内のものが多くなっている。特に③の社交的活動・運動は世代の幅が狭くなる傾向にあるといえ

る（表2-2）。ここでは、世代との関係から役割がどのようにもたらされるかを明らかにするためにまず、①と②の活動を中心に考察し、次いで③と④の活動について考察する。

4-3-2. 貢献的活動

一般的貢献活動

①に分類した「一般的貢献活動」では、表2-3のように、「教会での朝食提供ボランティア」、「貧困家庭への古着・古本提供活動」、「ホームレスへの食事提供ボランティア」、「ホスピスや病院ボランティア」、「ガイドボランティア」、「劇場案内係」、「子どもオペラの世話」などが含まれる。

「教会での朝食提供ボランティア」は、毎週日曜日に教会で自分たちが調理した朝食を子どもたちに提供するというものである。

「貧困家庭への古着・古本提供活動」も教会をベースとした活動であり、「朝食提供ボランティア」と同様、子どもやその家族を含む世代との関係性が形成される。このように教会に関わる活動を行っている場合には、しばしば子どもから高齢者までの幅広い世代との交流が得られ、長期間の関わりによって世代間のつながりが実現している。

「ホームレスへの食事提供ボランティア」も、ユダヤ教寺院活動の一環でキリスト教会メンバーとともに活動をしているということであった。

また、「ホスピスや病院でのボランティア」は、入院患者やその家族に対する様々なサービス提供のボランティアである。患者は若い人から高齢者までにわたると言うことであり、患者家族やボランティア仲間も含めて多様な世代との関わり合いとなる。患者や家族への精神的なサポートや友好的な交流、また、しばしば患者の臨終までに及ぶ深い関わりが生じる。

「ガイドボランティア」は、野外コンサートの開催時に観客に会場の案内をし、時にはコンサートが行われる公園や付近の歴史的建築物などの情報を提供するものである。これも多様な世代の、外国人も含む観客を相手にガイドが行われ、30代～70代の多世代のガイドが多世代の観客と行う、情報の授受を通した交流である。

第2章　大都市都心居住と生活の質　155

表2-3　社会的交流活動の内容（単独活動を除く）と退職生活への評価

回答者/年齢/性別/居住年	退職前の職業	貢献的活動		社交的活動・運動	学習活動	退職生活への評価
		一般的貢献	専門的貢献			
Ac/67/女/9年	小学校教師/カウンセラー（退職9.5年）	・コンドミニアム役員活動/月1回 ・ヘルスクラブ委員会/不定期	・コンドミニアム管理活動（財政委員）/不定期	・エクササイズ/週1回 ・親しい友人と会う/週1回 ・親族と会う/2カ月に1度	・大学公開講座の受講/週1回 ・ブッククラブ/月1回	素晴らしい(wonderful)
Bc/66/男/9年*Acの夫	音楽家（退職7か月）	・コンドミニアム委員会活動/不定期	・コミュニティのためのパーティーソングの編曲	・ヘルスクラブ/運動/週5回 ・自転車クラブ（夏期） ・親しい友人と会う/数カ月に1度		とても満足
Cc/84/男/12年	大学教授（退職19年）	・子どもオペラの世話/期間中		・大学の退職者グループ/時々 ・エクササイズ ・近くの親族に会う/月に1回		素晴らしい(excellent, fine)
Dc/78/女/12年*Ccの妻	学校教師（退職19年）	・劇場案内 ・子どもオペラの世話/期間中	・貧しい人たちに数学を教える（水族館）/週1回	・友人と会う ・孫たちを訪問 ・文化的行事に行く ・親友に会う/2～3カ月に1回 ・近くの親族に会う/月1回		素晴らしい(excellent)/何でもしたいことをしている
Ec/68/女/19年	・税務会計検査官（退職6年）	・寺院（シナゴーク）ボランティア（ホームレスへの食事提供/月1回 ・ボランティアのコーディネーター/月数日） ・劇場案内/週1回 ・コンドミニアム内の社交活動の企画/月1回 ・ヘルスクラブ委員会/不定期 ・自転車クラブ委員会/不定期	・貧しい子どもたちへの教育ボランティア/週1回 ・コンドミニアム管理活動（財政委員）/年8～10回	・ブリッジ/週1回 ・映画クラブ（2つ）それぞれ月1回 ・子ども家族を訪問/不定期 ・エクササイズ/毎日 ・友人とディナー/不定期 ・友人と観劇/年5回 ・親友と会う/2～3カ月に1回 ・近くの親族に会う/月2回	・スペイン語授業受講/週1回 ・ブッククラブ/月1回	素晴らしい/一つだけ問題なのはやりたいことを全てやる十分な時間がない
Fc/69/男/19年*Ecの夫	会計士（退職6年）	・寺院（シナゴーク）ボランティア（ホームレスへの食事提供/月1回） ・劇場案内/週1回 ・コンドミニアム内の社交活動の企画/月1回 ・自転車クラブ委員会/不定期	・貧しい子どもたちへの教育ボランティア/週1回 ・コンドミニアム管理活動（財政委員）/年8～10回	・ブリッジ/週1回 ・映画クラブ（2つ）それぞれ月1回 ・子ども家族を訪問/不定期 ・エクササイズ/毎日 ・友人とディナー/不定期 ・親友と会う/月1回 ・近くの親族に会う/月1回	・男性の雑誌記事ディスカッショングループ/月1回 ・スペイン語授業受講/週1回 ・ブッククラブ/月1回	とてもよい/素晴らしい
Gc/71/女/22年	教育行政官（退職16年）	・コンドミニアム役員活動および住民組織のニューズレターの編集/自由時間の大部分	・テニス指導を通じた就学支援活動/自由時間の大部分	・エクササイズ/週2回 ・テニス/週1回 ・娘や孫と会う/毎週 ・近くの親族に会う/月2回		素晴らしい(excellent)/楽しめる(enjoyable)/悔いがない(no regrets)

回答者/年齢/性別/居住年	退職前の職業	貢献的活動		社交的活動・運動	学習活動	退職生活への評価
		一般的貢献	専門的貢献			
Hc/68/男/5年半	石油会社勤務（退職13年）	・コンドミニアム役員活動/月1回 ・教会ボランティア/2週間に1度（冬期）	・コンドミニアム管理活動（財政委員）/変則的	・観劇/週1回 ・ゴルフ/週2〜3回（夏期） ・エクササイズ/週4〜5回 ・親友に会う/2〜3週間に1回 ・近くの親族に会う/2〜3週間に1度	・フィナンシャルセミナー受講 ・図書館のクラスの受講 ・大学の公開講座の受講 ・ミサ/週1回	リラックスしてバランスのとれたライフスタイルを楽しんでいる
Ic/59/女/5年半*Hcの妻	チャリティ組織や教会に勤務（退職1.5年）	・病院ボランティア/週1回	・教会活動/週3〜4回	・観劇/週一回 ・エクササイズ/週4〜5回 ・友人と食事/不定期 ・親族と会う/2〜3週に一回	・修士課程での研究/毎日 ・図書館のクラスの受講 ・ミサ/週4〜5回	十分に楽しんでいる（fully enjoy life）
Jc/63/男/33年	銀行勤務（退職2年）	・コンドミニアム役員活動/毎日 ・おばの介護の補助/週2〜3回	・航海訓練を教える組織をサポート ・元の職場の同僚たちへの補助	・スキー/2〜3週に1度（冬期） ・エクササイズ/毎日 ・シューティングクラブ/週末 ・近くの親族を訪問する/2週間に1度 ・国内の友人を訪問する/2カ月に1度 ・友人と食事/1〜2週間に1回	・航海（スタッフとして従事）/過去1年間	素晴らしい（great）/とてもいい
Kc/76/男/10年	歯科医兼大学教授（退職6年）		・大学名誉教授の職務 ・大学院生の論文審査 ・博物館へのサポート	・エジプト系アメリカ人専門家グループ ・映画クラブ ・旅行/義理の子どもたちに会う（年3回） ・観劇 ・親友に会う/月1回	・専門家会議への出席 ・文学クラブ/毎週	素晴らしい
Lc/71/女/10年*Kcの妻	看護師（退職4年）	・コンドミニアムの委員会活動	・博物館の学芸員の補助 ・メキシコ博物館メンバー活動 ・病院ボランティア/週1回	・映画クラブ ・エクササイズ/毎日 ・旅行/故国の家族（年1回）や子ども家族（年3回） ・友人を訪問（月2〜3回） ・友人と食事 ・観劇	・スペイン語クラスの受講/週1回 ・公開講座の受講 ・ブッククラブ/月1回	これ以上のものはないくらいでとても幸せ
Mc/73/女/20年	小学校校長（退職10年）	・教会ボランティア（朝食提供活動/貧しい子どもたちへの朝食提供/週1回） ・教会での古着や書籍提供活動（貧しい子どもたちへ古着や書籍を収集提供） ・姉妹たちの買い物補助/週数回 ・コンドミニアム委員会活動 ・アフリカ支援活動（井戸掘り基金集め、フォスターペアレント活動）	・大学同窓生による奨学基金活動/月1回 ・日曜学校の教師活動/週1回 ・牧師指導部の朝食会/週1回	・姉妹たちとの食事/週1回 ・娘と会う/週数回 ・友人たちと会う/時々	・ブッククラブ/月1回 ・ミサ/週1回	とても気に入っている（I love it）

Nc/70/ 男/10年	建築家 (退職4年)	・コンドミニアム役員活動/月1回	・コンドミニアム管理活動（エレベーター維持管理）/不定期 ・コンドミニアムの景観管理活動/不定期	・水泳/毎日 ・ゴルフ/時々 ・子どもと会う/月1～2回 ・近くの親族に会う/年3～4回	・ダンスクラス/時々	私がこうなったらと思っていたものとは全くは一致していないが、とても楽しんでいる
Oc/65/ 女/12年	ライセンス会社勤務（退職1年）	・教会活動/毎週		・ウォーキング/流動的 ・友人と会う/週2～3回 ・体重管理クラブ/週1回 ・教会の友人との食事/毎週 ・母と会う/週1回 ・親族と会う/年1～2回	・家系図の研究	とても気に入っている(I love it.)/今までで最も幸せ
Pc/79/ 男/12年 *Ocの夫	製造会社勤務（退職17年）	・教会活動/週2～3回 ・野外オーケストラのガイド/週1回（夏期） ・コンドミニアムの委員会活動/月2～3回	・パートタイムの仕事（コンピューターでの税務処理）/週2回 ・教会のオフィサーとしての活動	・友人と会う/不定期 ・教会の友人との食事/毎週 ・義理の母に会う/週1回 ・親族(姪)に会う/年2～3回		とてもいいと思う/とても気に入っている

(2010年1月のインタビューにもとづく)

「劇場案内係」は、劇場で客にチケットを切り、プログラムを渡し、座席への案内、観劇の諸注意の伝達、ポスターなどを販売するというものである。ボランティアの年代は、高齢者世代がほとんどだということだが、多様な世代の来客との情報の授受で生じる交流といえる。

「子どもオペラの世話」は、小学生～高校生の子どもたちがオペラの公演をするための練習から本番までのプロセスで、練習場への引率、おやつの提供、出番の知らせなど、様々な裏方の世話をするというものである。若い世代はもちろんだが、子どもたちの指導者などとの交流も含めて、幅広い世代と関わる貢献活動である。

したがって、このような一般的貢献活動において行われる活動は、多世代にわたる社会的交流関係を伴い、サービス提供者間での交流や、サービスの提供相手と一定の関係ができる点で、多世代包摂性をもっている。

専門的貢献活動

②に分類した「専門的貢献活動」には、表2-3のように、「貧困家庭の子どものための奨学基金活動や就学支援活動」、「教育ボランティア」、「博物館ボランティア」、「理事会活動」、「元同僚へのサポート」などが含まれる。

「貧困家庭の子どものための奨学基金活動」は、大学が組織を作り、教育のための基金集めの活動をするもので、大学同窓会という専門組織による特別なネットワークによって基金を集める活動である。活動を共にする同窓生は、35歳〜85歳だという。

「貧困家庭の子どもたちのための就学支援活動」は、子どもたちに特定のスポーツ（本事例ではテニス）を指導し、そのスポーツによる奨学金を獲得させるためのサポートを通して、子どもたちを大学へ送る支援をするものであり、高齢者自身のスポーツ指導者としての専門的技術が提供されている。この活動に関わっているのは、テニス指導を受ける子どもたちを含めて4歳〜75歳であるという。

「教育ボランティア」は、高校の卒業資格を持たない中退者などへ特定の教科（本事例では数学）を教えて卒業資格を得るための試験の受験指導をしたり、学校へ通う生徒たちに実験や図形などを様々なレベルのクラスで教えるというもので、教師としての在職時の経験が提供されている。この活動は、都心にある水族館で行われ、ボランティアをしている多くは、高齢者世代であるが、卒業資格試験指導については、18歳〜60代までの生徒を、学校に通う生徒たちについては、4歳〜18歳の子どもたちを指導しているという。

「博物館ボランティア」は、博物館で学芸員たちの展覧会企画などへの提案やサポート、寄付の呼びかけなど博物館の仕事のサポートを行うもので、専門的関心（本事例では人類学）が活かされている。活動メンバーは、学芸員やコーディネーターなどの世代から、自分たちのシニア世代までの30代〜70代だという。

「コンドミニアムの理事会活動」は、居住している建物の住宅所有者のアソシエーションであるが、在職中は建築家だった住民や、金融や会計分野で仕事をしていた住民などが、建物設備の将来的な改修計画や、予算計画作成

第2章　大都市都心居住と生活の質　159

に専門知識を提供している。理事会役員は、現在、全員が40歳以上だが、彼らが関わる委員会活動の住民メンバーは、20代も含む、より広い世代によって行われているという。

「元同僚へのサポート」は、退職した職場の同僚へアドバイスなどを行うもので、長年の職業経験・知識の提供であり、退職世代から在職世代への貢献を通じた交流活動である。

このような「専門的貢献活動」は、貧困家庭の子ども、学習プログラムの生徒、学芸員、コンドミニアム住民、元の職場の同僚など様々な世代に向けて行われ、教育活動、文化活動、居住環境改善活動、職業的サポート活動という形で、それぞれの活動に関わる多様な世代に貢献している。したがってこれらは多世代包摂性をもった活動であることがわかる。

以上の考察から①、②の貢献的活動の社会的交流関係は、多世代包摂性をもつといえる。

貢献的活動の要因

次に、①と②の貢献的活動を発生させる要因について考察する。

「ホームレスへの食事提供」、「教会ボランティア」、「奨学基金活動」、「教育ボランティア」、「アフリカ支援活動」などは、貧しい人々への援助であり、こうした活動へのニーズは、「貧困によるもの」から由来している。

「ホスピスや病院ボランティア」は、「病気によるニーズ」から発生している。

「ガイドボランティア」や「教育ボランティア」、「博物館サポート」、「元の職場の同僚へのサポート」などは、「経験・知識へのニーズ」によって発生している。

「子どもオペラの世話」、「劇場案内」、「コンドミニアム理事会の委員会委員としての居住コミュニティサポート」、「特定の組織への運営サポート」などは、「組織のニーズ」から生じている。

つまり、①と②の貢献的活動は、「貧困」・「病気」・「経験知識」・「組織」のニーズから、それぞれの活動が求められ、活動を行うものには、そのニー

ズに応えるという動機が生じる。これらのニーズは、単一世代に限定されず、幅広い世代から発せられている。第2節で触れたように、高齢者が特徴の一つとしてもつ、他の世代への関心（Generative Concern）を高めて行くにつれ、貢献的活動（ボランティア）は促されることが報告されている（オークン&ミッチェル 2006）。このような貢献的活動の経験で得た他の世代への関心の高まりによって、高齢者たちが、さらに新たな貢献的活動を求め、長いスパンで貢献的活動が継続していくと考えられる。

したがって、ほぼ健康で、社会経済的安定性をもち、学歴があり、活動性が高いという人的環境をもつ本事例で対象とするミドルクラスの高齢者たちが、このような貢献的活動に参加することは、これらのニーズを満たす役割を幅広い世代に対して担うこととなり、その結果として多世代にコミットする包摂的関係性を得ることになる。

表2-4に貢献的活動と役割発生の要因との関係をまとめた。

以上の要因をさらに、「大都市都心」の環境との関連で考察を加えると、「貧困によるニーズ」の多くは、階層多様性がある都心で起こりやすい。「病気によるニーズ」・「経験・知識へのニーズ」・「組織運営のニーズ」は、都心に病院・大学・職場オフィス・美術館・博物館・劇場などの多様なアメニティの集積があるために、それらに付随する貢献的活動への参加機会が身近な環境で生じることによっても促進される。多くのこのような活動は、一般市民に開かれているため、都心移住者にとっては新たに参加することが容易である。

新たな役割と役割の補完

それでは、これら①、②の貢献的活動に参加することで、高齢者にどのような役割が創出されているのだろうか。表2-3を役割の観点で再編成したものが表2-5である。

①と②の貢献的活動に見られるサービス提供役割は、機能的に分類すると、人的資源としての「労働の提供」、活動を行うことによる「財政面への貢献」、経験や知識を提供する「教育的貢献」、貧困者や病気の人々、あるいは、こ

表2-4　貢献的活動と役割発生の要因

貧困によるニーズ	病気によるニーズ	経験・知識へのニーズ	組織のニーズ
・ホームレスへの食事提供ボランティア ・教会ボランティア ・奨学基金活動 ・教育ボランティア ・アフリカ支援活動	・ホスピス／病院ボランティア ・親族の介護補助	・元職場の同僚へのサポート ・ガイドボランティア ・博物館サポート ・教育ボランティア ・日曜学校の教師 ・学生指導	・子どもオペラの世話 ・劇場案内 ・住民組織の役員／委員会委員としてのコミュニティサポート ・特定組織へのサポート

（筆者作成）

れらを含む子どもたちなどへ食事や教育機会や日常の世話などを提供する「保護的役割」の4つとなる（加藤2010）。表2-5は、それぞれの高齢者が回答した活動の中でどのような役割が生じているのかを示している。「労働の提供」、「財政的貢献」、「教育」、「保護」の4つの役割は、高齢者がライフステージの移行によって退職期頃までに、その役割を喪失または縮小させた、職域を中心とした循環役割、家族・親族を中心とした固定役割（金子1993）が担っていた役割を、ある程度、補完するものと見ることができる。すなわち、職業を持つことから得られていた循環役割には、貢献的活動の中で発生する「労働の提供」、「財政面への貢献」、「教育的貢献」が補完的なものとなっているとみなすことができ、家族・親族関係から得られていた固定役割には、貢献的活動の中で発生する「教育的貢献」、「保護的役割」、「財政面への貢献」が補完的なものとなっていると見ることができる。したがって、活動理論により、これらの新たな役割によって社会的自我意識が生まれ、高齢期の生活の質を高めているといえる。逆に高齢者が、役割を縮小または喪失している状況においては、このような補完的な役割を全くもたない場合には、社会的存在として肯定的な自我を維持し、生活の質を高めることが難しくなると考えられる。

4-3-3. 社交的活動・運動および学習活動

次に③と④の活動について考察する。③の「社交的活動・運動」は、「友

表2-5 社会的交流活動と役割

回答者	労働	財政	教育	保護	サービスの享受
Ac/67/女	・住民組織役員 ・住民組織委員	・住民組織財政委員	・ブッククラブ		・大学講座受講 ・エクササイズ ・友人との交流
Bc/66/男 *Acの夫	・住民組織委員		・自転車クラブ ・パーティーソングの編曲		・自転車クラブ ・エクササイズ ・語学学習 ・友人との交流
Cc/84/男	・子どもオペラの世話	・子どもオペラの世話	・子どもオペラの世話 ・大学での教育活動	・子どもオペラの世話 ・孫たちとの交流	・エクササイズ ・親族との交流
Dc/78/女 *Ccの妻	・子どもオペラの世話 ・劇場案内	・子どもオペラの世話 ・教育ボランティア	・子どもオペラの世話 ・水族館での教育ボランティア	・劇場案内 ・子どもオペラの世話 ・孫たちとの交流	・文化的行事に行く ・観劇 ・親族や友人との交流
Ec/68/女	・ホームレスへ食事提供 ・劇場案内 ・住民組織委員 ・教育ボランティア	・住民組織財政委員 ・教育ボランティア	・住民組織社交活動委員 ・ブッククラブ ・映画クラブ ・教育ボランティア	・ホームレスへ食事提供 ・教育ボランティア	・ブリッジクラブ ・映画クラブ ・語学クラス受講 ・エクササイズ ・観劇 ・親族や友人との交流
Fc/69/男 *Ecの夫	・ホームレスへ食事提供 ・劇場案内 ・住民組織委員 ・教育ボランティア	・住民組織財政委員 ・教育ボランティア	・住民組織社交活動委員 ・ブッククラブ ・映画クラブ ・教育ボランティア ・男性ディスカッショングループ	・ホームレスへ食事提供 ・教育ボランティア	・ブリッジクラブ ・映画クラブ ・語学クラス受講 ・エクササイズ ・観劇
Gc/71/女	・住民組織役員	・就学支援活動	・ニューズレターの編集 ・貧しい子どもたちへのテニス指導	・就学支援活動 ・子どもや孫と会う	・エクササイズ ・テニス ・親族との交流
Hc/68/男	・住民組織役員	・教会ボランティア	・教会ボランティア	・教会ボランティア	・オペラ劇場会員 ・ゴルフ ・エクササイズ ・セミナーやクラスの受講 ・親族や友人との交流
Ic/59/女 *Hcの妻	・病院ボランティア	・病院ボランティア ・教会活動	・病院ボランティア ・教会活動	・病院ボランティア	・大学院での勉学 ・オペラ劇場会員 ・エクササイズ ・親族や友人との交流
Jc/63/男 *単身者	・住民組織役員 ・元の職場の同僚への補助	・元の職場の同僚への補助	・航海訓練についての普及活動 ・元の職場の同僚への補助	・親族の介護補助	・スキー ・シューティング ・旅行 ・親族や友人との交流
Kc/76/男	・大学院生指導	・博物館サポート ・大学院生指導	・大学院生指導 ・文学クラブ ・博物館サポート ・映画クラブ		・映画クラブ ・友人との交流

第2章　大都市都心居住と生活の質　163

回答者					
Lc/71/女 *Kcの妻	・住民組織委員 ・病院ボランティア	・博物館のサポート ・病院ボランティア	・ブッククラブ ・映画クラブ ・病院ボランティア	・病院ボランティア	・セミナーやクラスの受講 ・友人との交流
Mc/73/女	・朝食提供 ・住民組織委員	・学費基金活動 ・アフリカ支援活動	・朝食提供 ・書籍の提供 ・日曜学校の教師 ・ブッククラブ ・フォスターペアレント活動	・朝食提供 ・衣類や書籍の提供 ・親族の買い物補助	・スロットマシン ・親族や友人との交流
Nc/70/男	・住民組織役員 ・委員会へ専門知識の提供	・委員会へ専門知識の提供	・委員会へ専門知識の提供	・子ども家族と会う	・社交ダンス受講 ・水泳 ・ゴルフ ・子どもとの交流
Oc/65/女	・教会活動	・教会活動	・教会活動	・教会活動	・ウォーキング ・家系図の研究 ・体重コントロールグループ ・母親や友人との交流
Pc/79/男 *Ocの夫	・教会活動 ・ガイドボランティア ・パートタイム労働 ・住民組織委員	・教会活動 ・ガイドボランティア ・パートタイム労働	・教会活動 ・ガイドボランティア	・教会活動	・抗がん治療 ・ウォーキング ・友人との交流

※年間に数回程度の活動は除外した。回答者欄は、回答者/年齢/性別の順に記載。（2010年1月のインタビューにもとづく）

人や親族との交流」、「エクササイズ」、「ゴルフ」、「退職者グループ」、「ブリッジ・クラブ」、「映画クラブ」などの活動であり、④の「学習活動」は、「ブック・クラブ」、「雑誌記事ディスカッション・グループ」、「公開講座」、「語学クラス」、「大学院での勉学」、「文学クラブ」などの活動である。③においては、活動によって、何らかのサービスを受ける、サービス享受を中心とした活動であり、活動を共にする相手との社交的交流が大きな意味を占めている。④においては、指導者からの知識の享受や仲間同士の学び合いや、それから派生する社交的交流が目的となる。どちらも、概して役割の点から見ると、サービス享受の役割といえる（表2-5）。前述のように、③においては、「親族との交流」を除いて、世代の幅が狭くなる傾向にあり（表2-2）、また、このような活動は、学歴や経済的安定性を背景とした活動も多いため、活動グループ者間の階層の同質性も高くなる傾向がある。この側面は、①と②の活動よりも顕著である。したがって、③と④の活動において形成される

人的ネットワークは、価値観を共有する友人関係や、共通の知的関心を通して形成されるという点で、世代と階層の同質性を基盤とした「同質結合傾向」(第1章の注41参照)を有している。

価値を共有する友や、同じ知的関心を分かち合える他者との交流関係を持つことができることは、高齢期に限らず、人にとって本質的な喜びである。

Sophyさんは、受講している「講座」について「近くにすばらしい大学のクラスを受ける機会があって、正規学生ではない人々のために講座を設けていて、私たちはこれから『モービー・ディック(Moby-Dick)』を読みます。有名なアメリカの小説ですが、それを11週かけて読んで行くのです。それは、とても重要なものです。」と語っている。

Ruthさんが、夫のFredさんの属している「メンズクラブ」について「彼らは、雑誌の記事について議論するんです。The New Yorkerがその雑誌です。彼らはとても面白い記事を持ってきて、それから2～3の記事を選んで、それらについて話すんですよ。ですから、それは、ただの社交目的ではなくて、知的なものなのです。」とコメントした。また、夫婦で属している「映画クラブ」については「はじめに友人と一緒に映画を見て、それから、その映画について話し合うのです。私たちはみんなで一緒にDVDを見るんです。そして一緒に夕食を食べるんです。」と映画に共通の関心がある友人たちとの交流を語った。

Noraさんは、所属している「ブック・クラブ」について次のようにコメントした。「私は、多人種のブック・クラブで活動しています。それは、世界中の人々についての本を読もうとするものです。女性問題の本が多いですが、その他の本もあります。それを私たちは様々な見地から議論します。誰でも読書と議論が好きだとわかっている人を招き入れます。でもそれは社交的な活動でもあります。最初にランチのために会うからです。そしてランチが済んだら図書館に行って議論するのです。」

彼らのコメントからは、共通の関心の下に集まって、交流することの喜びが感じられる。このような関係は、これまでに貢献的活動で考察してきたような、多様な世代への役割提供とは異なるものである。したがって、社会的

交流活動の中で、世代の多様性にかかわらず、価値観の同質性によってもたらされる活動によってもまた生活の質が高められると考えられる。

　この意味では、先行研究で触れたように、大都市圏においては、人口効果から「下位文化（subculture）」としての同質結合が生じやすく（フィッシャー1982=2002）、そこでは高齢者もまた共通の価値観・関心をもった人々に出会いやすいということであり、これらの諸活動への参加が促進されやすいといえる。

　インタビューの中で、興味深いコメントがあった。SophyさんとCliffさん夫妻は、10年ほど前に妻Sophyさんが退職するのを機に、夏の時期に滞在してきたスモールタウンに引っ越すことを考えた。その時のことについて、Cliffさんは、次のようなことをコメントしている。「私たちは喜んでそこへ移り、1年間を過ごしました。そこでの生活を楽しんでいたのですが、その年の内にあまり気持ちが良くなくなりました。その社会とあまりうまくいかなかったからです。そこの小さなコミュニティはある意味では、コミュニティ意識を感じる心地よいものでしたが、私たちの基本的な価値観や興味や生活様式、経験などすべてが、そのコミュニティの人たちの生活様式や経験や感覚、興味ととても違っていたのです。私たちは、そのコミュニティで何か孤立感のようなものを感じました。人々が友好的ではないということではなく、価値観や興味を共有できなかったのです。そこの社会の価値観を共有できないとしたら、そこを家と呼ぶことはできなかったのです。」そして、現在の都心での居住を「この建物に象徴されるようなコミュニティでは、私たちがとても関わることができ、ほとんどすぐに共通点がたくさんある多くの友人ができ、とてもいい友人関係を結ぶことができました。都会にはとても多くの選択肢があり、多くの人々に生活のあらゆる面において多様な可能性があることがわかってくるのです。」と、対比して評価した。Cliffさんにとっては、都会が、自分と共通感覚の友人を得られる場所なのである。

　同時にこの側面は、社交的な活動や学習活動ばかりではなく、大学や博物館・美術館などの専門機関の集積により、①や②の貢献的活動においてもプラスに作用しているとみられる。そうした専門機関がもたらす貢献的活動に

おける多世代包摂的な社会的交流からも、価値や関心の共有にもとづく「同質結合傾向」は、十分起こりうるからである。このことは、「ネットワークの同質性と異質性の問題が表裏一体であり、多次元的構造をもつ」と指摘した大谷（1995: 215）の議論にも関連する知見である。

まとめ

　この章では、「大都市都心」に居住する退職者の生活から、高齢者の生活の質に寄与する要素を居住性と社会的交流活動の面から追究してきた。ミドルクラス退職者が「大都市都心」で生活することは、コンドミニアム（ビル）の居住形態をとることが一般的である。したがって、居住性については、本事例でも、都心生活とともに、コンドミニアムという集合住宅居住の側面から、高齢者の日常生活を考察した。

　まず、居住性についての知見をまとめる。

　都心居住の評価については、利点として、日常生活に必要な諸施設や、多様な都市アメニティへの近接性が、共通して挙げられた。店舗、医療施設、銀行、レストラン、映画館、劇場、美術館、図書館、大学、職場などが徒歩圏内にあり、公共交通機関も得やすいということが最も高く評価された点である。特に良い医療機関が近くにあるという要素は、高齢者にとっての安心感に直接つながっていると思われ、数多く言及されたコメントである。高齢者にとっては、運転を諦めた後の生活を想定しなければならず、その場合、これらのアメニティが身近に得られる環境は、確かに都心居住高齢者の生活の質にとって大きな意味をもつといえる。

　また、コンドミニアム、すなわち、ビル居住ということから由来する要素もいくつか挙げられた。ビル内のヘルスクラブ、スイミングプール、グローサリーストアなどのアメニティが提供するものの他、住居維持管理の労力の大幅な軽減についても、利点として共通に挙げられた。都心居住を選択して移住してきた多くの退職者たちが、それまでのライフステージで経験してきたのは、郊外の一戸建て居住である。彼らは、子育て期を中心に、そこでの

居住を長期に享受してきたが、芝刈り、雪かき、家の修繕を伴う、大きな家の管理が必要であった。彼らが指摘したのは、それらの労力から解放されたことで、都市の文化を享受できる時間がより多くなったということである。したがって、ビル内の設備によって提供されるサービスや、住居維持管理の負担の軽減という要素も、都心居住高齢者の生活の質にとって大きな意味をもつといえる。

さらに、ビル居住から由来するもう一つの要素は、安心感である。米国の場合、既述のように都心居住においても、郊外の住宅地と同様に住民の階層は、モザイクのようにブロックや地区ごとに固まる傾向があるため、ミドルクラスが多く居住する地区においては、貧困地区で多発するような事件は少なく、特に安全が脅かされるわけではない。また、これも既述のように、シカゴをはじめとする米国の「大都市都心」地域は、都市再開発による環境改善が進んでいる。その結果、退職者が都心に移住することが、安全の点で障害となることは少なくなっている。しかしながら、ビルの玄関のフロントデスクで24時間行われている来訪者のチェックは、都心居住において、安全性が確保されているという住民の意識に大きく貢献している。また、自宅のユニット内で、病気を含む、緊急時、いざという時にすぐに人を呼べるということも、住民の安心感に貢献している要素である。

このようなビル居住に由来する利点に挙げられる要素は、ビル内のスタッフの存在によって実現している。したがって、それらは、月々の管理費という対価と引き換えに住民が「購入している」サービスといえる。

以上の利点とは、反対に問題点についてまとめる。

都心居住についての問題点に関しては、高齢者は、特に犯罪に注意しなければならないということや、都心で生活するための居住コストの問題が挙げられた。しかし、これらは、都心一般の問題として言及されたものである。

より直接的なのは、ビル内の問題として挙げられたものである。集合住宅であるために、規制があること、自分たちだけで居住の問題を決めるのではなく、他の住民の意見も考慮しなくてはならないという合意が必要であること、工事などの際の騒音に悩まされることがあること、管理費が上昇するこ

と、住民同士のコミュニティ意識や面識が形成されにくいことなどである。しかし、ライフステージの移行にあたって、都心でのビル居住を選択した人々は、その利点を優先して移住してきたのである。どれを価値と考えるか、そして、どれを犠牲にするのか、インタビューから窺えたのは、これらの問題点について、ほとんど許容できるという内容のコメントが付加されていることだった。彼らは、皆、都心のビル居住での退職生活を享受しているのである。そのために、そこに居住しているのだともいえる。

その他の問題としては、居住地シカゴの冬期の気候が厳しいことが挙げられた。これは、退職者にとっては、意外と大きな問題である。シカゴ地域のみならず、次の章で取り上げる、ウィスコンシン州でのインタビュー調査でも確認されたが、冬期が厳しい地域では、人々の活動は、冬期と夏期とに明瞭に二分されている。そしてしばしば、南部の温暖な地域への長期の移動が見られる。「スノーバード」と形容される退職者が生まれるのである。これについては、後述する章（第4章）で取り上げる。

次に、都心居住者が日常生活でおこなっている社会的交流活動の分析をまとめる。これは、以下の5つにまとめられる。

第1に、「大都市都心」居住の高齢者が参加する社会的交流活動は、「貢献的活動」、「社交的活動・運動」、「学習活動」に分類でき、特に「貢献的活動」には、多様な世代との関わり合いから生じる多世代包摂性をもった活動が多く含まれている。

第2に、そういった「貢献的活動」を発生させる要因は、貧困・病気・経験知識の不足・組織によるニーズであり、活動を行うものには、そのニーズに応えるという動機が生じるが、このニーズは、若年、中年、高年といった幅広い世代から発せられており、高齢者がもつ、「他の世代への関心（Generative Concern）」が高まる（エリクソンほか 1986＝1990）につれ、このような「貢献的活動」への参加が促され、そこに多様な役割が発生している。

第3に、それらの役割を機能的に分類すると、「労働の提供」、「財政面への貢献」、「教育的貢献」、「保護的役割」であり、これらの役割こそが、高齢者が退職期頃までに喪失または縮小させた家族の中で果たしてきた親として

の役割や職業を通して得られていた役割の補完となっていると見ることができる。

　以上の3点から、高齢者が地域コミュニティで関わる貢献的な社会的交流活動が、高齢者の生活の質に寄与する多様な役割を生むということが、今回対象とした「大都市都心」居住高齢者の社会的交流活動において観察された。そしてそれは、多世代包摂性を伴った人的環境のなかで発生していることも明らかになった。

　また、第4に、このような活動に高齢者は、社会貢献の一環として参加しているが、「大都市都心」では、都市アメニティの集積により、こうした活動の機会が多い。これらのアメニティに付随する活動の多くは、一般市民に開かれているため、退職後の都心移住者にとっても参加が容易である。それは高齢者ばかりでなく、すべての世代に開かれたものである。しかし、貧しい人々や、病気の人々、また子どもたちへ手を差し伸べるということ、経験や知識を提供すること、組織の力強い運営スタッフの一員となることは、退職による時間的余裕や人生経験を豊かにもち、専門的知識と経済的ゆとりを保持するミドルクラスの高齢者が得意とする活動である。

　第5に、「社交的活動や学習活動」によって、高齢者は、「同質結合傾向」を有する交流関係を築き、友情を深めることができるが、本事例で対象とした高齢者にとっては、大都市圏の環境要素が、それらの同質結合を促進させているため、このような活動を得る機会が多く、このことからも、退職生活への満足感を増大させることができている。

　以上の2点から、「大都市都心」の環境要素が高齢者の生活の質に寄与しているのは、社会的交流活動の機会の供給量が大きいことであり、それによってサービスの提供と享受の役割を取捨選択できるといえる。調査対象の高齢者住民たちは、一方では「貢献的活動」において多世代包摂性をもち、階層性にも幅のある人的関係性の中で多様な役割を果たすことができる。また一方で「社交的活動や学習活動」においては、世代や階層の同質結合関係の中で、価値観を共有する人々と出会い、友情を深め、サービスを享受することができる。このことから、多世代包摂的な貢献的活動のみならず、この

両者の良好なバランスが得られることも、生活の質にとって重要な要素となることがわかった。改善された都心環境の下では、ミドルクラスの活動性の高さに呼応して、これらが生活の質向上に作用すると見ることができる。

　ただし、これらのすべての前提として、自分に合った貢献的役割を見つけ、諸活動に参加して社会と関わり、社会的交流関係を築き上げていくという高齢者自身の意志が重要である。

【注】
1　エリクソンほか（1986＝1990：79）
2　調査時（2010年）の市長ラーム・エマニュエル（Rahm Emanuel）は、2003年から民主党の下院議員として活動してきた人物で、2009年からは、ホワイトハウスでオバマ政権のチーフスタッフを務めてきた。（http://www.chicagotribune.com/topic/politics/goveunment/rahm-emanuel/-PEPLT000007532.topic 2011年9月25日取得）にもとづく。尚、2012年の大統領選ではシカゴ市のあるクック郡は民主党オバマ氏74.0％、共和党ロムニー氏24.6％（イリノイ州全体では共和党オバマ氏57.3％、共和党ロムニー氏41.1％、全米では民主党61.7％、共和党38.3％）ニューヨークタイムズウェブサイトにもとづく。（http://www.elections.nytimes.com/2012/results/president 2015年8月16日取得）
3　シカゴ市ホームページ http://www.cityofchigago.org/city/en.html（2011年9月25日取得）および、2006-2008　American Community Survey 3-Year Estimates にもとづく。
4　カードゲームの一つ。
5　キリスト教の儀式に使う、イエスの血と肉を象徴する、聖餐式で清められたパンかウエハースを指す。（E-mailによる追加質問（2011年6月）への回答にもとづく）

第2章　大都市都心居住と生活の質　171

資　料

シカゴ市都心超高層コンドミニアム（2010年10月、撮影 Susan Lane）

コンドミニアム室内（2010年1月、筆者撮影）

コンドミニアム居住の高齢者（2010年1月、筆者撮影）

コンドミニアム居住の高齢者（2010年1月、筆者撮影）

第2章　大都市都心居住と生活の質　173

コンドミニアム居住の高齢者（2010年1月、筆者撮影）

コンドミニアム居住の高齢者（2010年1月、筆者撮影）

第3章

スモールタウン居住と生活の質
――ウィスコンシン州ウーストブルクを事例として――

第3章では、「スモールタウン」居住の高齢者について、まず物理的環境要素としての居住性について検討した上で、社会的環境要素として、社会的交流活動を考察し、それらが高齢期の生活の質にどのように関わっているかを第2章と同様に分析していく。

第1節　スモールタウン居住と生活の質をめぐって

　大都市圏ではない、「地方のスモールタウン」では、高齢者が、スモールタウンでの生活をどのように評価しているのだろうか。また、高齢者の日常の社会的交流活動に大都市圏の高齢者と違いはあるのだろうか。そして、それらの社会的交流活動から彼らはどのような役割を得ているのだろうか。

　本章は、米国の「地方のスモールタウン」の1つを事例として、そこで居住する高齢者へインタビュー調査を実施し、その結果から高齢者が生活の質を高めることに寄与する要素の追究を試みたものである。ここでは、スモールタウン居住についての評価を記述し、検討した上で、日常生活における社会的交流活動に関する質問を中心としたインタビュー結果にもとづき、高齢者がそれらの活動を通して、どのような役割を獲得しているのか、退職後の生活の質を向上させる要素は何かを考察する。

　分析の枠組みは、以下の通りである。まず、第2節で米国の「地方のスモールタウン」についての文献から、米国の地方の伝統的スモールタウンとは、どのような特徴をもつコミュニティなのかを位置づける。そして、本章の論点と、意義を記述する。次いで、第3節で本事例の調査の概要とその結果を述べ、第4節で、調査で得られた結果にもとづいた分析を行う。最後に、本事例からスモールタウンに居住する退職者の生活の質について、どのようなことが考察できたのかをまとめる。

第2節　先行研究と本事例の論点・意義

　第1章でも記述したように、都市生活をする現代の米国人にとって、スモールタウンは、ノスタルジアを伴った特別な意味を持っている。その象徴

として、能登路（1990）は、ディズニーランドのメインストリートの意味をそれに重ねて考察した。そして、ウォルト・ディズニーがディズニーランドの「メインストリートUSA」で再現したスモールタウンのメインストリートや、イラスト画家のノーマン・ロックウェルが雑誌の表紙やカレンダーに描いたような至福の少年時代のイメージ、さらに、遡って、作家マーク・トウェインの自伝的小説などに描写されているもの、それらが「すべてのアメリカ少年の故郷」となっていると分析している（能登路1990: 90）。もちろん、20世紀初頭には、田舎町の偏狭、無知、独善の象徴として、シンクレア・ルイスの作品『メインストリート』（Main Street；1920）などで痛烈に攻撃された（能登路1990: 88-9）ように、否定的な捉え方があることも事実である。

　エルヴ・ヴァレン（Hervé Varenne）は、フランスの文化人類学者としての目から、米国のスモールタウンの生活を参与観察によって描いている。彼は、彼が対象とした中西部の白人、ミドルクラス、プロテスタントのスモールタウンの人々について、「多くの米国人は、そのような中西部のミドルクラスの白人を、その現実を解明することに、ことさら特別の解釈を必要としない、自分たちの典型であると見ている」（筆者訳）と述べている（ヴァレン1977: 1-2）。彼は、中西部の白人米国人についての言説のいくつかを以下のように述べている。すなわち、彼らは、米国人にとって、今なお、羨望の的となっているロマンチックなスモールタウンの人々であり、スモールタウンでは、ヒューマンスケールな社会の中で、誰もが誰もを知っていて、ゆっくりとしたペースで、季節や人生が移り変わっていくのを見ることができるというように考える人々がいること、しかし、現実は、大衆社会がスモールタウンの環境を侵食し、そのようなイメージとは乖離してしまっていて、そのために、いっそうロマンチックでノスタルジックなスモールタウンのイメージが作られてしまっていること、一方で、スモールタウンを、コスモポリタンな都会へ逃れていくだけの勇気と機会を持たない、小さな支配による固定したイデオロギーの、不寛容で偏見に満ちた環境の「メインストリート」であると考える人もいること、そしてさらに、スモールタウンを、そこから逃げ出すべき、閉ざされた、風通しの悪い、抑圧的な場所であるとする酷評家もいることなどを挙げている（同：2）。

しかし、彼が、参与観察で明らかにしたものは、こういった言説にある、都会の大衆社会の複雑性から切り離された、単純で、一次元的な文化の画一性ではなく、小さなグループに分化した多様な側面であった。しかし、多様でありながら、彼は、そこに米国人というものを見出している（同：22）。それは、逆説的でもあるが、彼が、多くのインフォーマントから得たのは、彼らが、自身を、米国人という属性以前の存在として、そもそも個人としての人間であるとみなしていること、個人の上に、それ以上の縛りのある実体がないこと、自分たちを米国人とみなすのは、他の文化についての言及においてのみであること、その場合においても、彼らには、人間として根本的に調和しているというユニバーサルな感覚が存在しているということであった。このユニバーサルな感覚へのプロセスは、自分たちの小さなコミュニティに誰もを受け入れていく試みに似たものである（同：231）という。彼がそこで遭遇した文化は、そこに固有の文化というより、彼が住んだことのある米国の他の地域でも経験したことがあるものであった（同：232）。

本事例で扱った、ウィスコンシン州のウーストブルク（Oostburg）は、ヴァレンが参与観察したスモールタウンのアップルトン（Appleton；ウィスコンシン州）と地理的に非常に近い。人口規模も同程度である。しかし、アップルトンが、イタリア系の人口が一番目であるものの「どのエスニックグループも所得レベルも多数派にはなっていない」（同：20）という町であるのに対して、ウーストブルクは、19世紀半ばに、オランダ人の移民によって建設された村であり、現在でも彼らの子孫が人口の主流を占めている。そのため、ヴァレンが描写したアップルトンと比べると宗教的、民族的には、より同質性が高い。しかし、ヴァレンが引き合いに出したように、中西部の白人、ミドルクラス、プロテスタントのコミュニティを、米国のコミュニティのいくつかの典型の一つとするならば、ウーストブルクもまた、その範ちゅうに入るといえる（本章3-1.で後述）。

本章では、スモールタウンの高齢者が、どのような社会的交流活動によって生活の質を高める役割を獲得しているのかということを論点とする。

同じ村に住む高齢者でも、そこで退職生活を送るようになった背景は、

様々である。本事例では、スモールタウンに居住している退職者の目から捉えた、スモールタウンでの生活をインタビュー調査から明らかにし、それぞれの退職者が価値としているライフスタイルを分析し、生活の質と結びつく要素を追究した。ヴァレン（1977）が、スモールタウンでの参与観察によって、通念とは違う、スモールタウンの社会が多様であるという側面を明らかにしたが、本事例は、スモールタウン社会そのものの実体を明らかにしようとするものではない。しかし、スモールタウンでの、退職者の日常生活の聞き取りを通して、都市的生活様式とは異なる環境における居住や、現代の米国人の退職生活を別の側面から見ていくことは、高齢期の生活の質の要素を追究する上で、その課題をより幅広い視野で捉える試みとして意義があると考えている。

第3節　調査の概要

　2010年8月23～31日に、ウィスコンシン州シェボイガン郡（Sheboygan County）、ウーストブルクの高齢者12人に調査の目的を説明し、了解を得たうえでインタビュー調査を行った。インタビュー協力者は、「ウーストブルク高校」の同窓生を中心としている。インタビュー協力者のほとんどは、ウーストブルクとその周辺地域（シェボイガン郡内）の出身者である。しかし、就職のため、この地にやってきた、地域外出身者（イリノイ州出身）が1名含まれている。また、同地域出身者の中にも、在職中は州外で職業をもち、退職後に故郷に戻ってきた人もいる。インタビューは、主として協力者の自宅を訪問し、それぞれにつき、1時間前後実施した。ただし夫婦の場合は、同席で、それぞれに同じ質問をした。質問内容は、前章の「大都市都心」の高齢者へのものと同様に、居住年数、退職前の職業、退職理由、居住地の利点と問題点、活動・クラブ・組織の参加状況と交流する世代幅、日常生活の概要と交流する世代幅、友人・親族との交流、将来の居住についての意識、退職生活に対する評価などである。本章では、このうち、属性や退職理由に続いて、居住地および、退職生活に対する評価と社会的交流活動に関する質問

への回答を中心に取り上げる。

3-1. 対象地の概要

コミュニティの特徴を統計データ[1]および文献資料[2]から見ると以下のようになっている。

対象地のウーストブルクは、ウィスコンシン州シェボイガン郡にあり、1840年に、オランダ人移民によって建設された村である。2010年現在の人口（センサス2010）は、2,887人（シカゴ市：2,695,598人）、地域の広さは約1,251エーカーである。東部1マイルのところにミシガン湖がある（図3-1）。

地域は、周辺一帯にある大規模な酪農場やトウモロコシ畑に囲まれている。最寄りの主な町は、車で20～30分（9.4マイル）のシェボイガン（人口49,288人：センサス2010）である。（章末資料参照）

出身国の起源の構成（2005-2009 American Community Survey 5-Year Estimates）は、オランダ系が47.5％、ドイツ系が41.9％、アイルランド系5.5％、フランス系3.8％、その他1.3％となっている。センサス2000のデータ（オランダ系53.5％、ドイツ系25.5％、ポーランド系4.1％、ネイティブ・アメリカ人3.6％、ノルウェー系3.2％、フランス系2.7％、その他7.4％）と比較すると、主流を占めるオランダ系が減少し、ドイツ系が増加している。

統計によると、村の人口の72.3％が、宗教に属している。これは、全米平均の50.2％と比べても非常に高い。すなわち、住民の大多数が、教会と結びついている「教会コミュニティ」であるという特徴を持っている。村内の教会には、Bethel Orthodox Presbyterian Church、First Christian Reformed Church、First Presbyterian Church、First Reformed Church、Living Hope Bible Churchがある。

政治的立場については、2008年の大統領選挙の投票で、ウーストブルクのあるシェボイガン郡の結果は、共和党のマケイン候補が49.7％（ウィスコンシン州全体：42.31％、シカゴ市：36.9％、全米：42％）、オバマ候補が49.04％（ウィスコンシン州全体：56.22％、シカゴ市：61.8％、全米：56％）であることから、共和党支持者が、やや多いことがわかる[3]。

第3章 スモールタウン居住と生活の質　181

図3-1　ウーストブルクの位置図

（筆者作成）

　住民の特性としては、最終学歴では、25歳以上の住民のうち、高校卒業以上が87.3%、大学卒業以上が19.4%である。（シカゴ市：高卒以上78.1%、大卒以上30.2%、米国平均：高卒以上84.5%、大卒以上27.4%）シカゴ市および、米国全体の平均に比べて、高卒が多く、大卒以上の割合が少ないといえる。センサス2010による65歳以上の人口は、村の人口の15.5%を占めている。米国平均（13.0%）と比べて高めである。人種は、白人が95.7%、黒人が0.7%、アジア人が0.7%、ネイティブ・アメリカ人が0.3%、その他1.8%、2つ以上の人種の混合0.8%である。（シカゴ市：白人39.9%、黒人34.6%、アジア人4.9%、米国平均：白人74.3%、黒人12.3%、アジア人4.8%）白人が圧倒的多数の村であるといえる。オランダ系移民（白人）の子孫[4]によって形成され、ドイツ系（白人）とともに、ヨーロッパ中部を起源とする民族文化的に同質性の高い村である。世帯当たりの所得中央値は55,132ドル（シカゴ市：46,767ドル、全米：63,211ドル）であり、貧困レベル以下の家族は3.7%（シカゴ：16.9%、全米：9.6%）である。貧困レベル以下の家族の割合は、非常に少ないことがわかる。

　村の主な産業は、かつては、銀行業、製缶業、鉄鋳造業であったが、現在では、住民の81%は、村外の職場（郡内64%、郡外17%）へ通勤している。大都市圏への通勤は少ないが、ウィスコンシン州の州都マディソン（Madison）

や、大都市ミルウォーキー（Milwaukee）にも1時間程度で行ける距離（40マイル）にある。

ウーストブルクの村のホームページによると、近年は、スモールタウンの環境を求めて、都会から移住してくる人々も多いという。

3-2. インタビュー結果の概要

ウーストブルクで実施した高齢者12人へのインタビュー結果にもとづいて、以下に、対象者の属性、退職理由、居住地および退職生活に対する評価、社会的交流活動に関する質問へのコメントをまとめる。

3-2-1. 対象者の属性

まず、対象者の属性であるが、年齢は60代前半〜80代半ばまでが含まれるが、主な年齢層は70歳前後である。これには、インタビュー協力者に「ウーストブルク高校」の50周年（2010年）の同窓生（68歳）とその配偶者が含まれていることが関係している。その他、病気のため、早期退職したという60歳の人、ウーストブルクに52年住んで、高齢のため、隣接する村シーダーグローブ（Cedar Grove[5]）に移ったという86歳の男性も含まれている。退職前の職業は、ビジネスマン（2人）、酪農家（2人）、学校教師（2人）、公務員（1人）、秘書（1人）、特別教育指導者（1人）、研究者（1人）、鉄鋳造業（1人）、調理師（1人）であった。

インタビュー協力者は、ウーストブルクおよびその周辺の村で生まれ育った人（11人）と州外の出身者（1人）であった。正式に退職をしているが、現在でも、農作業、大工仕事、銀行業務、教会業務、運転手、清掃業務、店員、調理師などの有償の仕事をパートタイムで続けている人が多数を占め、村の村長として公的活動をしている人も含まれている。退職年数は、2〜22年であった。

以下は、それぞれの退職者（仮名）の退職前の職業と家族に関する記述である。

Johnさん（60歳男性・住民記号Ad）は、イリノイ州の出身だが、ウィスコ

ンシン州の大学を卒業後に、この地で中学校の教師となり、以来36年間、ウーストブルクのミシガン湖畔の家で過ごして来た。5年前に退職したが、妻は在職中で、小学校の教師として働いている。4年前に家を新築した。男女2人の子どもは、独立して家を離れ、ミルウォーキーや、この地域に住んでいる。

　Willyさん（夫68歳・住民記号Bd）とAnnaさん（妻68歳・住民記号Cd）夫妻は、Willyさんの職場である化学会社の勤務のために、デラウエア州、ウェストヴァージニア州、アイオワ州と転勤した。退職後に故郷に戻り、ミシガン湖の湖畔にあった夏を過ごして来た家に通年で生活し始めて10年になる。2人は「ウーストブルク高校」の同級生である。男女2人ずつの4人の子どもがいるが、アイオワ州にいる1人の息子を除いて、皆、この地域に住んでおり、この地域に4歳〜27歳までの孫が10人いる。Willyさんの父親は94歳で、地元に住んでいる。妻のAnnaさんの父親も、95歳で近隣に住んでいる。

　1,500エーカーの土地に250頭の乳牛を飼育する大農場を経営していたJamesさん（夫73歳・住民記号Dd）とAliceさん（妻68歳・住民記号Ed）の夫妻は、42年間住んで仕事をしてきた農場での業務を大幅に縮小し、2年前に退職した。農場で搾乳場と会計処理を担当していた妻のAliceさんも同時に退職した。退職後、農場から2マイル離れたウーストブルクの村の中央部にある現在の自宅に移住してきた。農場には95歳のJamesさんの母親が現在も1人で住んでいる。夫妻には、男女2人ずつの4人の子どもがいて、みんな2マイル以内のところに住んでいる。孫は2歳から大学生までの11人がいる。夫妻は、冬期の5カ月をアリゾナ州のリタイアメント・コミュニティ（高齢者コミュニティ）で過ごしている。

　ウーストブルク村の村長をして20年になるというRobertさん（夫70歳・住民記号Fd）と、秘書としていくつかの職場で働いていたKateさん（妻68歳・住民記号Gd）は、ウーストブルクの村内の現在の住居に38年住んでいる。養子に迎えた男女2人の子どもを育てたが、そのうちの息子を2年前にガンで亡くした。娘は2ブロックのところに住み、小学生と中学生の2人の孫息子がいる。

Graceさん（71歳女性・住民記号Hd）は、勤務していた大学を15年前に55歳で早期退職した。在職中は、イリノイ州やノースダコタ州にも住んでいた。現在は、冬期は、州都のマディソンやフロリダ州、テキサス州に住んでいるが、夏期には、ウーストブルクのミシガン湖の湖畔の家に週5日間、住んでいる。子どもは、マディソンに男女1人ずついて、娘方の3人の孫（7歳、13歳、15歳）がいる。

　州政府の運輸局で、運転免許の試験官をしていたというHaroldさん（夫69歳・住民記号Id）とレストランで調理師をしていたEliseさん（妻68歳・住民記号Jd）夫妻は、14年前に退職した。5年前に43年住んだという、隣接する村のシーダーグローブからウーストブルクに移ってきた。シーダーグローブで37年住んだ大きな家を売って、Haroldさんの母親が住んでいた現在の住居（デュープレックス；2戸一住居）[6]に、母親が亡くなったため住むことにした。現在は、フロリダ州のリタイアメント・コミュニティに家（ハウストレーラー住居）を購入し、冬期（12月を除く10月～5月）をそこで過ごしている。夫妻には、3人の娘がいて、2人はウーストブルクに、1人はシェボイガンに住んでいる。ウーストブルクに住む孫は、4歳から高校生まで6人いて、その他に地域外の大学に通う孫が1人いる。

　ミルウォーキーの郊外で高校の教師をしていたMegさん（68歳女性・住民記号Kd）は、中年期に離婚を経験した。その後、高校での仕事量が過重となり、早期に退職をした。離婚後にミルウォーキーの郊外の町に住んでいたが、7年前に、ミシガン湖の湖畔の古家を購入、改築して1人で住んでいる。子どもは3人いる。1人は地元に、他の2人は、コロラド州とイリノイ州の近くに住んでいる。地元に孫が2人いて、ひ孫も2人いる（4歳と2歳）。

　Harryさん（86歳男性・住民記号Ld）は、ミシガン湖の湖畔に52年間住んでいた。湖畔の生活が気に入っていたが、高齢になったため、5年前に、シーダーグローブのデュープレックスに夫婦（妻83歳）で移住した。Harryさんは、シーダーグローブの工場で鉄鋳造の仕事をしていた。Harryさんには2人の娘がいて、2人ともシェボイガン地域で教師をしている。25～36歳までの7人の孫と2人のひ孫（3歳、1歳半）がいる。

3-2-2. 退職理由

　次は、退職した理由である。退職の理由は、社会保障が得られる年齢になったことを念頭に置いていたという回答が、しばしばであった。

　回答者の一人、Robertさんによると、「ほとんどのアメリカ人は、62歳で社会保障を取得し始めると思います。それか、65歳だと、もっと（受け取る金額が）増えますが、それもきっかけになります。」と自身が、62歳で退職した理由の一つを語った。本人が語ったもう一つの理由は、勤務していた会社が合併や分裂などを繰り返し、働く意欲を失っていったことだという。

　Willyさんは、退職したら故郷に住むことを決めていたという。勤務していた会社を「ペナルティなしに辞められる年齢」の58歳に退職したそうだ。

　Johnさんは、ガンと診断されたことと、父親の死がきっかけだったという。55歳の時に退職したが、その年齢も、「退職後の生活と年金とのバランスとを考えて、経済的にOKの状態となったから」であるという。

　同様に、Graceさんも、早くから55歳で退職したいと決めていたことと、孫が生まれたことが理由だというが、「それが、経済的に可能（financially feasible）だとわかったから」だという。回答者の中に、このように55歳で退職した人が4人ほどあったが、この年齢が、早期に退職したいと考えていたという人の節目の年齢であるといえる。

　早期退職の理由として、このほかには、「身内が亡くなって自分の人生を考えるようになり、妻ともっと一緒に過ごしたいと考えた（Haroldさん）」、「仕事量が多くなりすぎた（Megさん）」、などである。

　酪農業のJamesさんの退職理由は、長年の農作業の重労働で、肩や膝を痛めたという身体的な理由からだった。

　鉄鋳造をしていたHarryさんも、64歳になった時、年齢のことを考えて、「退職する時が来た、したいことをしようと感じた」からだという。

　夫婦の場合、妻は、夫が辞めたのをきっかけに退職したケースが複数見られた。（Annaさん、Aliceさん、Eliseさん）

3-2-3. コミュニティに対する評価

インタビューから得られたコミュニティに対する評価（利点と問題点）を表3-1にまとめた。以下に、それぞれのコメントを挙げる。

コミュニティの利点

退職者として、このコミュニティ（ウーストブルクの村全体を含む）に住む利点は何か、を尋ねた質問に対する回答を挙げる。退職者たちからは、安全であること、家族と過ごすことができること、ライフスタイルの継続、隣人たちを知っていること、人々がすばらしいこと、自然を楽しめることなどが挙げられた。以下は、それぞれのインタビューでコメントされたものである。

Johnさんは、このコミュニティに住む利点として、安全を挙げた。ドアのカギをかけたことがないという。そういうことを気にしなくてもいいということが大きな利点だと語った。また、大都市のミルウォーキーに十分近いこと、そのためにコンサートなどにも行けることを挙げた。

WillyさんとAnnaさん夫妻は、このコミュニティに住む利点は、家族（親族）と過ごすことができることだという。Willyさんの父親や姉妹は、皆、Willyさん夫妻の家から12マイル以内に住み、この地に戻ってきたことは、「家族と再会するのにとても都合が良かった」と言い、妻のAnnaさんは、「私たちには拡大家族がいます。いとこたちやおばさん、おじさんたち。彼らは、依存しあう関係の層をなしていて、私たちは、一つの木（a tree）のようなもので、この地域出身者であれば、誰ともつながっています。…誰もが、誰もとつながっています。」と語った。そして、そうしたつながりから「コミュニティで期待されていること、何をすべきか、何をすべきでないか、どんな感受性をもつか」といった文化的な事が養われ、いざという時にお互いにとても強く援助し合えるのだという。

JamesさんとAliceさん夫妻は、このコミュニティの利点として、今でも、いつでも農場に行けるというライフスタイルが、退職しても続けられることと、ウーストブルクの村の中に住んで、村の外の農場にいたときよりも、訪れて行く隣人が増えたことだという。

表3-1 スモールタウン居住の評価

回答者/年齢/性別	利点	問題点
Ad/60/男	・ドアのカギをかける必要がない。安全なこと ・大都市ミルウォーキーに十分近い	・冬には退屈なこと
Bd/68/男	・ここが故郷であること ・家族が皆12マイル以内に住んでいるため、会うのに都合がいい ・家族と協力し合うことが容易	・家族のいるコミュニティに住む利点が、ネガティブな点でもある。きょうだいたちとどのようにうまくつきあうかなど。
Cd/68/女 *Bdの妻	・家族と過ごせること ・いざという時親族がお互い協力し合える ・教会コミュニティ ・学校が皆、小規模であること	・親族との関係で、うまくいっていないものがある(親の介護をめぐって妹と軋轢がある)
Dd/73/男	・働いていた農場が近いのでいつでも行ける ・農場に1人で住む95歳の母親の様子を見られる	・退職者だと見るとボランティアをさせようとする
Ed/68/女 *Ddの妻	・隣人にたくさん会える ・子ども家族が皆、2マイル以内に住んでいる	
Fd/70/男	・家族が近くにいること ・4つのはっきりした四季があること ・教会コミュニティ、学校があり、大都市(ミルウォーキーやシカゴ)などにも十分近い ・ドアにカギをかけない安全なコミュニティである	・病院がないこと、医院で働く医師がいないこと ・個人の車以外の交通手段がないこと
Gd/68/女 *Fdの妻	・何かを頼むことができる、たくさんのすばらしい友人たちがいる ・すばらしい両親がいてすばらしい家族生活があり多くのことを得た ・教会	・何も問題を思い浮かべることができない
Id/69/男	・すべての隣人を知っている	・わからない
Jd/68/女 *Idの妻	・隣人を知っていること、友情	・誰もが誰もを知っているので、小さい頃は、何か悪いことをすると家に帰る前に親がもう知っていたこと
Kd/68/女 *単身者	・素晴らしい人たち ・見栄を張る必要がない ・野生生物がすばらしい	・ない
Ld/86/男	・欲しいものは何でも町の中にある ・鳥にエサをやり、芝を刈らなければならない時は刈り、グローサリーでも少し働く(何でもしたいことをして過ごせる) ・(大好きな)釣りができる	・(居住形態の問題として)コンドミニアムのようなところにいるので、行かなくてはならない会合がある

※Hdさんのスモールタウン居住へのコメントは得られなかったため省いた。

(2010年8月のインタビューにもとづく)

Kateさんは、（2年前にガンで亡くした）息子の看病をしていた当時も、今もコミュニティの人たちが、たくさん気にかけてくれること、誰にでも何かを頼むことができることがすばらしいと語ってくれた。

　夫のRobertさんは、家族が近くにいること、教会、コミュニティ、学校があり、ミルウォーキーやシカゴなどの大都市にも十分近いことを利点に挙げた。また。Johnさん同様、ドアにカギをかける必要がない安全なコミュニティであること、お互いに気を遣うことで「自警団（neighborhood watch）」のようになっていることを挙げ、「夜中の2時に起きて、町を歩き回っても全然気にならないのです。」と語った。

　Graceさんは、ウーストブルクのミシガン湖畔の家に週5日住み、州都マディソンのコンドミニアムに週2日住んでいる。マディソンでは、子どもや孫たちと会い、複数の組織活動をしているが、ウーストブルクでは、読書をし、パソコンで仕事をし、野外で自然を楽しみ、運動をするというように、「忙しさとリラックスの2つの世界を使い分けている」のだという。

　HaroldさんとEliseさん夫妻は、ここのコミュニティの利点を「すべての隣人を知っていること」だと語ってくれた。そして、5年前に移り住んだデュープレックスが、6軒のコンドミニアム住宅の形式であることで、芝刈りや雪かきの作業が軽減されたということも退職後の居住の利点として評価した。

　Megさんは、ここに住む利点としてウーストブルクの村の人たちが、「親切で、寛大で、愛に満ちている、すばらしい人たち」であること、「物価が安く（affordable）、見栄を張る必要がない」ことを挙げ、近隣の人々について「病気になったら、誰かが世話をしてくれる」、「いつも来てくれる隣人がいる」、「人々が人に気を配ってくれる」のだと語った。大都市から、故郷のスモールタウンに戻って来て、家の改築などで孤軍奮闘しようとしていた彼女を近隣の人たちが助けてくれたという。また、湖のほとりに住んでいることで、野生生物の観察を楽しんでいることも利点だと語った。

　Harryさんは、52年間住んだ湖のほとりの家から、病気をしたことをきっかけに夫婦で隣村のデュープレックスに移ったが、湖畔の居住が気に入って

いたようである。鳥や釣りが趣味で、バードウォッチングをし、鳥にエサをやり、釣りができることを湖畔地域の利点に挙げ、今でも毎週、通い続けているという。村の中のデュープレックスでの生活については、欲しいものが何でもそこで得られることを挙げた。

コミュニティの問題点

次に、退職者として、このコミュニティに住む問題点はなにか、を尋ねた質問に対するコメントを挙げる。居住地に対する問題点については、「冬は退屈で外出できない」、「親族が近いので、時には摩擦もある」、「病院がない」、「交通機関が車の他にない」（車を運転しなくなったら生活がしにくい）などが挙げられた。

以下に、それぞれのインタビューでコメントされたものを記述する。

Johnさんは、ここのコミュニティに住む問題点として、冬には、12月から3月くらいまで、3〜4フィートの雪が積もり、ただ真っ白で退屈であることを挙げた。そのため、冬期にはフロリダ州などへ旅行をするのだという。この冬には妻が退職するので、もっと長期にフロリダ州へ行くつもりであるという。

Willyさんは、家族のいるコミュニティに住む利点が、ネガティブな点にもなりうると語った。きょうだいたちとのつきあい方について、他のきょうだいとも折り合いをつけながらつきあっていくということには、少し難しさもあるようであった。

妻のAnnaさんには、7歳年下の妹がいるが、Annaさんが、故郷を離れている間、妹がこの地元で母親の面倒を看ていたこともあり、自分は、アウトサイダーのような形となってしまい、現在は姉妹の関係が断絶していることを告白してくれた。また、地元女性の何人かが週ごとや月ごとにおこなっている「コーヒークラッチ（coffee klatch）」について、ゴシップに変わってしまうので彼女は、参加しないことに決めたという。

問題というわけではないが、とJamesさんが、この質問に対して語ってくれたのは、退職者が、ここでは、とても忙しいことだということである。皆、

ボランティアをしてくれる人を求めているので「人々があなたは、働いていないのですね、この仕事がありますよ、と誰もが考えているんです。」と、退職者に仕事をさせようとするのだと苦笑した。

　Robertさんが問題点として語ったのは、ここに病院がないこと、個人の車以外の交通システムがないことであるという。村長の視点である。

　妻のKateさんは、「知人が、大都市には、もっと多くのおもしろいことがあると言っていたが、自分は、ほとんど全人生をここで過ごしたため、この生活に慣れてしまっていて、問題点を何も思い浮かべることができない。」と語った。

　Haroldさんは、問題点については、多くあるのかわからないということだが、退職者としてではなく、幼少期には、何か悪いことをすれば、誰の耳にも入り、家に帰る前に両親が、それを知ってしまっていたことがいやだと思っていたそうだ。しかし、自分の子育て期には、それを自分の子どもたちで経験して楽しんだという。

　Megさんは、問題点について「ありません。私は、ここが大好きです。」そして、2人の子どもたちは、遠くにいるが、問題はない、（1人で住む）プライバシーが好きだと答えた。

　Harryさんは、何でもしたいことをしているので、問題はないと答えた。Harryさんが一つ挙げたのは、（共有地をもつ）コンドミニアムに5年前に移ってから、そのアソシエーションの会合に行かなくてはならなくなったということである。しかし、これは、もちろんコミュニティの問題ではなく、居住形態の問題である。

3-2-4. 退職生活への評価

　次は、退職生活への評価である。「退職生活を概して、どのように評価するか」という質問に対するコメントについては、大都市での回答と同様に「パーフェクト」、「とてもよい」、「楽しい」、「すばらしい」、「忙しいが、退屈でない」、「やりたいことをしている」など積極的評価であった。

　以下に、それぞれの退職者のコメントを記述する。

Johnさんは、「パーフェクトです。100％、110％、120％です。すばらしい（wonderful）です。時には忙しいですけど、…でも仕事をするより、ずっとましです。100％、110％ excellentです。」と語った。

　Willyさんは、週5日している大工仕事について「たいていは、顧客（の要望）に応じられるようにやってみようとします。しばしば、朝の1時とか、2時に目覚めて、個々の客の要望に応えられるようなアイデアが浮かんでくるのです。意識（mind）は、いつもそこに働いていて『これをどうやってやるんだい？』と言っているのです。そういうことに継続的な精神的やりがい（mental challenge）の価値があると思っています。」と語った。

　Annaさんは、週5日、孫の世話をしている現在の状況を「私は、『かなり良好（pretty good）』と評価します。」と答えた。「もし、孫の面倒を見ていなかったら、私は、活動的になり得なかったとは思っていません。それは、とても退屈だと思うし、私は何かをしなくてはなりません。」と語り、職を探しに行って何かをしていただろうと言った。「大変だけど、（孫が）『大好き。（I love you.）』とハグしてくれ、これ以上何かを望むことはない。これが私の人生よ。」と友人に語っているという。そして、「概していい人生です。というのは、私は健康ですので。それが大きいです。」とも語った。

　JamesさんとAliceさんは、「（酪農業を）退職した今でも、とても忙しいが、やりたいことをいくつか、念入りに精選している（pick and choose）」という。Jamesさんは、「必要性からではなく、やっていることを楽しんでいる」と語った。そして、2人の人生について、「農家であるということは、家が仕事によって評価されるということですので、私たちは、人生いつも一緒にやってきました。私たちは、お互いに、一日中、どこかに行っているということは、決してなく、いつも一緒に働いてきました。（中略）私たちは、人生ずっと家族一緒の生活（family life）を送ってきたのです。」とも語った。

　Robertさんは「忙しいけれど、つまらなくはない、と言えます。アクティブですが、自分がしたいことをしています。誰かや、何でもを助けることができると感じています。ああ、今日は何をしようか、とかなどは感じていません。」と語った。

Kateさんは「ほとんどの時は、すばらしいです。」と答えたが、Kateさんは、退職してからの6年間で、自分の母親、父親、息子を亡くした。その間、ずっと彼らの世話をしてきたという。「ですから、私は、人々を世話するのに忙しくしています。でも、大丈夫です。私には時間がありますので。」と笑った。そして、人々がよく電話をかけてきて彼女に何かを頼むことについて、「私が、available（手が空いている状態）であれば、誰かが私を必要としていますので、それが私の役目（job）だと思っています。」と語った。

　Graceさんは、「忙しすぎると思うけど、概して、すばらしい生活をしていると思っています。というのは、いつでも止められますから。すみません、もうできませんって。時には、そうします。ですから、良い生活（It's a good life.）です。」そして、「退職してからの幸せな生活のキーは健康です。」とも付け加えた。彼女は、退職後に乳がんや脊椎の神経痛の病気を経験し、それを乗り越えるためにいろいろなことをし、今でも積極的に運動をし、良い食事に心がけているという。

　Eliseさんは「やりたいことをして、Goodです。」と答え、Haroldさんは、「とても楽しいです。（Very enjoyable.）」と答えた。そして、2人は、冬期に過ごす、フロリダ州での楽しい生活の様子も語った。

　Megさんは「とても気に入っています（I love it.）私は、縮小するという、いい決断をしました。」と、今の場所に転居するにあたって、大都市郊外の大きな家から、故郷のコテージに生活を縮小した自分の決断を評価した。「私は、（引っ越して来た時）ガレージいっぱい（の家財を）持っていました。いくつもの箱に入った家財はなくなり、今は薪でいっぱいになっています。」と、必要としているものが変わり、今が幸せで満足していると語った。

　Harryさんは、「私は満足しています。（I'm satisfied.）」、「私は釣りが好きです。私たちは、ここで、釣りをして楽しんでいます。」と語り、大きな魚をつり下げている写真を見せてくれた。また「私は（薪にする）木材を割るのが好きなんです。」と大きなトラクターから木材を降ろしている写真も見せてくれた。

3-2-5. 社会的交流活動

　次は、社会的交流活動についてのインタビュー結果である。質問内容は、「大都市都心」居住者へのものと同様に、「どのような活動・クラブ・組織に参加しているか」、「その活動で交流する人々の世代の幅はどのくらいか」を尋ねた。まず、活動・クラブ・組織への参加について記述する。

　Eメール交換や電話での会話を除いた、対面交流を中心とした活動内容（活動、クラブ、組織）としては、「教会での礼拝」、「孫の世話」、「孫の学校の行事の補助」、「教会女性グループ」、「カード作りボランティア」、「災害救援活動（教会活動）」、「聖歌隊（教会活動）」、「キルト制作ボランティア（教会活動）」、「犬のレスキューグループ」、「ゴミのリサイクル活動」、「高齢者訪問ボランティア」、「家系図作成ボランティア」、「村長の任務」、「社会問題啓発活動」、「孫の学校の教師の補助」、「バーベキュー競技の審査員」、「醸造クラブ」、「親族との交流」、「同窓会の実行委員」、「ゴルフ・自転車・釣り・カヤックなどのレジャースポーツ」、「ヨガ・ジムなどのエクササイズ」、「友人との交流」、「聖書勉強会」、「ブック・クラブ」、「有償パート労働」などが挙げられた。

　以下は、インタビューから得られた、それぞれの退職者の交流活動内容である。

　Johnさんは、「バーベキュー競技の審判」をしているため、年10回は、国内各地、コロラド州やフロリダ州に出かけて行って、審判をしているという。また、「醸造クラブ」に属していて、メンバーと一緒にビールとワインを月に一回、醸造しているという。しかし、その他には「私は、クラブには何も属していません。何かの組織にも属していません。」と語った。そして実は、退職していない妻のために料理・掃除などの家事にとても夢中になっているのだとも語ってくれた。

　Willyさんは「私たちは、組織されたクラブやグループには、何も関わっていないのです。」と答えた。「活動ということでは、（家族で）楽器を演奏したり、（中略）家系図作成作業に関わっています。（中略）私は、ほとんど一日中、仕事をしていて、Anna（妻）は、一日中、ベビーシッターをしていま

すので、関わっているのは、少々短いものになります。私たちは、キワニス（Kiwanis）とか、オプティミスト・クラブ（Optimist Club）とか、ライオンズ・クラブ（Lions Club）[7]とか、そういった類の活動には、実際行きません。そういったものに何ら強く惹かれてはいません。私たちは、教会の教義を勉強していますが、何ら活動的に教会組織のリーダーシップの役割をしているわけではありません。」と語った。Annaさんが「私は、これ（家族）がクラブだと思っています。（家に）たくさんの人がやってきますので。」と言うと、夫のWillyさんは、「家族が生活（life）を満たしています。」と言った。Annaさんは、その言葉を繰り返し、「でも友達もです。私たちにはたくさんの友達がいます。」とも付け加えた。そして、2人が、この夏（2010年）に行われた「高校の50周年同窓会の企画」に深く関わっていたことを語った。

　JamesさんとAliceさん夫妻は、孫の高校でイベントがある時に、「スポット的に手伝いに行くボランティア」をしている。昨年、高校でバンドの演奏会があったとき、野外で学生たちにパーティー（ピクニック）をさせるために、ボランティアたちが肉やコーンなどの食べ物を出したりしたのだが、「誰がそこで働いていたかというと、…たくさんの高齢者でした。」と笑った。彼らの孫たちが、その学校に行っているからだという。その他のボランティアでは、2人は、教会のグループを手伝い、Aliceさんは、「カード作りボランティア」、「ホーム＆エデュケーション（Home & Education）」という女性グループで、老人ホームの訪問などコミュニティで必要とされることをしている。しかし、Jamesさんは「私は農場のことに、いつもかかりきりになっているのです。…ですから、そういった仕事でとてもいっぱいなんです。」と語り、その他の組織的な活動には、参加していないと答えた。

　Kateさんは、「孫たちのこと」をたくさんやっている。毎週水曜日には、孫と一緒に「何か面白いことをして過ごす」ことに決めているという。また夫のRobertさんと一緒にやっているのは、「教会の聖歌隊」や、「教会の災害援助のボランティアグループ（Reform the Builders）」での活動である。これは、ハリケーン被害や、洪水被害が起こると、被災地に出かけて行って、家の再建作業をするというものである。また、2人は、月に一度、教会のグループ

12人とそれぞれの家を持ち回りで、「聖書の勉強会」をしている。その他には、「歴史協会（Historical Society）」に属し、ウーストブルクで再開発される地区の古い写真などの保存活動をしている。Robertさんは、「村の村長の職」のために、周辺の行政組織の長が参加する様々な会合に出席する。土曜日の朝7時からの会合もある。毎週日曜日の朝に、その週にするすべてのスケジュールをプリントアウトして妻のKateさんに渡すのだという。しかし、Willyさんがコメントしたのと同様に「私たちは、オプティミスト・クラブやキワニス・クラブには、入っていません。」ということであった。

　Graceさんの主な活動は、彼女が、週2日を過ごす、マディソンで行われている。彼女は、いくつかの社会組織の役員をしている。主として、「女性の識字、ドメスティック・バイオレンスの問題を扱う女性組織」の他、「人身売買問題をコミュニティに啓発する組織」、そして、大学のキャンパス内にある教会の牧師館での「学生支援組織」の活動である。また、「孫の小学校のクラスの教師を補助するボランティア」もしている。そして、ウーストブルクの家では、「ヨガやジムのクラス」に週3回ずつ出かけ、友人たちと「カヤックや自転車」に乗り、大学の元同僚たちと月一回の「ブック・クラブ」に参加している。

　Eliseさんは、教会活動の一環として、「キルト制作グループ」に所属し、週1回仲間とホームレスに届けるキルトを作っている。また、Aliceさん同様、「ホーム＆エデュケーション」グループに属し、9人で月一回活動に参加している。その他には、Eliseさんも夫のHaroldさんも、孫たちのスイミングやサッカーの試合を見に行ったり、学校で行われるスポーツ行事に行って「孫たちと交流」するという。2人とも週のうち2〜3日は、パート労働をしている。Eliseさんは、ミシガン湖畔の「家の清掃」をしている。Haroldさんは、バンを運転して「エアポートに客を送り迎えする仕事（Airport Connection）」をしている。彼らは、12月を除く10月〜5月は、フロリダ州のリタイアメント・コミュニティで過ごしているが、そこでも、二人とも近くのレジャーランドの「レストランでパート労働」をしている。

　Megさんは、教会には、礼拝に行っているが、そこでのグループ活動はし

ていない。「犬のレスキューグループ」に属していて、犬の世話をしている。そして、子どもたちに「ソーイング（縫物）」を教えている。きょうだいに木の切り出しを手伝ってもらって「友人と一緒に薪を割る」こともしている。またいくつかのパート労働をしている。Eliseさんと同様、ミシガン湖畔の「家の清掃」を週4日おこなっているが、「高齢者の家の清掃」も半分ボランティアとしておこなっている。さらに、「近隣の人々の犬たちの散歩」を毎日している。

　Harryさんは、毎週日曜日に教会に行く。その他には、「孫たちやひ孫たち」と会って楽しむ。月に一回は、妻と「カジノ」に出かけて行って2日間滞在して楽しむ。また、毎週、湖畔の鳥にエサをやりに出かけ、花に水をやる。釣りも楽しんでいる。週末には、6人の退職者の人たちと「ゴミのリサイクル作業」をしている。パート労働としては、冬期には、グローサリーストアで「袋詰めや陳列の作業」をしている。収穫期には、農場で「豆類、ビーツ、コーンなどを摘み取る作業」を手伝っている。また、自転車に乗ったり、近所の子どもたちを集めてフリスビーなどをする。

第4節　分　析

　これらの調査結果について分析をする。

4-1. コミュニティへの肯定的評価

　コミュニティの利点を尋ねた質問を中心として、インタビューから得られたコメントを考察すると、コミュニティへの肯定的評価を構成しているのは「家族」、「地域の人々」、「ライフスタイルの継続性」、「安全」の4つの要素である。以下、それぞれの要素について考察する。

4-1-1. 家族

　まず、家族について語られたことを取り上げる。

　Willyさんは、次のように語ってくれた。「3年前、私の姉妹と彼女の夫が、

バイク事故を起こし、ひどくケガをしました。私は、退職していて、時間が自由になったので、私たちは、姉妹や彼女の夫を見舞って世話をすることができました。私は、自分たちが支える力になっていることを感じました。私は、こういうことが、家族のいるコミュニティ（community with your family）に住んでいる重要な利点だと思います。」

　Willyさんは、退職するまでは、故郷を離れて暮らしていた。自分が、いざという時にすぐに親族の助けになることができるようになった、家族のいるコミュニティでの退職後の生活の選択に価値を見出している。

　妻のAnnaさんは、次のように語った。「日曜日は、ここのコミュニティの伝統になっているのですが、教会に行った後に、いつも、親族すべてが『おばあちゃんの家』にやって来るのです。彼の両親は、クラッカー＆チーズを用意していましたし、私の祖母は、いつもご馳走を用意していました。だから、私は、それを続けたいのです。この地域に10人の孫がいます。（中略）連絡しないでも、来ていいことにしているんです。だから、私は、とにかく、たくさんの食べ物を作ります。誰かが来るのは、わかっていますので。たいてい、12～13人くらい来るんですよ。」

　また、Jamesさんも、Annaさんと同様のことを語った。「日曜日、教会の後で、私の兄弟たちと姉妹が、私の95歳の母親のところに行きます。彼女は、コーヒーを淹れてくれて、コーヒーケーキやクラッカー＆チーズを用意してくれるので、私たちは皆、そこに行くのです。時には、27人の人々が彼女の家に集まります。」

　Annaさんは、自分が、この地域で伝統的に行われてきた、おばあちゃんとしての役割を続けたいと孫たちの「おばあちゃんの家」を始めた。そしてJamesさんは、彼の母親に「おばあちゃんの家」の役割を認めている。

　JamesさんとAliceさん夫妻の4人の子ども家族は、みんな「2マイル以内」に住んでいる。夫妻が所有しているキャビンでの交流について次のように語った。「夏の間は、よく私たちはキャビンに出かけます。多くの週末に。湖にボートを持っていますので、子どもたちや孫たちがそこにやって来るのです（Aliceさん）。」、「そこのキャビンを、私たちは、たくさんの家族の集ま

り（family things）に使っています。子どもたちや、いとこたちがそこに行ったり、3週間前は、36人の人が来て、地下室や階上で、くっつきあって眠りました（Jamesさん）。」、「パイルのマットレスを床に敷いて、床の上で寝たりしてね。（笑）テントもいくつか張ったんです（Aliceさん）。」

最も重要な活動を問う質問に、家族だと答えたKateさんは、家族に対する価値観が村の人々の価値観と同じであることに言及している。「もし、あなたが、ウーストブルクのたくさんの人たちにインタビューしたら、ほとんどの人が、それが答えになると思います。たくさんの人々がそのように感じています。」と言った。そして、それが家族が近くに住むコミュニティであることによって育まれていることを、次のように語った。「（孫たちが）ここから、たったの2ブロックのところに住んでいますので、彼らにたくさん会えるんです。小さな子がドアをノックしてきて、いつでも会えるんです。『おばあちゃん、カードしたくない？』って言ってきて、座って、2時間カードしたりね。」

同様に、HaroldさんとEliseさん夫妻も、日常生活でわくわくさせる楽しいものや、最も重要な活動を尋ねる質問に「孫との交流」を挙げた。孫たちの試合や学校でのスポーツイベントを見に行くことを楽しみにしている。彼らの3人の娘のうち、2人がウーストブルクに住み、「3人の小さい孫たちは、ここのウーストブルクの学校に通っています。」その孫たちとは「ほとんど毎日」会っている。

Graceさんも、孫が生まれたことを退職の理由の一つに挙げた。そして、子ども家族の住む町に移ってきた。「私はイリノイ州に住んでいましたので、私の孫娘の世話ができるためには、ウィスコンシン州のマディソンに戻る必要があったのです。それは、とてもよかったのです。」彼女は、マディソンに移った時、孫のために「大きな家」を買った。「私には孫がいましたから、たくさんの寝室やスペースが必要だったのです。」そして、「孫たちが成長して学校に行くようになると、もう大きな家が必要でなくなったので」コンドミニアムに移った。Graceさんの場合、子ども家族のライフステージに、非常にフレキシブルに、退職後の生活を適応させて、住む場所や住居を移動し

ている。そして、「孫の学校の教師の補助」をする活動を最も重要な活動だと答えたGraceさんは、若者の教育の役割を積極的に果たしている。

4-1-2. 地域の人々

次は、地域の人々について語られたことを分析する。

Annaさんは、夫のWillyさんと退職前まで地域外に住んでいたが、そのために、ウーストブルクの村の人々やコミュニティについて外部の視点も含めて言及している。コミュニティについて次のように語った。「私たちは、『教会コミュニティ』にいます。ですから、ほとんどの社交的イベントは教会のイベントと結びついています。(中略) 私たちが、外に住んでいた時は、私たちの子どもたちは夏にここで過ごしていたので、コミュニティ内で友達ができました。(中略) 私たちは、デラウエア州、ウェストヴァージニア州、アイオワ州と住んで来ましたが、いつも(心に)ウィスコンシン州がありました。」

Kateさんは、6年前に退職してから、身近な家族の介護と死を経験してきた。自身の困難な状況に際して、コミュニティの人たちが、すばらしいと実感している。「皆が家に来て、食べ物を持ってきてくれたり、私たちと一緒にいてくれたり、…すばらしいんです。そして、今でも電話をかけてきてくれて『Kate、今日はどう？』って。そういうことをね。私は、そういうことが、小さなコミュニティに住む大きな利点だと思います。私たちにはたくさんのすばらしい友人たちがいます。」

夫のRobertさんは「たぶん小さなコミュニティと都会との違いの一つは、(都会では) 人々が、より自分自身のことをしていることです。小さなコミュニティが好きでない人は、誰もが自分のことを知っている (Everybody knows your business.) からだと思います。反対に、自分自身が欲しているもの、自分自身が誰であるか、そういうものすべてを隠すべきだと思っている人は、より大きなコミュニティを志向するのでしょう。そういうのが、家族や友人たちが実際につながることのない普通の家族になっているのでしょう。」と語った。彼は、在職中は、村長を兼務しながら、大きな会社でビジネスマン

として、国際マーケティング分野の仕事で世界中を飛び回っていた。それにもかかわらず、ウーストブルクの自宅に生涯、住み続けてきた。ホームタウンと行き来した、この間の移動距離は、かなりのものであっただろう。

Megさんは、湖畔の森の中のコテージに1人で住んでいる。「私には、いつも来てくれる隣人がいます。私は、『私が年をとっているので世話をしてくれるの？』と言うと、そのことに笑いだすんです。なぜって、彼女は、私の友達になりたいと思っているからなのですから。つまり、ここでは、人々が人に気を配ってくれるんです。（中略）はじめての冬には、この家はとてもひどかったんです。今は断熱されていますが、（中略）それで、隣人の一人が、私に12ベイルの藁を持ってきてくれたんです。私が寒くしているのを知っていたので、彼らがくれたのです。ですから、コミュニティの人たちは、やさしいのです。」彼女は、ミルウォーキー郊外で長く生活してから移住して来た。そのため、彼女もまた、コミュニティの評価に外部との対比の視点が入っている。

村の人々について具体的な言葉で評価するのは、主に、長年、外部コミュニティに住んでいたり、外部との行き来を経験してきた人である。これらの肯定的評価には、コミュニティの外部に住んでいた時に感じていた、ホームタウンへの郷愁の感覚も入り混じっていると思われる。また、Robertさんのコメントでは、対立概念としての、漠然とした都会生活というもののイメージへのラフな一般化も見える。しかし、Willyさん、Annaさん、Megさんのように、外部を経験してきたために余計に強く感じられる故郷のコミュニティへの肯定感があるといえる。

4-1-3. ライフスタイルの継続性

この要素を分析すると以下のような側面がある。

Jamesさん、Aliceさん夫妻の肯定的な評価には、生涯をかけて一緒に関わってきた彼らの農場が、退職後の生活においても、つながっているということがある。また、そこに今なお住んでいる母親とのつながりも継続している。

また、インタビュー対象者の多くが、退職後にパートの有償労働に従事している。自分の農場で働くJamesさんも、大きな意味では、有償労働である。Willyさんは、60歳前後で父親が家の修繕の仕事を始めたことを見習うかたちで、人々の家の改築の大工仕事に週5日、従事している。Robertさんは、村長の傍ら、銀行の出張金銭出納業務と教会業務に週3日ほど従事している。Haroldさんは、客をエアポートに送り迎えするバンの運転手を週2〜3日している。Eliseさんは、週2日、家の清掃業務をしている。Megさんも、Eliseさんと同様、家の清掃業務を週4日している。Harryさんは季節に応じて、グローサリーストアや農場で働いている。このような、有償労働への従事は、収入の手段としてだけでなく、職業への責任、任務の過程で様々な人々とつながるという点で、自我意識の肯定感を高めることに結びつくといえるだろう。Willyさんは、大工仕事を通して顧客の要望に応えようとする気持ちを「mental challenge（精神的やりがい）」という言葉で表現したが、このような労働が、退職後に自ら選んだ活動として肯定的であると同時に、ライフスタイルの継続性の感覚を喚起するものとして意味があると思われる。

　さらに、Willyさんは、ウーストブルクが、170年続いた、4〜5世代のコミュニティであることを念頭に置いて、村の中で、住居を変えても、（この事例でも、いくつか見られるが、大きな家から、コンドミニアム形式の住居（デュープレックス）への移住や、自宅から高齢者施設、アシステッド・リビングへの移住について）「人々は、そこに入っても、他のコミュニティのメンバーがいて、50年、60年、70年と交流してきたので、新しい知らない環境に入って行くようなものではないのです。（中略）100％まったく新しく関係を築いていかなくてはならないというものではないのです。」と語る。また、村のアシステッド・リビングに入っている古い友人たちに、自分の姉妹や父親がよく会いに行くのだという。そして、農場から村の中の住居（コンドミニアム）に移ったJamesさん、Aliceさん夫妻のことも例に挙げた。これは、Willyさんが、在職中に経験した、転勤のたびに家族が近隣の人たちとの人間関係を一から築いていかなくてはならなかったということの対比の感覚でもある。「（転勤になると）新しい場所で、心地よく過ごせるようになるまで、半年や1年は

かかりました。」と語った。

Annaさんは、「学校は、皆、小規模です。そして、今は私たちが通った同じ学校に孫たちが通っているのです。私たちは、ボールゲームをしましたが、今は彼らがボールゲームをしています。」と語り、自分が母校で経験したことを孫たちが継続していることに価値を見出している。

4-1-4. 安全

次は安全についてである。

Johnさんは、ここのコミュニティの利点として、それを真っ先に挙げた。「ドアのカギをかける必要がありません。安全なのです。安全です。私たちは、カギをかけたことがないのです。それが大きなことです。こういうことを気にしなくてもいいということが。」

また、RobertさんとKateさんも、このように語っている。「ここのほとんどの人々は、ドアにカギをかけません。それは、たぶんいいことではありませんが、でも彼らは、そうしないのです（Robertさん）。」、「というのは、安全なコミュニティだからです（Kateさん）。」「もし、隣の家に誰かが入って行けば、前に会ったことのない誰かだとわかれば、彼ら（近隣のひとたち）は、そこに行くでしょう。ほとんど自警団（neighborhood watch）のように。正式なものではなくて。そういうものです（Robertさん）。」、「ただ…お互いに気遣っているんです（Kateさん）。」そして、前述のように、Robertさんは、夜中の2時に起きて、町を歩き回っても全然、（犯罪が）気にならないのだと語った。

様々な犯罪のニュースが日常的に報道され、実際に犯罪を恐れている多くの米国人がいる中で、このコミュニティの環境がもたらしている安全の感覚は、居住性の点で大きな利点といえるだろう。

4-2. コミュニティへの否定的評価

コミュニティの問題点を尋ねた質問の結果をまとめると、コミュニティへの否定的評価を構成するものは、「気候」、「人間関係」、「村のインフラ」の

3つの要素である。

4-2-1. 気候

このうち、気候についての言及として、Johnさんは、次のように語っている。「（ここの問題点は）冬には退屈な事です。冬期はね。外にもでられますが、ここのエリアは退屈です。大都市だったら、冬にも、もっと（活動が）できますが。（中略）この辺の冬は12月、1月、2月、3月と4カ月間です。それが大きな問題です。」

このことが、この地域の人々の活動を夏期と冬期に大きく二分させている理由となっている。Johnさんの妻は、まだ在職中のため、Johnさんは、冬期に友人と短期間の旅行に出かける程度だというが、妻が退職したら、長期でフロリダ州などに滞在するつもりだという。Johnさんだけではなく、インタビュー対象者のうち、何人かが、冬期に長期間、南部の温暖な州に滞在している。JamesさんとAliceさんは冬期の5カ月間を、アリゾナ州のリタイアメント・コミュニティで過ごしている。Graceさんは、冬期の4カ月間をフロリダ州とテキサス州で過ごしている。HaroldさんとEliseさんは、10月から5月までのうち6か月間をフロリダ州のリタイアメント・コミュニティで過ごしている。したがって、この地域の退職者にとっては、夏期の生活以外に、もう半分の冬期の生活を考慮に入れる必要がある。

4-2-2. 人間関係

人間関係については、以下のような側面がある。

WillyさんとAnnaさん夫妻が、コミュニティの問題点として指摘したのは、親族の緊密なつながりがあることの利点と背中合わせにある、親族間の人間関係のネガティブな側面である。Willyさんにとっては、コミュニティにたくさん住む自分の兄弟姉妹との関係で、他のきょうだいとうまくやりながら、また別のきょうだいたちともうまくやることにおいて、難しいこともあるということだ。また、2人姉妹であるAnnaさんと妹との関係は、親の介護の問題から軋轢が生じたようである。そのため、結婚して地域外で長く暮らして

いたAnnaさんは、Annaさん側の親族の決定権において「一歩下がるようにしている」という。コミュニティが小さいことは、親族との対面の機会が多いという利点とともに、感情的にもつれることにもまた、陥りやすいといえる。

この他に、WillyさんとAnnaさんが指摘したのは、地元女性の「コーヒークラッチ」という、お茶のみ会である。地元にずっと住んでいるので、コミュニティの誰もを知っているというわけだが、それが、「いつの間にか、ゴシップに発展してしまう」のだという。そのため、Annaさんは、それには参加しないことに決めた。Annaさんは、「彼女たち（「コーヒークラッチ」をする女性たち）は、ずっと地域にいたんだと思います。そして私は、外に出て戻ってきたので、違うのです。彼女らは、いろいろな人たちの子どもたちや、孫たちのことを知っています。それで…私は知りたくないのです。」と、ゴシップ的に語られる、「コーヒークラッチ」での話題を、コミュニティの人間関係の負の側面と捉えている。

4-2-3. 村のインフラ

次は、村のインフラについてである。村のインフラについて問題点を指摘したのは、村長をしているRobertさんただ一人である。村に病院がないこと、医院に医師がいないこと、そして公共交通のシステムがないことが問題だという。小さな村であるが、やはり、自転車や徒歩での散歩以外には、車の運転が前提となっている。生活のすべてが徒歩圏に納まっているわけではないからである。村の中に病院や医院がなければ、車で最寄りの医療機関まで行かなくてはならない。そして、年をとって、車の運転ができなくなれば、現在の生活は、大きく制限されることになる。村行政の課題である。

4-3. 社会的交流活動の分類と特徴

社会的交流活動については、次のようなことが考察される。前章の「大都市都心」での退職者の社会的交流活動に関するインタビュー結果から得られた情報から分類したカテゴリーに従って、これらの活動を分類すると、「貢

献的活動（一般的貢献活動・専門的貢献活動）」と「社交的活動・運動」、「学習活動」に分けられるが、この他にウーストブルクでは、多くの退職者が、退職後に何らかの有償のパートタイム労働に従事しているため、「有償労働」が加わる。本事例における社会的交流活動には、前章の大都市の退職者の事例と比べて、その他にも顕著な違いがいくつか見られた。「専門的貢献活動」と、「学習活動」が少ないこと、また、活動全体においても、その種類は少ないことである。概要は、**表3-2**（後掲）の通りである。

インタビューの範囲では、「教会や家族・親族に関係した活動」が多いのに対して、それ以外の活動を見ると、「スポーツ」の他には、クラブや組織を通じた活動を挙げた人が少ない。前述のAnnaさんのコメントのように、家族との交流の量が多いため、必然的に、クラブや組織活動が起こりにくいと考えられる。また、「教会活動の一環としてのグループ活動」がいくつか見られることから、教会が人々の社会的交流の場としての大きな役割を果たしていることがわかる。

次に、これらの活動で、交流する人の世代についてであるが、概要は、**表3-3**（後掲）の通りである。全体的に見ると、Johnさんを除いて、どの退職者にも教会と親族との交流に幅広い世代との関わりが見られ、友人や小さなグループ活動では、同世代を中心とした交流が行われている。そして、教会を含む、ボランティア活動や有償労働のいくつかは、交流する世代幅が広いことがわかる。Johnさんの場合は、地元出身者でなく、教会に行っていないこと、子どもが独身であることが交流世代の幅が狭いことと関係している。

幅広い世代や異なる世代との交流が行われている活動について考察すると、前章の大都市の事例では、大部分が貢献的活動によってもたらされていたが、このスモールタウンの事例では、貢献的活動の他にも、社交的活動・運動や有償労働からも、もたらされている。前章の大都市の事例では、社交的活動・運動では、学習活動も含めて、大都市の退職者の、同世代を中心とした、同じ趣味や関心をもつ人々からもたらされる関係が多かったため、それらの活動に見られる「同質結合傾向」の意義について考察した。しかし、スモールタウンの事例では、全体的に見ると、そのような活動（映画クラブ、観劇、

表3-2　社会的交流活動の内容（単独活動を除く）と退職生活への評価

回答者/年齢/性別	退職前の職業/退職後年数/現自宅の居住歴	貢献的活動		社交的活動・運動
		一般的貢献	専門的貢献	
Ad/60/男	中学教師/5年/36年	・バーベキュー競技の審査員/年10回		・醸造クラブ/月1回 ・親友/週1日 ・親族/週1日 ・釣り　・ボート ・旅行（主に冬期）
Bd/68/男	化学者/企業管理者/10年/10年		・家系図作成ボランティア/冬期	・同窓会行事の実行委員 ・親族/週6日 ・教会/週1日
Cd/68/女 *Bdの妻	特別教育指導員/10年/10年	・孫の世話/週5日	・家系図作成ボランティア/冬期	・同窓会行事の実行委員 ・親族/週6日 ・教会/週1日
Dd/73/男	酪農家/2年/2年	・孫の学校の行事の補助/不定期 ・教会女性グループの手伝い ・住宅管理活動		・ゴルフ/週2日 ・友人/夏（週2～3回）、冬（毎日） ・親族/週4日 ・教会/週1日 ・自転車 ・カート
Ed/68/女 *Ddの妻	酪農家/2年/2年	・孫の世話/週2日 ・孫の学校の行事の補助/不定期 ・Home&EducationClub/月1回 ・カード作りボランティア ・教会の女性ワークグループ ・住宅管理活動		・ゴルフ/週1日 ・友人/夏（週2～3回）、冬（毎日） ・親族/週5日 ・教会/週1日 ・自転車 ・カート
Fd/70/男	企業管理者/8年/38年	・教会ボランティア（災害救援活動）/不定期 ・聖歌隊/週1日	村長としての活動	・親友/週1回 ・親族/週3回 ・教会週2回
Gd/68/女 *Fdの妻	秘書/6年/38年	・教会ボランティア（聖歌隊）/週1日 ・ボランティアグループ ・子どもや友人のサポート/週2～3回 ・孫の世話/週1回		・友人/週1～2回 ・親族/週3～4回 ・教会/週2回
Hd/71/女	大学教授/15年/8年		・[3組織の役員（女性のための識字、DV問題、人身売買問題）/月1回] ・[孫の学校の教師の補助/週2～3時間] ・[学生支援活動]	・ヨガクラス/週3回 ・エクササイズ/週3回 ・親友/週1日 ・親族/週1日（主に夏期） ・友人（食事、カヤック、自転車）/週数回 ・教会/週1（主に冬期）
Id/69/男	州運輸局試験官/14年/5年	・住宅管理活動		・コーヒーを飲みながらの友人との談話/毎日 ・親友/週2日 ・親族/毎日 ・教会/週1日
Jd/68/女 *Idの妻	調理師/14年/5年	・教会ボランティア（キルト寄付クラブ）/週1日 ・Home&EducationClub/月1回 ・住宅管理活動		・親友/週2日 ・親族/毎日 ・教会/週1日

学習活動	有償労働	最も重要な活動	わくわくするもの/楽しいもの	退職生活への評価	備考
		料理	家の掃除	100％〜120％パーフェクト、素晴らしい（wonderful）	・他州の出身 ・ガン治療中
・聖書勉強会/月1回	・大工仕事/週5日	大工仕事/家族		大工仕事への情熱で若さが保たれている（mental challenge）	・退職後に故郷に戻る
・聖書勉強会/月1回		家族/睡眠		かなり良好（pretty good）	・退職後に故郷に戻る
	・自分の農場のメンテナンス/週5日	ゴルフ	戸外・野外にいること	一日中忙しいが、やりたいことを取捨選択している（pick and choose）	・冬期5ヵ月は、アリゾナ滞在（リタイアメント・コミュニティ） ・コンドミニアム居住＊
	・農場作業の手伝い/不定期	カード作り	（夫と）一緒に野外で過ごすこと	楽しい（enjoyable）	・冬期5ヵ月は、アリゾナ滞在（リタイアメント・コミュニティ） ・コンドミニアム居住＊
・聖書勉強会/月1回	・教会の仕事/週2〜3日 ・銀行の仕事/月3〜4日	孫との交流		忙しいが退屈ではない、自分のしたいことをしている	・子どもたちは養子（そのうちの息子を2年前に亡くす）
・聖書勉強会/月1回	・教会の掃除/週2日	孫との交流	（夫と）一緒に過ごす金曜日や、孫たちがやって来ること	ほとんどの時、素晴らしい	・子どもたちは養子（そのうちの息子を2年前に亡くす）
・ブッククラブ/月1回		［孫の学校の教師の補助］	人と一緒に過ごすこと、1人で過ごすこと	素晴らしい生活（wonderful life, good life）	・ガン、神経痛の病気を経験 ・マディソンで週2日過ごす ・冬期（1月〜3月）は、フロリダとテキサスに滞在
	・エアポート・コネクションの運転/週2〜3日 ・レストラン（10月〜5月）	孫たちの行事に行くこと	孫たち	とても楽しい（very enjoyable）	・冬期（10月〜5月）は、フロリダ滞在（リタイアメント・コミュニティ） ・デュープレックス居住＊＊
	・家の清掃/週2日 ・レストラン（10月〜5月）	孫との交流	孫たち	よい（good）、自分たちがやりたいことをしている	・冬期（10月〜5月）は、フロリダ滞在（リタイアメント・コミュニティ） ・デュープレックス居住＊＊

回答者/年齢/性別	退職前の職業/退職後年数/現自宅の居住歴	貢献的活動		社交的活動・運動
		一般的貢献	専門的貢献	
Kd/68/女	高校教師/13年/7年	・犬のレスキューグループ/不定期 ・高齢者の家の清掃、話し相手/週2日	・子どもにソーイングを教える	・親族/週2回 ・親友/週3回 ・教会/週1回
Ld/86/男	鉄鋳造/22年/5年	・ゴミ収集・リサイクル活動/週1日・鳥の餌（ボランティア）/週2回・訪問ボランティア/週1日・住宅管理活動		・教会/週1日・孫、ひ孫との交流/週1日 ・釣り・自転車・ゴルフ

※＊共有地をもつ平屋建て住宅群　＊＊共有地をもつ平屋建て二戸一住宅群
※Hdの［　］内の活動は都市（マディソン）で行っているもの。

ブック・クラブ、大学講座や語学講座の受講など）は、ほとんど見られない。それに対して、社交的活動・運動に分類される活動の内容は、親族との交流や友人たちとの食事やコーヒーといった、カジュアルな交流、野外でのレジャーやスポーツが中心であり、比較的交流する世代が多様である。特に、親族との交流は、ほとんどの退職者にとって、幅広い世代との交流をもたらしている。その反面、学習活動を含めて、特定の関心で集まる、大都市の事例で挙げられたようなクラブや組織の活動が多く行われているわけではない。ただし、人種的にも、階層的にも非常に多様な大都市の環境要素の中における前章の事例と比べると、本事例では、オランダ系移民の子孫を中心とした「教会コミュニティ」であるという村の環境そのものが、そのカテゴリー内に収まる限りにおいて住民は「同質結合傾向」をもつと考えられる。

したがって、本事例では、幅広い世代や異なる世代との交流をもたらす活動について、貢献的活動の他にも、社交的活動・運動に分類される、「教会での交流」や「親族との交流」、そして「有償労働」を見て行くことにする。これは、前章でも考察したように、高齢者が生活の質を高めるための役割がどのように創出されるのか、という論点にしたがった考察である。本事例においても、これらの活動が、異なる世代間との双方向的なつながりをもつ、多世代包摂性をもった活動であるのかを見た上で、それらの活動から退職者にどのような役割がもたらされているのかを考察する。

学習活動	有償労働	最も重要な活動	わくわくするもの/楽しいもの	退職生活への評価	備考
	・家の清掃/週3日 ・犬の世話/毎日	ペットの世話/孫、ひ孫との交流	健康でいること	大変気に入っている（I love it）	・中年期に離婚
	・グローサリーストア/冬期、週2日・収穫の手伝い/不定期	釣り	スポーツ（フットボール、ゴルフ）の観戦	満足している（I'm satisfied.）	・ウーストブルクに52年居住 ・現在は隣村のデュープレックス居住＊＊

（2010年8月のインタビューにもとづく）

4-3-1. 貢献的活動

　この活動に分類できるのは、「一般的貢献活動」として、「孫の世話」、「孫の学校の行事の補助」、「教会女性グループ」、「カード作り」、「災害救援活動（教会活動）」、「聖歌隊（教会活動）」、「子どもや友人のサポート」、「キルト制作（教会活動）」、「犬のレスキュー活動」、「ゴミのリサイクル活動」、「鳥のエサやり」、「高齢者訪問」が挙げられる。このうち、幅広い世代または、異なる世代との交流があるのは、「孫の世話」、「孫の学校の補助活動」、「災害救援活動」、「聖歌隊」、「キルト制作活動」、「犬のレスキュー活動」である。また、「専門的貢献活動」としては、「家系図作成」、「村長の任務」、「社会問題啓発活動組織での役員活動」、「学生支援活動」、「孫の学校の教師の補助」、「子どもたちにソーイングを教えること」が挙げられる。このうち、世代多様性があるのは、「村長の任務」、「社会問題啓発活動組織での役員活動」、「学生支援活動」、「孫の学校の教師の補助活動」、「子どもたちにソーイングを教える活動」である。

4-3-2. 一般的貢献活動

　まず、「一般的貢献活動」の中で、幅広い世代または、異なる世代との交流がある活動の世代間のつながりを見て行く。

　「孫の世話」は、仕事に出ている親（自分の娘または、義理の娘）のために、孫を預かって世話をするというものである。Annaさんのように週5日という

表3-3 社会的交流活動の世代幅

回答者	子ども〜若年世代	中年世代	高齢者世代
Ad/60/男		←バーベキュー→ ←←醸造クラブ→ ←釣り・ボート・旅行→ 友人 子ども	
Bd/68/男			家系図（主に冬期） ←←←←←大工仕事→→→→→ 同窓会委員 ←←←←←←教会→→→→→→ ←聖書→← ←←←←←親族・友人→→→→→
Cd/68/女		←←←←←孫の世話/親族→→→→→	家系図（主に冬期） 同窓会委員 ←←←←教会→→→→ ←聖書→←
Dd/73/男	←孫の学校行事の補助→ ←←←←教会→→→→	←農場作業→→→	女性グループの手伝い ←ゴルフ→
	←←←親族→→→	友人	
Ed/68/女	←←孫の世話/親族→→ ←←←←←教会→→→→→ ←孫の学校行事の補助→→→→	←教会女性グループ→ 農場作業手伝い 女性ボランティアグループ ←カード作り→ ←←←←←ゴルフ→→→→→	
Fd/70/男	←←←←教会の仕事/聖歌隊→→→→ ←←←銀行の仕事→→→ ←←←←ウーストブルク村長→→→→	←聖書→← ←←教会ボランティア（災害救援）→→ ←←親族→→ 友人	
Gd/68/女	←←← ←←教会聖歌隊→→→ ←←教会ボランティア（災害救援）→→→	←聖書→← 教会の清掃（仕事） ←←親族→→ 友人	

第3章 スモールタウン居住と生活の質 211

回答者	子ども〜若年世代	中年世代	高齢者世代
Hd/71/女	←←←［学生支援の理事活動］→→ ←←［女性組織活動］→→ ←［社会問題啓発活動組織］→ ←［孫の学校教員の補助］→→→→→→ ブッククラブ カヤック・自転車 ←←←←親族→→→→ ←←←教会（主に冬期）→→→ 友人		
Id/69/男	←←←バンのドライバー（仕事）→→→ レストランの仕事（フロリダ；10月〜5月） ←コーヒー→ ←←←←←教会→→→→→ ←←←←親族→→→→ ←友人・隣人→		
Jd/68/女	←←←←教会→→→→ ←←←キルト製作ボランティア→→→→ ←家の掃除（仕事）→ レストランの仕事（フロリダ；10月〜5月） ←←←親族→→→ ←友人・隣人→ 女性ボランティアグループ		
Kd/68/女	←←←犬のレスキューグループ→→→→ ←←家の清掃（仕事）→→ ←犬の世話（仕事）→ ←←←←←教会→→→→→ ←←←←子ども家族→→→ 縫物指導		
Ld/86/男	←←←←←教会→→→→→ ←←←カジノ→→→ ←←←グローサリーストアの仕事（冬期）→→ リサイクル ←収穫の手伝い（仕事）→→ 釣り・自転車・散歩 ←←←←フリスビー→→→→ ←←ゴルフ→→ ←←←友人・知人との交流→→→ ←←←←子ども家族→→→→		

※回答者欄は回答者/年齢/性別の順に記載。
※Hdの活動のうち［　］内のものは都市（マディソン）で行っている活動。

(2010年8月のインタビューにもとづく)

場合や、Aliceさんのように週2日という場合、Kateさんのように一週間に一日という場合があるが、朝、親が連れて来た孫を預かり、夕方迎えに来るまで、孫と一日中一緒に過ごして、遊び、食事をし、どこかに連れて行ったりする。

　また、「孫の学校の行事の補助」は、孫の学校で行事がある時に、手伝いにいくというものである。一例として、JamesさんとAliceさんが話してくれたように、高校のバンド演奏会のために開かれた野外パーティーでは、運営に参加し、生徒たちに食べ物をサービスしたりするスタッフとして働く。ボランティアをするのは、その学校の生徒の祖父母が多いため、退職者世代が大半であるというが、ボランティアを通じて、高校生や教師などの世代と交流する活動である。

　「災害救援活動」は、災害で家を失った様々な地域の人たちのところに行って、家の再建を手伝う活動である。この活動を一緒にしているのは、ティーンエイジャーから、80歳までで、現地では一緒に教会に寝泊まりするのだという。

　「聖歌隊」は、グループを作って違う教会と一緒に聖歌隊としての活動をしているそうだが、教会メンバーによるものであるため、すべての世代を含んだ活動である。

　「キルト制作活動グループ」は、キルトをいくつも制作して、毛布に仕立て、それをホームレスに贈る活動をしているが、毎週、教会に集まって小学6年生から90歳までが布のカットや縫い合わせなどの制作の過程を分担しながら一緒に作って行くというものである。

　「犬のレスキューグループ」の活動は、個人が、様々な事情で飼えなくなった犬を引き取り、第3者への仲介をするというものである。元の飼い主から、どのような事情なのか、どのように飼ってほしいのかなどの話を聞くのだという。元の飼い主の家族やスタッフを含めて、すべての年代の人たちとの関わり合いが生まれる。

　以上のように、高齢世代の退職者がこれらの貢献活動を通して若年世代や中年世代と交流する中で、相互依存的な関わり合いが生まれている多世代包

摂的な活動であるといえる。

4-3-3. 専門的貢献活動

　このカテゴリーでの活動は、前章の大都市の退職者の事例と比べて、ウーストブルクの事例では、少ない。WillyさんとAnnaさんの「家系図作成ボランティア」の他、「村長」をしているRobertさん、「社会的活動」をしているGraceさん、「教師としての経験にもとづいた活動」をしているMegさんの回答した活動が、このカテゴリーに含まれるだけである。しかも、Graceさんの場合は、生活の拠点が、都市である州都のマディソンにもあり、「専門的貢献活動」は、そのマディソンで行われているということに留意する必要がある。

　これらの「専門的貢献活動」の中で、幅広い世代または、異なる世代との交流がある活動を取り上げ、世代間のつながりを見て行く。

　まず、Robertさんの「村長の任務」について見ると、日常的に参加する会合の多くは、周辺の自治体や広域行政区域の長が多いということだが、村長として、ウーストブルクの保育園、学校、救急活動グループ、教会、老人ホームなどの施設を回って様々な任務を果たしている。また、そうした施設でなく、日常的にもウーストブルクの住民たちと村長として交流を持っている。そのため、幅広い世代との関わりが生じているといえる。

　Graceさんの「社会問題啓発活動組織での活動」は、女性のための識字、ドメスティック・バイオレンスなどの問題をコミュニティで啓発活動をしている組織と、人身売買の問題をコミュニティで啓発活動をしている組織の活動である。これらの組織で、役員として活動している。役員メンバーは中年～高齢者世代であり、毎週会合を開き、イベントを企画し、実行するなど、メンバーとの深い関わりがある。また、「大学生の支援組織の活動」では、交流する世代は、22歳～80歳までであるという。学生と一緒に集まり、礼拝に行き、勉強の面倒を見る。そのため、この活動も支援する側と支援される側、双方の深い関わりが生じている。ただし前述のように、これらの活動拠点は「スモールタウン」ではない。

「ソーイングを子どもたちに教える」Megさんの活動は、11歳の子どもたちを自宅に呼んで、行われている。時には、家の周りを一緒にハイキングもする。世代は広くないが、若い世代との関わりである。

したがって、これらの「専門的貢献活動」も異なる世代との相互的な関わりを生む活動である。

4-3-4. 教会での交流、親族との交流

「教会での礼拝」は、毎週日曜日の朝に村の教会に行って礼拝をするというものである。ここで、地域のすべての年代の人々と一緒になり、礼拝をし、賛美歌を歌い、牧師の説教を聞く。地域の様々な人々との地縁を形成する基になり、親族が定期的に顔を合わせる機会となっている。前章の「大都市都心」シカゴで居住する高齢者の中にも、教会での交流を挙げた人が何人かいたが、本事例で特徴的なことは、これが村の大多数の住民の日常生活に組み込まれていることである。

「親族との交流」は、前述したように、同じ地域に親、きょうだい、子ども家族が住んでいるために、交流する世代は非常に幅広くなる。孫やひ孫から自分の親までの4～5世代にわたっていることもある。しかも、夫婦ともに地元出身であることがしばしばであるため、その場合は、親族関係が2倍となる。特に子どもや孫、ひ孫といった近い関係の親族との交流は、週に複数回行われている。毎日と答えた人もいる。

これら、「教会の礼拝」と「親族との交流」は、社交的活動・運動のカテゴリーに含まれるが、インタビュー調査をした、ほとんどの退職者によって行われている幅広い世代と関わる親密な交流である。

4-3-5. 有償労働

「有償労働」は、前章の大都市の事例では、ほとんど回答がなかったものだが、本事例では、調査対象者の大多数が有償労働に従事していた[8]。もちろん、退職後の仕事としてであるため、パート労働として週2～4日程度行われていることが多いが、Willyさんのように週5日、すなわち平日毎日とい

う場合もある。また、Harryさんのように冬期や収穫期というように季節に応じて変わる場合もある。仕事の内容は、退職前の職業とは、直接関係のないものが多いが、JamesさんやAliceさんのように「農場での仕事」や、Haroldさんの「運転手としての仕事」、Eliseさんが冬期に行っている「レストランでの仕事」は、退職前の仕事内容と関連している。Willyさんの「大工仕事」は、Willyさんの父親が退職後に始めた修繕の仕事や、Willyさんの妻のAnnaさんの親族の仕事が関連している。Willyさんの大工仕事では、顧客の家で長期に作業するため、顧客の家族との交流がもたらされるといえる。Robertさんの「銀行業務」も顧客の家を車で回る仕事であるため、訪問先の家族とのつながりが生まれると考えられる。HaroldさんとEliseさんは、冬期に長期にわたってフロリダ州のリタイアメント・コミュニティで過ごしているが、その地域にある、レジャーランドのレストランで働いている。そのため、そのレストランの同僚や客には、幅広い世代が含まれている。Harryさんの仕事も、グローサリーストアや農場で、若い人たちと共に働き、店では、様々な年代の客とも交流する。MegさんがEliseさんとともに行っている「家の清掃」は、湖畔に点在する家や貸しコテージを清掃する仕事である。Megさんは、高齢者（80〜90代）の家も半ばボランティア（有償であるが）で清掃している。Megさんは、単に家を清掃するだけでなく、その家に住む人と、時には、1時間以上、家族の話などを聞くこともあるという。

　これらの労働を通して関わる世代は、仕事の種類によっても異なるが、少なくとも、中年世代との関わりは、どの仕事からも、もたらされている。

4-4. 社会的交流活動と役割についての考察

　上記で取り上げた活動から生じた役割を考察し、社会的交流活動と役割との関係を考察する。前章で考察したように、社会的交流活動から生じる役割を「労働」、「財政」、「教育」、「保護」、「サービスの享受」に分類し、表3-4にまとめた。

　前章の大都市の退職者の事例では、退職者が退職期前後に、役割の喪失を経験するということを前提に考察した。それは、大都市圏においては、都心

表3-4 社会的交流活動と役割

回答者/年齢/性別	労働	財政	教育	保護	サービスの享受
Ad/60/男			・バーベキュー競技の審査員	・子どもとの交流	・醸造クラブ ・釣り ・ボート ・旅行 ・親族や友人との交流
Bd/68/男	・家系図作成(冬期) ・同窓会実行委員 ・大工仕事	・大工仕事	・孫との交流	・子ども家族との交流 ・父親への訪問	・教会 ・聖書勉強会 ・親族や友人との交流
Cd/68/女 *Bdの妻	・家系図作成(冬期) ・同窓会実行委員	・孫の世話	・孫の世話	・孫の世話 ・子ども家族との交流 ・父親への訪問	・教会 ・聖書勉強会 ・親族や友人との交流
Dd/73/男	・孫の学校の行事の補助 ・教会グループの手伝い ・農場メンテナンス	・孫の学校の行事の補助 ・農場メンテナンス	・孫の学校の行事の補助 ・孫との交流	・孫の学校の行事の補助 ・子ども家族との交流 ・母親への訪問	・教会 ・ゴルフ ・自転車 ・カート ・リタイアメント・コミュニティ(冬期) ・親族や友人との交流
Ed/68/女 *Ddの妻	・孫の学校の行事の補助 ・カード作り ・農作業手伝い	・孫の学校の行事の補助 ・農作業手伝い ・孫の世話	・孫の学校の行事の補助 ・孫の世話	・孫の世話 ・孫の学校の行事の補助 ・高齢者訪問(ボランティア) ・教会女性ワークグループ ・義理の母親への訪問	・教会 ・ゴルフ ・自転車 ・カート ・リタイアメント・コミュニティ(冬期) ・親族や友人との交流
Fd/70/男	・村長の仕事 ・教会の仕事 ・銀行の仕事	・村長の仕事 ・教会の仕事 ・銀行の仕事	・聖歌隊 ・村長の仕事 ・孫との交流	・災害救援活動 ・村長の仕事 ・孫との交流 ・母親への訪問	・教会 ・聖書勉強会 ・親族や友人との交流
Gd/68/女 *Fdの妻	・教会の清掃の仕事	・教会の清掃の仕事	・聖歌隊 ・孫の世話	・災害救援活動 ・孫の世話 ・友人への訪問 ・子どもとの交流	・教会 ・聖書勉強会 ・親族や友人との交流
Hd/71/女 *単身者	[孫の学校の教師の補助]	[社会問題啓発活動] [孫の学校の教師の補助] [学生支援活動]	[社会問題啓発活動] [孫の学校の教師の補助] [学生支援活動] ・ブッククラブ ・孫との交流	[社会問題啓発活動] [孫の学校の教師の補助] [学生支援活動] ・孫との交流 ・子どもとの交流	・教会 ・ヨガ ・エクササイズ ・カヤック ・親族や友人との交流 ・フロリダやテキサスで過ごす(冬期)
Id/69/男	・運転手の仕事 ・レストランの仕事(冬期)	・運転手の仕事 ・レストランの仕事(冬期)	・孫との交流	・孫との交流 ・子どもとの交流	・教会 ・親族や友人との交流 ・リタイアメント・コミュニティ(冬期)
Jd/68/女 *Idの妻	・キルト制作 ・清掃の仕事 ・レストランの仕事(冬期)	・清掃の仕事 ・レストランの仕事(冬期)	・孫との交流	・キルト制作 ・孫との交流 ・子どもとの交流	・教会 ・親族や友人との交流 ・リタイアメント・コミュニティ(冬期)

Kd/68/女 *単身者	・清掃の仕事 ・犬の世話の仕事 ・子どもたちにソーイングを教える	・清掃の仕事 ・犬の世話の仕事 ・子どもたちにソーイングを教える	・子どもたちにソーイングを教える ・孫、ひ孫との交流	・子どもたちにソーイングを教える ・犬の救助活動 ・高齢者の家の清掃の仕事 ・孫やひ孫との交流	・教会 ・親族や友人との交流
Ld/86/男	・ゴミ収集リサイクル活動 ・グローサリーストアでの仕事（冬期） ・収穫の手伝い（収穫期）	・グローサリーストアでの仕事（冬期） ・収穫の手伝い（収穫期）	・孫やひ孫との交流 ・近所の子どもたちとフリスビーをする	・鳥の餌やり（ボランティア） ・高齢者訪問（ボランティア） ・孫やひ孫との交流 ・近所の子どもたちとフリスビーをす	・教会 ・子どもとの交流 ・釣り ・自転車 ・ゴルフ ・フリスビー ・カジノ ・親族や友人との交流

※Hdの［　］内の活動は都市（マディソン）で行っているもの。

(2010年8月のインタビューにもとづく)

であれ、郊外であれ、多くの退職者は、職業生活からの離脱を経験し、また、家族についても子育てが終わり、子どもが独立して家を離れて行くことを経験することが多いからである。これらは、それまでに担ってきた、職業役割や親としての役割を、縮小または、喪失させることを意味している。したがって、第1章や第2章での役割についての考察では、退職期前後に経験する、役割の断絶としての役割喪失とその補完という視点から、社会的交流活動からもたらされる役割を見てきた。

　しかし、本事例では、社会的交流活動からもたらされる役割は、必ずしも役割の断絶を埋め合わせるものとしてではなく、「役割の継続や自然な移行を補強するもの」としても見て行く必要があるだろう。

　大きな相違は、多くの退職者が、親族をごく身近な日常の生活圏にもっていることである。したがって、家族の役割の縮小が、しばしば見られる大都市の退職者と違って、家族に由来する役割を継続して担っている場合が多い。彼らの社会的交流活動には、親としての、祖父母としての、さらには、自身の高齢の親の子どもとしてさえ、果たしている役割が日常的に存在している。それが、退職生活の日常の役割の大きな部分を満たしている。表3-4の「保護役割」に含まれるものは、彼らが、高齢の親を訪問して様子を見たり、子どもの用事を済ませてやったり、子どものために孫を預かったり、孫の学校に手伝いに行くという日常に組み込まれた親族とのつながりから生じている

ものがかなりの部分を占めている。そして、それは、前述した（4-3-4）ように週複数回、あるいは毎日という頻繁さで行われている。第2章の大都市圏での事例でも、親族、特に子ども家族との交流は、もちろん、なされていた。しかし、大部分が月に1〜2回、時には年に数回という頻度であった。

また、4-3-5の項で述べたように、「有償労働」に従事している人が多いために、表3-4の「労働役割」は、それらから生じる役割が大部分を占めている。そして、それらは、「財政役割」にもなっている。ただし、これらの「有償労働」に関して、彼らは、退職後に自分たちのライフスタイルに合わせて選んだものであり、忙しいが、やりたいことをしていると言う。4-1-3の項で考察したように、このような労働の継続は、ある程度の範囲内ではあるが、「ライフスタイルの継続」の意味ももっていると考えられる。

さらに、「退職者世代がコミュニティに包摂されている」ということがいえる。退職者の働きを人々が当てにしているということである。第3節の項でJamesさんが苦笑しながら言及したように、退職者だと見ると、こういう仕事がある、と人々が退職者に仕事をさせようとするということだ。組織やクラブという枠組みを伴わない、スポット的なニーズが、コミュニティの人々から、退職者に寄せられるのである。そしてそれは、親族からも同様である。

これらのことから、役割の断絶が顕著に生じず、したがって、それを埋め合わせるというより、役割の継続や自然な移行を補強するものとなっていると考えられる。

まとめ

本事例の考察を第2章の事例と対比してみると、第2章の事例の「大都市都心」において観察された、高齢者の、クラブ・組織などへの参加による社会的交流活動の活動量の多さは、それまで果たして来た職業役割や家族の中で果たして来た役割を、縮小または、喪失させたことの補完としての意味をもっていると考えられるが、本事例の「スモールタウン」の退職者の場合は、

家族としての役割や職業からもたらされていた役割は、大きな断絶ではなく、継続し、または、コミュニティの中で、ライフステージの自然な移行として経験されているといえる。そのために、退職者としての日常の社会的交流活動の中に、自分の家族や、自分自身が関わる有償労働がかなりの比重を占めている。相対的にクラブ・組織活動への参加が少なくなってくるのは当然のことであろう。逆に言えば、3-2-5の項のWillyさんのコメントにあるように、親族との関わりや（有償の）仕事で満たされているという要因によって、それ以外の組織的活動への参加意欲が、それほど高くならない、または時間的余地がないとも考えられる。さらに、有償労働については、キリスト教、プロテスタントの宗教的な価値観もある程度は影響しているかもしれない。働くことが喜びとなる、勤勉であることに対する価値の高さである。

　また、物理的環境要素の違いがある。前章でも考察したように、「大都市都心」では、退職者が参加できるアメニティが、非常に豊富に、多様に存在する。自分たちが享受する文化や娯楽やスポーツや医療などだけでなく、自分たちが貢献できる場も豊富であった。多くの博物館、美術館、劇場、病院、図書館、大学などがあり、それぞれにおいて、ボランティアができる環境があった。さらに、大都市の都市問題が存在し、階層的な多様性も大変大きいため、教会を中心として、貧しい人々への貢献的活動も多様であった。

　それに対して、「スモールタウン」では、そういった大都市のアメニティが存在しない。階層的な多様性も大きくない。人々の生活は、ほぼ見渡せ、地縁と血縁の相互依存関係が機能している。したがって、貢献的活動の大きなニーズの下に多様なクラブや組織が作られている大都市とは違って、ウーストブルクでは、そもそも、そのような貢献的意味合いをもつクラブや組織活動が活発ではないと考えられる。インタビュー調査で言及されたのは、「教会関係のグループ」以外では、女性組織の「ホーム＆エデュケーションクラブ」の他、インタビュー対象者は誰も参加していなかったが、「キワニス・クラブ」、「オプティミスト・クラブ」、「ライオンズ・クラブ」くらいであった。州都マディソンで生活の拠点を半分置いているGraceさんは、複数の社会的組織の役員として活動しているが、彼女のこの活動は、ウーストブ

ルクではなく、都市的環境が背景となっている。

「スモールタウン」ウーストブルクの事例からいえることは、親族とともに暮らすコミュニティの中で、親や子どもや孫やひ孫、さらにおじ、おば、いとこ、おい、めいといった重層的な親族関係の一部として退職者が包摂されていることによって、それぞれに対応する多様な役割を担っていて、それが退職者の生活の質に寄与しているということである。したがって、社会的交流活動によってもたらされる役割は、親族と関連した「教育役割」や「保護役割」の比重が非常に大きくなっている。人々の地縁も、教会で毎週顔を合わせ、村の様々なイベントが教会と結びついているという「教会コミュニティ」で、同質的な宗教的価値観にもとづいて形成されている。このような地縁・血縁社会では、それぞれのライフステージにおいて、期待される役割があり、それぞれの世代の人々は包括的な一貫した人間関係の中で、明確な位置付けを与えられている。その意味では、ウーストブルクは、同質的な価値観の社会である。人々が、その中に、すっぽりと当てはまる場合には、心地よい環境である。しかし、地元の出身ではない場合には、必ずしも全面的に心地よいとは言えないかもしれない。Johnさんのように、教会に行かず、子どもたちも家を離れている場合には、アウトサイダーの意識があるかもしれない。将来は、ここに居続けることは考えていないということである。つまり、宗教的・文化的価値観、家族の価値観、生活様式などにおいて同質的な社会では、その条件を満たす場合には、しっかりと包摂される社会といえる。それが、「スモールタウン」のもつ、両義性であろう。しかし、本事例で調査したほとんどの退職者たちは、「スモールタウン」のこの環境を享受している。彼らは、そのために地域の外から戻ってきたし、地域の中に住み続けてきた。そして、コミュニティの人間関係のネガティブな面もあるが、コミュニティの利点について、その何倍も語っている。それは、この「スモールタウン」のライフスタイルを選択した退職者の最もパワフルなコメントの部分であり、彼らの生活の質が、どこから生まれているかを示すものである。

【注】

1 ウーストブルクのデータは米国国勢調査局による 2005-2009 American Community Survey 5-Year Estimates にもとづく。ただし、人口データはセンサス 2010 にもとづく。シカゴ市および全米のデータは、センサス 2010 のデータにもとづく。

2 http://www.city-data.com/city/Oostburg-Wisconsin.html（2010年7月30日取得）、ウーストブルクのホームページ http://www.oostburg.org/index.htm（2010年3月2日取得）にもとづく。

3 シェボイガン郡の2012年の大統領選の結果は、共和党のロムニー氏54.2％、民主党のオバマ氏44.8％であった。（ウィスコンシン州全体では民主党オバマ氏52.8％、共和党ロムニー氏46.1％、全米では民主党61.7％、共和党38.3％）ニューヨークタイムズウェブサイトにもとづく。（http://www.elections.nytimes.com/2012/results/president 2015年8月16日取得）

4 センサス2000によるとオランダを起源とする米国人の人口は4,542,494人で、米国人口の1.6%である。

5 ウーストブルクの南に隣接する村。ウーストブルクと同様に、19世紀半ば1847年にオランダ人移民によって作られた。人口は1,887人（センサス2000）である。

6 今回のインタビューで、何回か言及があったが、これは、一棟の両側に一軒ずつの2世帯が居住する、2戸一住居である。ただし、彼らは、コンド（コンドミニアムの略称）と呼び、敷地内に同様に建設されている6棟程度の2戸一住居の住民とともに共有地をもち、アソシエーションを組織して、芝刈りや雪かきなど、共有地部分の管理を共同で行っている。住居は2LDK＋地下室程度の大きさであるという。大きな一戸建てから、退職後にこのようなコンパクト住居に移ったという例が複数、報告された。

7 どれも世界規模に発展したボランティア財団組織。「キワニス・クラブ」はウォルター・ゼラー（Walter Zeller）が1940年に設立した。地域社会で子どもたちのための奉仕活動プロジェクトを支援する。「オプティミスト・クラブ」は18世紀初期にイギリスの劇作家リチャード・スティール卿（Sir Richard Steele）が"ノン・ペシミスト"クラブとして始めたことが起源。2,500以上の地方クラブからなる子どもの福祉のためのボランティア組織。生活信条として楽観主義（オプティミズム）を発展させることが目的。「ライオンズ・クラブ」は46,000のクラブをもつ世界最大の奉仕クラブ組織。「地域社会を支援するために必要なことは何でもする。」1917年にシカゴの実業界のリーダー、メルビン・ジョーンズ（Melvin Jones）によって活動が提案された。以上の情報は、キワニスインターナショナル財団ウェブサイト

http://www.kiwanis.org/foundation（2015年8月11日取得）、オプティミストインターナショナル財団ウェブサイト http://www.optimist.org/（2015年8月11日取得）、ライオンズ・クラブ国際協会ウェブサイト http://www.lionsclubs.org/（2015年8月11日取得）を参照。

8　2000年現在、65歳以上の男性の17.5%、女性の9.4%が就労している（アチュリー＆バルシュ 2004 =2005: 228）。

第3章　スモールタウン居住と生活の質　223

資　料

ウーストブルク風景（2010年8月、筆者撮影）

シェボイガン郡風景（2010年8月、筆者撮影）

ウーストブルクの高齢者と家族写真（2010年8月、筆者撮影）

ウーストブルクの高齢者たち（2010年8月、筆者撮影）

第3章　スモールタウン居住と生活の質　225

ウーストブルクの高齢者と（2010年8月、松井隆子氏撮影）

ウーストブルクの高齢者（2010年8月、筆者撮影）

第4章

高齢者コミュニティと生活の質
―― メリーランド州「レジャー・ワールド」を事例として ――

第4章では、米国の高齢者の居住形態の選択肢の一つとして考えられている「高齢者コミュニティ[1]」について考察する。高齢者コミュニティの分類については、後述（第3節）するが、本書の第1章～第3章で対象としてきた「大都市郊外」、「大都市都心」、「地方のスモールタウン」で現在、一般居住を行っている高齢者にとっても、「高齢者コミュニティ」は、将来の居住地の選択肢の一つに挙げられることが多い。本章では、これまでのインタビューおよび質問紙調査から得られた情報から、高齢者たちの将来の居住への意識をまとめ、検討を加えた上で、代表例の一つとされている高齢者コミュニティを事例として取り上げ、その物理的環境要素と社会的環境要素の諸要素から生活の質について考察する。

第1節　高齢者コミュニティと生活の質をめぐって

　日本でも大都市地域では、ここ数年の間に、増加する高齢者人口を市場として高齢者専用の集合住宅が急増しているが、米国では高齢者専用の居住形態が一つの市町村規模のレベルで半世紀も前から存在している。

　本章では、高齢者が大半を占める、このようなコミュニティを「高齢者コミュニティ」と定義し、高齢者コミュニティを通して高齢者の居住環境と生活の質について考察する。

　人為的に高齢者だけを対象とした単一世代で構成される居住環境は、居住者にとってどのような意味をもつのだろうか。また、こうした施設にしばしば見られるように、安全確保のためにゲートで入場を制限していることが高齢者居住に何をもたらしているのだろうか。これらの問題意識から、本章では、米国の高齢者コミュニティについて、その最も純化された姿である、高齢者向けゲーテッド・コミュニティ（Gated Community）[2]に関する事例研究を通して、その居住環境と生活の質について考察し、高齢者が生活の質を高めることに寄与する要素とは何かを、居住環境の側面から検討していくことにする。具体的には、米国で代表的な高齢者向けゲーテッド・コミュニティである「レジャー・ワールド（Leisure World）」を取り上げ、運営母体への訪問調査および一般住宅居住の高齢者への質問調査から得た資料の分析を試みた

い。

　本章の分析枠組みは、以下のとおりである。第2節で高齢者コミュニティに関する先行研究およびゲーテッド・コミュニティに関する先行研究を概観し、本章の論点に関連して、どのような研究がされ、議論されているのかを見る。次いで、第3節で米国における高齢者コミュニティの分類から、事例とするコミュニティの位置づけを行う。そして第4節で調査の概要を記述し、第5節で高齢者の将来の居住の意識について検討を加えた上で、事例とした高齢者コミュニティを物理的環境要素と社会的環境要素の両側面から考察を行う。最後に、この考察から、高齢者コミュニティと生活の質について、どのようなことが導き出されたのかをまとめる。

第2節　先行研究と本事例の論点・意義

　はじめに、「高齢者コミュニティ」に関連した先行研究を挙げ、次いで「ゲーテッド・コミュニティ」についての先行研究を挙げる。

　米国の「高齢者コミュニティ」については、高齢者コミュニティでの適応を扱った研究（後述）、高齢者コミュニティの地域選択の変化を扱った研究（後述）、高齢者コミュニティにおける世代交流促進のためのプログラム提案や実践事例を扱った研究（カプランほか2006）、高齢者コミュニティの住民間の政治を扱った研究（アンデル&リービッヒ Andel and Liebig 2002）、高齢者コミュニティの役割を扱った研究（カヌッシオ Cannuscioほか2003）、高齢者コミュニティでの生活を現代的な米国の文化現象として観察・描写した研究（フィッツジェラルド Fitz Gerald 1986）などがある。このうち、入居する高齢者コミュニティでの適応、住民間の政治、コミュニティ内の生活の観察・描写、そして地域選択の変化を扱った研究を概観する。

　まず、入居する高齢者コミュニティでの適応を扱った研究には、高齢者コミュニティへの移住の動機の違いによる住民の適応性の差異、移住後の満足感（well-being）の変化、移住後の役割意識の変化に関するものなどがある。

　移住の動機の違いによる適応性の差異に関する研究では、高齢者自身の積極的選択が、その後の居住への適応に重要であるとされ、適応性を高めるた

めに、積極的選択を促すことを目的とした介入提案が紹介されている（ベケットほか2009）。したがって、移住後の適応には、この点が影響するといえるが、本事例では、前提条件を一定とみなして考察する。

移住後の満足感の変化を扱った研究では、高齢者コミュニティへ移住して間もない女性を調査した結果、大多数（81%）が、食事や様々な活動が提供されることによる健康の増進や、移住先で親しい友人をもつことなどによって生活全般に対する満足感が高まっていることが明らかにされている（ロッセン&ナフル Rossen and Knafl 2007）。しかし、居住環境がもたらす生活の質については、これらの側面だけでなく、さらに多角的に検討する必要がある。

移住後の役割意識についての研究では、移住前のライフコース上で経験した社会的関わりの程度が、移住後の役割意識の多寡に影響を及ぼしているとされ、家族や友人以外にも社会的役割を多く経験してきた人が高齢者コミュニティへの移住後も役割意識が大きいことが明らかにされている（モーエンほか2000）。一方で、序章で記述したように高齢期を家族・親族と職域からの役割縮小過程であるとし、地域コミュニティは、高齢者にとっての新たな役割の創造・回復・維持の生活基地となりうるという捉え方がある（金子 1993: 147-8）。この捉え方では、高齢者にとって、居住空間を直接取り巻く社会を、新たな役割を創造する可能性をもつ場であるとみている。また高齢期には中年期の直接的な責任を越えた役割が生じてくると論じられている（エリクソンほか1986=1990: 79）が、これは、高齢者の生活の中に他の世代との関係性が存在することが前提である。このような高齢者の地域コミュニティでの役割と世代間関係に関する議論も、高齢者コミュニティの単一世代性という居住環境と生活の質を考察する論点となろう。さらに、序章でも言及したように、高齢者のサポートに関しては、サポートの授受のバランスがとれているとき、あるいは受領より提供のほうがやや多いときに、幸福感や精神的健康度が高まるとされている（浅川2008: 109）。サポートの授受を役割の視点から見ると、サポートの提供は、「主体的役割」、サポートの受領は「受動的役割」と見ることができる（徳村・大江2008）。高齢者コミュニティを一つの地域コミュニティとみなした場合、高齢者コミュニティがもつ運営母体によ

るサービス提供システムを伴った居住環境と高齢者の役割の発生の関係についても考察していく必要がある。

　高齢者コミュニティにおける住民間の政治を扱った研究には、本章でも事例とする「レジャー・ワールド」の1つが事例にされているものがある。カリフォルニア州の「レジャー・ワールド」[3]において、近隣で起こった空港建設問題をきっかけとして、住民が立ち上がり、高齢者コミュニティが、一つの市として独立し、政治力を獲得するまでに至ったという非日常的なトピックが取り上げられている。この研究では、概して政治活動に対して消極的な高齢者コミュニティの住民が一部であるにせよ、居住環境に直接影響する危機によって行動が喚起されたことを「グレーパワー」の可能性として解釈している。

　高齢者コミュニティを米国の文化現象の視点から観察した研究（フィッツジェラルド 1986）では、代表的な高齢者コミュニティの例として、第3節で紹介する「サン・シティ（Sun City）」が事例とされている。この文献では、フロリダ州の「サン・シティ」[4]での住民の生活の特徴が観察されている。本章の考察との対比として示唆を与える点としては、住民が「サン・シティ」を選択理由としたのは、ゴルフコースなどのアメニティや、内部住民との階層的同質性[5]にあること、住民は、外部の近隣住民や若い世代との間に接点がなく、分離していること、内部では、多くのクラブ活動やスポーツが行われていること、ボランティアなどの社会的活動は、ある程度は活発だが、積極的な役割を担っているのは、住民の10～20％にすぎず、ゴルフやブリッジなどの社交的活動が中心的であること、さらに、住民の子ども家族への依存志向は低いことなどである。

　また、パルモア（1999=2002: 225-7）は、高齢者コミュニティを世代分離型居住として、居住における凝離・隔離の問題をエイジズムの視点から批判している。自己の自由な居住地選択と考えられている背景に、社会にある高齢者への否定的な意識が影響していることも検討されなければならない。

　次に、高齢者コミュニティの地域選択の変化についての研究では、退職者世代に新たに加わる、「ベビーブーマー」という大きな人口コホートの退職

が、従来のような、退職者の退職時期や高齢者コミュニティへの移動パターンを変える可能性について分析している。これによると、退職後の居住地志向に関しては、離婚や少子化の拡大による家族関係の変化から家族・親族との近接が好まれる傾向も生じうるなど、温暖な気候やアメニティを求めて米国南部の高齢者コミュニティへ移動するといった伝統的な形が崩れ、多様性が大きくなると予測している（ハース＆セロー Haas Ⅲ and Serow 2002）。米国の高齢者の移動についての報告（U.S. Census 2000）によると、1995～2000年に移動した高齢者の18.8％が、違う州に移動している。州外移動は、ワシントンDC、ニューヨーク州など北東部から、ネバダ州、アリゾナ州、フロリダ州など、依然としてサンベルト地域への移動が多いが、残りの81.2％は同じ州内で移動しており、中でも59.7％は同じ郡内での移動であるという。また、1990～1998年の調査では、アトランタやワシントンDC、ヒューストンなど、いくつかの大都市において、高齢者人口が大きく増加している30の郡のうち、21の郡はその郊外地域だという（フレイ＆デヴォル Frey and Devol 2000）。さらに、高齢者が退職前に居住した郊外地域を退職後の居住地として選択する傾向もあるという調査結果も報告されている（ゴーラント Golant 2002）。高齢者コミュニティへの移住のための居住地移動と、それによって影響される高齢者コミュニティ外部の家族や友人とのつながりも、居住環境と生活の質を考察する上で重要である。

　次に、「ゲーテッド・コミュニティ」に関する先行研究を挙げる。これには、大別してゲーテッド・コミュニティを生む社会背景に焦点を当てたものと、ゲーテッド・コミュニティを居住コミュニティの視点で分析したものがある。

　前者は、米国社会の中の恐怖、排除、分断をテーマとして、ゲーテッド・コミュニティという概念そのものを批判的に扱っている（ディヴィス Davis 1990=2001；ヤング Young 1999=2007）。

　後者のゲーテッド・コミュニティを居住コミュニティの視点で考察したものには、参与観察や住民へのインタビュー調査、統計資料等から、より客観的で多面的な分析が見られる（ブレークリー＆スナイダー Blakely and Snyder

997=2004; ロウ Low 2003)。ここでは、ゲーテッド・コミュニティが住民から支持される理由として「安全」、「平穏」、「静謐」、「プライバシー」などが挙げられているが、ゲートが外部社会から心理的、社会的な距離を置く役割を果たしているということ、ゲートが逆に、ゲートの内側の住民に犯罪への恐怖や他者への恐怖の感覚を増幅してしまっていることなどが言及されている。これらの研究の中で、高齢者コミュニティ（リタイアメント・コミュニティ）は、ゲーテッド・コミュニティの分類上、高齢者のライフスタイルの選択の範ちゅうとして「ライフスタイル型コミュニティ」に位置づけられている。高齢者が、このような、ゲートのある高齢者コミュニティを選択する動機として、住居の維持・管理の軽減、高齢者の居住性に適応した住宅（コンドミニアムやランチハウスなど、コンパクトでワンフロアの住宅）の存在、住宅組合による資産維持機能などに加えて、安心感が挙げられている（ブレークリー＆スナイダー 1997=2004: 55-63; ロウ 2003: 199-218）。ゲート化された高齢者コミュニティについての考察においては、ゲーテッド・コミュニティを巡る、このような正と負の両面について検討されなければならない。

　以上の先行研究を踏まえて、単一世代性や閉鎖性といった高齢者コミュニティがもつ居住環境要素は、高齢者の生活の質に影響を与えているのかということを本章の論点とする。本章の考察は、高齢者単一世代のコミュニティという特別な居住環境でありながら、米国では高齢者自身が移住地として考える選択肢として何も特別なものではない。高齢化が進む先進諸国にとって、高齢者コミュニティという居住形態は我が国を含めて今後も、さらに増加して行くであろう。このような高齢者コミュニティの本質的環境要素についての考察は高齢者の生活の質を別の側面から追究するものとして意義深いと考えている。

第3節　米国における高齢者コミュニティの分類

　米国の高齢者のための居住形態には、基本的に①健康な高齢者のための居住形態、②日常生活での支援が受けられるグループ居住の形態、③24時間

監視体制の医療サービスやリハビリテーション・サービスなどが受けられるナーシング・ホーム（nursing homes）の3つの形態がある。このうち、①の健康な高齢者のための居住形態は、「インディペンデント・リビング（independent living）」とも呼ばれ、高齢者専用アパート（senior apartments）、リタイアメント・コミュニティ（retirement communities）、低所得者用住居（low-income housing）が含まれる。②のグループ居住形態は、州によって認可条件や呼び方が様々であるが、概ね以下のようなものがある。生活に必要な最低限の補助（食事、入浴、着替え、髪の手入れ、トイレなど）を提供する小規模施設の「ボードアンドケアホーム（board and care homes）」、ボードアンドケアホームより広範な補助を提供する「アダルトフォスター・ケアホーム（adult foster care homes）」、これら2つより施設の規模が大きな、「アダルトケア・ファシリティ（adult care facilities）」[6]、24時間体制の生活支援や医療体制が整っている「レジデンシャルケア・ファシリティ（residential care facilities）」などである。その他、州によっては特に認可制で、州法で規定されている「アシステッドリビング・ファシリティ（assisted living facilities）」、さらに一つの敷地に①〜③の施設を含み、住民が健康状態、自立度によって敷地内の居住空間を移動できる「コンティニュイング・ケア・リタイアメント・コミュニティ（continuing care retirement communities: CCRC）」がある[7]。

　本章で事例とする「高齢者向けゲーテッド・コミュニティ」は、①のインディペンデント・リビングに位置づけられ、「リタイアメント・コミュニティ」に分類される。リタイアメント・コミュニティは、住民が200〜300人程度のものから、数千人以上の大規模なものまである。大規模なリタイアメント・コミュニティの典型として、しばしば引き合いにだされるのが、前節で触れた「レジャー・ワールド」や「サン・シティ」である。このうち最大のものは、デル・ウェブ社（Del Webb Corporation）による「サン・シティ」である。この名前のコミュニティは、全米に10あるが、最初のものは、1960年にアリゾナ州に建設された。同社が所有するリタイアメント・コミュニティは、「サン・シティ」の他に20州に50ある[8]。①に位置づけられるリタイアメント・コミュニティは、健康な高齢者のコミュニティを意味す

表4-1　米国高齢者世帯の居住環境別数値
（高齢者コミュニティおよびゲーテッド・コミュニティ）

（単位：千世帯）数値は2005年秋現在

世帯数	合計	全世帯に占める比率	うち65歳以上の世帯数	65歳以上の世帯に占める比率
全世帯	108,871	100.0%		
65歳以上世帯	22,197	20.4%	22,197	100.0%
年齢制限付き（55歳以上）コミュニティ	2,834	2.6%	2,346	10.6%
ゲーテッド・コミュニティ	6,925	6.4%	1,517	6.8%
入場制限付きマルチ・ユニット	5,841	5.4%	1,695	7.6%
ゲーテッド・コミュニティ＋入場制限付きマルチ・ユニット	12,766	11.7%	3,212	14.5%

出所：U. S. Census Bureau, Current Housing Reports, Series H150/05, American Housing Survey for the United States. による Table 957. Occupied Housing Units-Neighborhood Indicators by Selected Characteristics of the Householder:2005 から筆者作成

る、「アクティブアダルト・リタイアメント・コミュニティ（active-adult retirement communities: AARC）」と特に呼ばれている[9]。また、上記の分類の他に、55歳以上を対象とした、「モービルホーム・パーク（mobile home park）」での居住形態というものもある。「モービルホーム」は、可動式住宅だが、移動を目的とせずに、「モービルホーム・パーク」でリタイアメント・コミュニティを形成して居住している場合も多い。「モービルホーム」は、「マニュファクチュアードホーム（Manufactured Home）」とも呼ばれている[10]。

　表4-1に、米国国勢調査（U.S. Census）によるデータから算出した、米国高齢者世帯の居住環境別（ゲーテッド・コミュニティ、高齢者コミュニティ）数値（2005年）をまとめた。これによると、65歳以上の世帯数の10.6%（234.6万世帯）が、「55歳以上の年齢制限付きコミュニティ」（リタイアメント・コミュニティ）に居住している。また、「ゲーテッド・コミュニティや入場制限付きマルチユニット（集合住宅）」に居住する65歳以上の世帯数は、14.5%（321.2万世帯）である。このうち、本章の事例で対象とする高齢者専用であり、かつ、ゲーテッド・コミュニティである数値は、このデータからは明らかになっていないが、65歳以上世帯の一定数は、年齢制限と入場制限をもつ居

住形態を取っていることがわかる。それでも、このような人々の割合は、高齢者世帯の中では、それほど高い数値とは言えない。逆に言えば、高齢者の大多数は、住み慣れた一般住宅に住んでいる。しかし、高齢期を過ごすための居住形態の一つとして、米国でリタイアメント・コミュニティが半世紀も前から多様に発達してきたことは、自立を重んじる米国人の文化的価値観が反映しているものと思われ、興味深いことであり、また、高齢期の居住形態の選択肢として開かれていることは意義深いといえる。

なお、この他に、意図的ではないが、居住者の半数以上が60歳以上となった住宅群を、「ナチュラリー・オカリング・リタイアメント・コミュニティ（Naturally Occurring Retirement Communities：NORC＝自然発生リタイアメント・コミュニティ）」という。NORCは、大都市都心や郊外の住宅地において、若年人口が流出する一方で、住み続けている居住者が高齢化してしまったコミュニティを指し、人為的に計画されて形成されたリタイアメント・コミュニティとは異なる。高齢者用に作られた住まいではないので、高齢者の生活全般を支える必要なサービス提供機能は備えていない（工藤2006: 193-9）。

第4節　調査の概要

本事例では、まず、第1章～第3章で実施したインタビュー調査および質問紙調査の結果から高齢者の将来の居住についての意識をまとめ、検討を加えた上で、典型的な高齢者コミュニティとして米国メリーランド州にある「レジャー・ワールド（Leisure World of Maryland）」を取り上げ、文献調査、運営主体への訪問調査にもとづいて考察を行った。「レジャー・ワールド」は、環境的特徴として単一世代性（高齢者コミュニティであること）と閉鎖性（ゲーテッド・コミュニティであること）という要素を有している。この2要素は、高齢者コミュニティを形作る主要な要素であり、高齢者コミュニティ全般が多かれ少なかれ持っているものである。したがって、本事例は、この2要素に着目して、住民の生活の質を居住環境の側面からもたらされる要素を中心に考察した。

第4章 高齢者コミュニティと生活の質 237

図4-1 「レジャー・ワールド」位置図

(筆者作成)

　筆者は2008年8月下旬、メリーランド州シルバー・スプリング（Silver Spring）にある「レジャー・ワールド」を訪問し、総支配人F氏にインタビューを行った。また、F氏の案内で敷地内の施設を見学した。

　高齢者へのインタビュー調査および質問紙調査は、一般住宅に住んでいる高齢者36人（郊外一戸建て住宅居住者10人、郊外タウンハウス居住者2人、都心部のコンドミニアム居住者12人、地方のスモールタウン居住者12人）に実施し（2008年8月～11月：大都市郊外居住者＝第1章の対象者3人を含むケントランズの住民7人、およびメリーランド州モンゴメリー郡内の別の住宅地に住む3人、2010年1月：大都市都心コンドミニアム居住者＝第2章の対象者11人、別の都心コンドミニアム居住者1人、および大都市郊外居住者＝イリノイ州シカゴ郊外の住宅地に住む2人、2010年8月：地方のスモールタウン居住者＝第3章の対象者12人）[11]、将来の居住についての志向を尋ねた。

　これらの調査資料にもとづいて、高齢者コミュニティにおける生活の質を様々な視点から分析し、高齢者コミュニティの特徴である単一世代性（高齢者コミュニティであること）および閉鎖性（ゲーテッド・コミュニティであること）という2つの要素がどのように影響するか考察した。

第5節 分　析

5-1. 高齢者の将来の居住についての意識

　表4-2は、高齢者の将来の居住についての意識を質問した調査結果をまとめたものである。一般住宅居住の高齢者に将来の居住についての志向を答えてもらった。筆者による今回の調査の範囲内では、退職以後の第二の人生をどのような居住環境で、どのようなコミュニティで過ごしたいかを考えてきた人が多く、将来、日常生活が難しくなってしまった場合の居住形態を念頭に置いたコメントが少なくなかった。その際、どのようなコミュニティを志向するかは、人によって多様であることがうかがえた。

　表4-2の高齢者へのインタビュー内容から「郊外一戸建て住宅地」に居住している高齢者は、自宅の階段の上り下りや庭の手入れなどについて負担になり始める時期にワンフロアのコンドミニアム形式などの、より小さな住居形態への引っ越しを考えている者がいることがわかる。ケントランズに12年住んでいる夫妻は次のようにコメントしている。

　「少なくともあと5年（はこの家に住みたい）です。この家が私たちにとって住むには大きすぎるようになるまでね。（引っ越す先は）もっと小さな住宅です。」（65歳・妻）、「たぶんほとんどの居住がひとつの階でできるような場所にです。つまり、主寝室が同じ階にあるというような。年をとった時に、階段の上り下りをしなくても済むような場所にね。一つ考えているのは、コンド（コンドミニアム）のような場所です。」（65歳・夫）

　また、「5Kレース」にランナーとして参加していたモンゴメリー郡の別の住宅地に40年間住んでいる男性（70歳）は、移住により今まで築き上げた人間関係が失われたくないとも考えている。「階段の上り下りが難しくなった時に引っ越すつもりです。今、仲よくしている人たちと関係が切れないように、今住んでいるところの近くのコミュニティに移ることを計画しています。」と回答した。

　子どもの近くへ移住したいと考えている人もいる。ケントランズに住んで16年の男性（67歳、第1章のDanielさん）は「妻が退職した後に、息子や娘が

第4章　高齢者コミュニティと生活の質　239

表4-2　高齢者の将来の居住についての意識

回答者	年齢/性別/居住形態/退職後年数/居住年数	コメント
1	70歳/男性/（DC）郊外一戸建て/7年/40年	（今住んでいるところには）とても満足していますが、階段の上り下りが難しくなったら引っ越すことを考えます。今親しくしている人たちとのつながりを失わないように、今住んでいるところと近い所に移ることを計画しています。
2	70代前半/女性/（DC）郊外一戸建て/37年	たぶん、3年以内に新しいところへ引っ越すと思います。おそらくアクティブな高齢者と一緒に居られる所に。住民の誰もがおとなしく座っているような場所には住みたくありません。私はレジャー・ワールドの近くに住んでいますが、グローサリー・ストアで見かけるそこのシニアたちはアクティブなタイプには見えません。レジャー・ワールドは大きなコミュニティなので、そこから来ている何人かとバレーボールとボウリングをしてはいますが。たぶん私は（現在の住まいの）子どもたちの近くに住むと思いますが、気候が温暖なノース・カロライナのようなところに選択肢が開ければそこに行くかも知れません。（将来住む場所については）依然としてクエスチョンマークです。
3	67歳・住民記号Gb/男性/*（DC）郊外一戸建て/7年（パート）/16年	今のところ、妻が退職するまで数年は引っ越す予定はありません。その後はたぶん、孫のいずれかの近くに行きたいと思っています。娘か息子が将来住むことになる場所で、パートタイムの仕事ができて、税金が安いところを考えています。
4	65歳/夫妻/*（DC）郊外一戸建て/5年（夫パート）/12年	（妻）たぶん少なくともあと5年はここにいて、その後はこの家が私たちが住むには大きすぎるようになったら、もっと小さな住宅に引っ越すと思います。/（夫）ほとんどの居住が一つの階でできるような場所ですね。つまり主寝室が同じ階にあるというような。年をとった時に階段の上り下りをしなくても済むような場所にね。コンドミニアムのような場所です。（妻）上の階に行く時はエレベーターがあるというような。それと子どもたちの一人の近くに移るかも知れません。
5		
6	71歳/男性/（DC）郊外一戸建て/11年/36年	（将来どこに住むかについて）私たち（夫婦）はたくさん話し合っています。私は暖かい気候のところがいいですが、実際（の決め手）はたぶん補助的なサービスを供給するようなコミュニティに引っ越すと思います。
7	80歳・住民記号Ib/男性/（DC）郊外一戸建て/18年/14年	（リタイアメント・コミュニティは）私は好きではありません。とても隔離されていて。老人ばかりです（笑）。それに対してここには人々の多様性があります。
8	70代前半/夫妻/*（DC）郊外一戸建て/10年/10年	（妻）（リタイアメント・コミュニティへの居住については）私はただ、いつそれについて準備ができるかだと思います。私の母は15年から18年、夫を失ってからリタイアメント・コミュニティに住んでいました。彼女にとってはよかったのです。だから私はいつ、そのような準備ができるかは状況によると思っています。私たちがここに来た時は、ただ老人ばかりのところに行きたくなかったんです。だけど、もうそういう時期に来ているのです（笑）。/（夫）そういう時が来ればいいと思うけど、私はまだ準備ができていません。（リタイアメント・コミュニティは）とても隔離されている気がします。
9		
10	夫67歳・住民記号Bc/妻66歳・住民記号Ac/夫妻/*（シカゴ）郊外一戸建て/7年半/38年	（妻）私たちは永遠に家にいたいと願っています。誰か介助してくれる人がいると思います。（夫）私たちは引っ越すことを計画していません。（妻）でも助けが必要になったら、（夫）もし助けが必要だとしたら、（妻）夫も（私も）わからない。（妻）私たちは確かに、リタイアメント・ビレッジやそのような助けが得られるものを考えると思います。（場所は）私たちが、どのくらいのケアを必要とするかによります。本当にたくさんのケアが必要になったら、娘のそばに移ると思います。（夫）ミシガンに。（妻）私たちが長いケアを要すれば、そうするかもしれないと思います。その方が、彼女にとっても私たちの様子をチェックするのに容易だと思います。（夫）でもできるならば、私たちは今住んでいるところにいたいのです。
11		
12	73歳・住民記号Va/女性/*（DC）郊外タウンハウス//5年	もっと年を取って階段の上り下りが大変になったら、この住宅地の中に高齢者用のコンドミニアムがあるので、そこに移るつもりです。誰でもこのコミュニティ内で移ることができます。
13	70歳・住民記号Nc/男性/**（シカゴ）都心コンドミニアム/4年/10年	私は（兄弟が住んでいるような フロリダの）リタイアメント・コミュニティにとても住みたいです。とてもそうしたいんです。でも妻がむしろ好んでいるのは…アシステッド・リビングではなく、リタイアメント・コミュニティでなく、単に普通の場所に住みたがっているんです。…彼女は一戸建てに住みたいわけではなく、より安心感のある所に住みたがっているんです。

回答者	年齢/性別/居住形態/退職後年数/居住年数	コメント
14, 15	夫76歳・住民記号Kc/妻71歳・住民記号Lc/**（シカゴ）都心コンドミニアム/夫・6年、妻・4年/10年	（夫）私たちはここから引っ越すつもりはないと言えます。というのはこの場所はとても多くの意味で満足のいくところなので、私たちは引っ越すつもりがありません。なぜなら、私たちは助けが必要になった場合でも、私たちは出来る限り、ここにいられるように（生活を）アレンジしようとすると思います。（妻）ええ。だから、わたしたちはこの場所を選んだのです。病院に近いので、私が補助を必要とするようになった時には、いつでも人を雇えますし。だからここにいるだけで、この近隣を離れずに、そういうことができます。たぶん病院でもホスピスでも何でも。
16, 17	夫68歳・住民記号Hc/妻59歳・住民記号Ic/**（シカゴ）都心コンドミニアム/夫13年・妻1年半/5.5年	（夫）妻と私が健康である限りは私たちはここに住んで、私が逝って妻がここに留まり、たぶん出来る限り長く。妻の方が後になると思いますので。（妻）もしどこか不自由になっても、誰かを雇う地位にいるかどうかわかりませんが…私は（ケアの）コミュニティに移るよりも、その方がいいです。（夫）ですから、それも選択肢です。このビルの住人でも受けている人はいます。24時間かどうか分かりませんが、少なくとも日中の重要なケアは受けています。（妻）このビルの利点はとても自立していられる（self-efficient）ことです。サービスがすぐここで受けられることです。それは都心の利点なのです。
18, 19	夫66歳・住民記号Bc/妻67歳・住民記号Ac/夫妻/**（シカゴ）都心コンドミニアム/夫6カ月・妻9年半/9年	（妻）ここに引っ越して来た最も重要な理由は、年をとっても住めるところだからと私たちが思ったからです。（夫）どこかに行こうとも思っていないし、ここから引っ越すことも考えていません。この種の生活は、年をとって不自由になった時、一戸建ての家や田舎の家より、ずっといいのです。田舎では他人がしてくれることに頼らなくてはなりません。ここでは全てがドアステップのところにあります。だからこれが私たちにとってのリタイアメント・ホームなんです。生活に不自由になった時でさえも、誰か世話をしてくれる人を雇おうと考えています。
20	63歳・住民記号Jc/男性（単身）/**（シカゴ）都心コンドミニアム/2年/33年	私たちは両親のケースを見てきました。独立居住とアシステッド・リビングとナーシング・ケア施設がすべて1つのところにあるリタイアメント・コミュニティに引っ越しました。その全ての過程を見てきました。気に入るかと言えばノーでも。でもそうすることが必要になれば断然（イエス）。必要かどうかはある時点で（結論が）出てくるでしょう。（そう考えるのは）親族や友人たちの中で私だけでないのです。私は自立していることを満喫しています。もし、自立できなくなったら、私は、彼らをそのことで煩わせたくないのです。
21	73歳・住民記号Mc/女性/**（シカゴ）都心コンドミニアム/10年/20年	たぶん、最終的には、私は誰か（面倒を見てくれる人を）そのために雇うでしょうが、引っ越す計画はしていません。
22, 23	夫79歳・住民記号Oc/妻65歳・住民記号Pc/夫妻/**（シカゴ）都心コンドミニアム/夫17年・妻1年/12年	（夫）今のところに、私たちがいるところにできるだけ長く住み続けたいです。ここに住むのが気に入っていますので。もし私たちが何らかの助けが必要になったら、その時は私はシニア・リビングの場所に行きたくなると思います。（郊外とか南部ではなくて）ただ市内がいいです。でも今のところはそうする計画はありません。（妻）私はここにいたいです。
24	66歳/男性（単身）/（シカゴ）都心コンドミニアム/3年半/36年	助けが必要になったら、介護施設に行きます。サンフランシスコに行きたいのですが、生活コストが高いのです。（出身地のある）南部へ戻るかもしれませんが、シカゴが好きです。
25	60歳・住民記号Ad/男性・住民記号***スモールタウン 一戸建て/5年/36年	暖かいところでなくてはなりません。退職したら南部に行きたいと思っていました。水の近くがいいです。そしてシニア・アパートメントです。私は自分の年齢の人がたくさんいるところが好きです。私たち（夫婦）ここに居続けることは考えていません。
26, 27	夫68歳・住民記号Bd/妻68歳・住民記号Cd/夫妻/***スモールタウン 一戸建て/どちらも10年/10年	（妻）同じ家がいいです。（夫）私の父は94歳ですが、今でも自分1人で自宅に住んでいます。彼は、たぶんリタイアメント・コミュニティやシニア・アパートメントには決して行かないでしょう。たぶん寝ている間に脳卒中とか、心臓まひで死ぬんだと思います。ここは教会コミュニティですが、ここの人たちが行くクリスチャン・アシステッド・リビングタイプの環境があります。人々はそこに入っても、他のコミュニティのメンバーがいて、50年、60年、70年と交流してきたので、新しい知らない環境に入って行くようなものではありません。ユニークで居心地の良いという感じです。このようなタイプの環境が大都市のコミュニティにあるのかどうかわかりませんが、このようなコミュニティが将来のポテンシャルとしてプラスになると感じています。（妻）たぶんそれは、居心地の良い方向へのステップでしょう。

第4章　高齢者コミュニティと生活の質　241

28	夫71歳・住民記号Dd/妻68歳・住民記号Ed/夫妻/***夏はスモールタウン二戸一住居（コンドミニアム形式）、冬はアリゾナ州のリタイアメント・コミュニティ/どちらも2年/2年	（夫）自分たちでやって行ける限り、私たちは自宅にたくさん住みたいです。それか、（冬を過ごす）アリゾナにたくさん。でももし自分たちで、もうやって行けなくなったら、リタイアメント・ホームや、ナーシングケアが得られる老人ホームに（入ります）。それが町の端のあそこにあります。（妻）クリスチャン・アシステッド・リビングです。この地域ではとても人気があります。介助を必要とすれば得られるのです。
29		
30	夫70歳・住民記号Fd/妻68歳・住民記号Gd/夫妻/***スモールタウン一戸建て/夫6年・妻5年	（妻）私たちは、それについてたくさん話し合っています。（夫）私たちがやっていける限りは同じ家で、いったん私たちの一人がやって行けなくなったら、多くの人はコンド（ここでは、共有管理部分をもつ2戸一住居を指す）に移りますが、まだわかりません。（妻）芝を刈れず、ペンキを塗ることができなくなったら、私たちは誰かを雇いたいと思います。私たちはただ家が気に入っています。（夫）（シニア・アパートメントやリタイアメント・コミュニティは）全てが同じ年代なんです。私は、できることなら、異なる年齢のグループと交流できる状態でいたいのです。そうでなかったら、ただ孤立しているだけです。それがそういうところの難しさです。
31		
32	71歳・住民記号Hd/女性/***夏は　スモールタウン一戸建て、秋〜春は都市のコンドミニアムおよび、南部に滞在/15年/都市のコンドミニアム8年	親友たちと、このことを話し合いました。私たちは土地を所有するつもりです。それぞれが、その土地に小さな家を建てるんです。それぞれが小さな家に住んで、でもお互いに隣同士というように。毎日一緒に食べて、お互いに助け合えるように。それはリタイアメント・コミュニティというようなのではなく、医者か看護師も近くに住んでいて、一緒に食べて、話したり、ゲームをしたり、映画を見たり、その他何でもできるコミュニティとなるでしょう。それが大きな夢です。2番目の選択は、全てが1つのフロアというところに住みたくなるかもしれません。アパートメントか、シニア・コミュニティかもわかりません。元気で健康なら、私はできるだけ自立していたいです。
33	夫69歳・住民記号Id/妻68歳・住民記号Jd/夫妻/***スモールタウン二戸一住居（コンドミニアム形式）、秋〜春はフロリダ州のリタイアメント・コミュニティ/どちらも14年/5年	（夫）願わくば、私たちはこの家に死ぬまで残り続けたいです。（妻）この通りの向かいに新しい老人ホームがあります。（夫）願わくば、動くことができて、ここにいて、私たちが、そこに行く必要がなければいいのです。（妻）あそこは、とても素晴らしいですよ。（夫）というのは、ここ（この家）では、芝を刈ったり、雪かきをする必要がないのです。すべてやってもらえるのです。コンドのアソシエーションですから。
34		
35	68歳・住民記号Kd/女性/***スモールタウン一戸建て（単身者）/13年/7年	まさに、ここ（に住みたい）です。（助けが必要になったら、）私は誰かを雇います。友人に世話をしてくれるように言います。今、私はリタイアメント保険へ支払っています。誰かが世話をしてくれるように。いわゆる長期介護です。毎月70ドル払っています。それをしているのは、子どもたちがそこらじゅうに（離れて）住んでいるからです。私は彼らに私の世話をするために来てもらいたくないのです。もしここに住めなければ、リタイアメント・ホームに住みます。それか、ここのコミュニティの介護施設、病院、どこでも。
36	86歳・住民記号Ld/男性/***スモールタウン二戸一住居（コンドミニアム形式）/22年/5年	できるだけ長く、今、住んでいるところに住みたいです。コンドです。町の端の素晴らしいところです。野外炉と鳥の餌台があって。

※　*=ケントランズ住民　**=第2章でのインタビュー対象者　***=第3章でのインタビュー対象者
（インタビューおよび質問紙調査にもとづく、調査:2006年7月、2008年8〜11月、2010年1月、8月）

住むことになるであろうところで、パートタイムの仕事ができ、税金がより安い地域に引っ越すことを考えています。」と回答した。

　また、「都心のコンドミニアム」に居住する高齢者は、郊外一戸建て住居からライフステージの変化に対応して、退職の前後に移住した者も多い。ここから読み取れるのは、住居管理の軽減と日常生活に必要な施設・機関である、病院、買い物、公共交通機関などや、文化的施設である、美術館、博物館、劇場、コンサートホール、大学、図書館などの都市アメニティへの近接性および豊富さを、高齢期の生活に対応したものとして評価して、都心居住を選択していることである。

　妻と住む66歳の男性（第2章のCliffさん）は次のようにコメントしている。

　「ここでは、すべてがドアステップのところにあります。すべての店が（近くに）ありますし、グローサリーストアが階下にあるし、医者は歩いて行ける距離にあります。必要な店がすべてあります。それか、ちょっと車に乗るだけで。だから、これが私たちにとってのリタイアメント・ホームなのです。私たちが生活に不自由になってしまうまでは。その時でさえも、たぶん、誰か世話をしてくれる人を雇おうと考えています。」

　住居管理の軽減や、アメニティへの近接から生じる生活利便性の追求という点では、都心のコンドミニアムへ移住した高齢者が求めるものは、郊外一戸建て居住との対照としての環境であり、住居管理やアメニティ利用への利便性などを求めて高齢者コミュニティへ移住する高齢者の求めるものと、部分的に重なっていると見ることもできる。しかし、高齢期に対応した居住として、都心のコンドミニアム居住者が求める住居管理の軽減やアメニティは、都心という居住環境を背景として、多くの世代が共に生活する一般の居住の中で得られるものであるという点では本質的に異なっている。

　一方で、高齢者コミュニティに関しては、非居住者からは、「非活動的」、「隔離されている」、「老人ばかりのところである」、などのマイナスイメージも言及されたが、必要なものであるとの認識もあることがわかる。退職2年の単身者の男性（第2章のMaxさん、63歳）は、次のように語った。

　「私たちは、両親のケースを見てきました。両親は独立住居とアシステッ

ド・リビングと老人ホームがすべて一つのところにあるリタイアメント・コミュニティに引っ越しました[12]。その過程をすべて見てきました。それを気に入るかと言えば、ノーです。でも、そうすることが必要となれば、断然（イエスです）。必要かどうかは、ある時点で（結論が）出てくるでしょう。というのは私の親族や友人たちの中で（そう考えるのは）私だけではないのです。私は自立していることを満喫しています。もし、自立できなくなったら彼らをそのことで煩わせたくないのです。」

　しかし、高齢者コミュニティではなく、ケア提供者を雇ってでも、今、住んでいるところ（一般住宅）にできるだけ長く住み続けたいとのコメントも、都心居住者やスモールタウン居住者の中に複数みられた。

　スモールタウンの一戸建てに夫と住む68歳の女性（第3章のKateさん）は「もし、私たちが、もう芝を刈れず、家にペンキを塗ることができなくなったら、私たちは誰かを雇いたいと思います。私たちは、ただ家が気に入っています。」と語っている。

　一般住宅居住の高齢者にとっては、生活の自立度との兼ね合いから、高齢者コミュニティを否定はしないが、高齢者のみの単一世代で閉鎖的なイメージから、積極的に選択したくないものと捉えている場合が多いと考えられる。

　前述のコメントをした女性の夫（Robertさん、70歳）は、次のように語った。「シニア・アパートメントやリタイアメント・コミュニティには、はるばると移動していきます。この国で目立っているものの一つは、フロリダ州とかアリゾナ州とかにあって、多くの人が行きますが、リタイアメント・コミュニティというものがあります。でもすべて同じ年代なのです。私はできることなら、異なる年齢のグループと交流できる状態でいたいのです。そうでなかったら、ただ孤立しているだけです。それが、そういうところの難しさです。ただ単にそうする（異なる年齢のグループと交流できる）能力があったとしても。」

　以下では、高齢者コミュニティにおける生活の質を、多角的な視点から検討していく。

5-2. 高齢者コミュニティにおける居住環境

5-2-1.「レジャー・ワールド（Leisure World of Maryland）」の居住環境

「レジャー・ワールド」は、レジャー・ワールド社（Leisure World Corporation）によって建設された。全米に8つあり、3つは、カリフォルニア州（Seal Beach, Orange County; Laguna Woods, Orange County; Walnut Creek, Contra Costa County）に、その他は、ニュージャージー州（Monroe, Middlesex County）、メリーランド州（Silver Spring, Montgomery County）、ヴァージニア州（Lansdowne, Loudoun County）、アリゾナ州（Mesa, Maricopa County）、フロリダ州（Coconut Creek, Broward County）にそれぞれ1つずつある。

メリーランド州にある「レジャー・ワールド」は、米国の大西洋側に位置し、そこは、首都ワシントンDCの郊外地域としての性格を持っている。この点において、温暖なリゾート地であるサンベルト地域に建設されている高齢者コミュニティとは、住民の居住地移動などの面で、立地のもつ意味は、異なっている。

ここは、1966年に建設され、広さ610エーカー（東京ドーム約52個分）、人口8,500人、従業員218人（2009年現在、フルタイム174人およびパートタイム44人）の一般的なミドルクラスの高齢者専用のゲーテッド・コミュニティである。住民の平均年齢は、73歳で、主流となる年齢集団は、75歳～80歳、入居時の平均年齢は、68～70歳である。敷地内には、高層の「コンドミニアム」住居区域から、「タウンハウス（2～3階建の連棟住宅）」、「デュープレックス（二戸一住居）」、「一戸建て」住居区域まで広さや価格帯が多様な住宅がある[13]。

敷地内には、住居タイプ別に区分された「ミューチュアル（Mutual）」と呼ばれる、29の近隣住区があり、それぞれ、「住宅所有者組合（home owners' association）」、および「集合住宅組合（貸家人組合のcooperative associationおよび所有者組合のcondominium association）」[14]を組織し、住宅の維持管理機能を有している。また、「ファウンデーション・オブ・レジャー・ワールド（Foundation of Leisure World）」と呼ばれる、住民の代表からなる理事会によって独立して運営されている、チャリティ・健康・教育・文化の目的のための組織がある。

広大な敷地の中央部は、18ホールの「ゴルフコース」によって占められている。ゴルフコースを中心とした配置は、レジャーアメニティの提供を中心的な販売戦略として強調している多くのリタイアメント・コミュニティに見られるものである。また、様々なスポーツや文化活動を行う「クラブハウス」は2つあり、そこには屋内外の「プール」、「ビリヤード場」、「卓球場」、「工芸作業室」、「絵画制作室」、コンサートや演劇公演のための「ホール」などの設備がある。その他、「各種の診療所」、「薬局」、「リハビリ施設」をもつ「総合的な医療施設」、2つの「レストラン」、「銀行」、「郵便局」、「テニスコート」、「コミュニティ農園」、「公園」、「多宗教対応型の教会」、敷地内外の「巡回バス」などがある。（章末資料参照）

ガードマン駐在の「ゲート」は3つあり、ゲートとフェンスによって囲まれた敷地内は、常時パトロール車が巡回している。外部から非住民がゲートに進入する場合は、ゲートのガードマンに訪問先を告げ、あらかじめ連絡を受けている場合にのみ、進入が許可される。総支配人F氏によると、「ゲートとフェンスは、明らかに安全性に貢献し、かつ、『レジャー・ワールド』の大きなセールスポイントである。」とのことである。

また、住民向けに月2回の新聞が発行され、敷地内のTVシステムからはクラブ活動の様子や必要な情報、緊急の連絡などが放送されている。

基本的に「レジャー・ワールド」内のアメニティは、「レジャー・ワールド・コミュニティ社（Leisure World Community Corporation；LWCC）」による信託会社が、メリーランド・レジャー・ワールド社（Leisure World of Maryland Corporation；LWCCの完全子会社）と契約する形で運営している。住民は、毎月135ドルの設備使用料（2009年）を払うことによって、「レジャー・ワールド」内で供給されているアメニティを利用することができる。

住民は、「レジャー・ワールド」内の不動産を購入するか、借りる形で移住してくるが、売却して引っ越すこともできる。「インディペンデント・リビング」であるため、「レジャー・ワールド」内には、入院施設はないが、フェンスを挟んで敷地のすぐ外側に「老人ホーム（Nursing home）」が建設されている。

5-2-2. 高齢者コミュニティ「レジャー・ワールド」における生活の質

ここでは、高齢者コミュニティ「レジャー・ワールド」における生活の質について検討する。サービスの提供、レジャー施設を中心とした多くの活動、ゲートによる安全管理は、このような高齢者コミュニティの運営母体がセールスポイントとして強調している点であり、多くの退職者が選択理由として挙げるものである。しかし、これらは、すべて高齢者の生活の質に寄与しているのだろうか。一方、一般住宅居住の退職者から、高齢者ばかりのところであるとか、隔離されているなどと評価されるのは、世代多様性や外部とのつながりの側面である。先行研究で概観したように、高齢者が地域コミュニティで創出しうる役割は、高齢期の生活の質にとって重要であるが、世代多様性をもたないコミュニティにおいてはどうなのか。また、外部の家族や友人とのつながりが大きく変化して、生活の質に影響するのか。高齢者コミュニティの居住環境に関連して派生する、このような検討課題を主として物理的環境要素の観点から、「利便性」、「安全性」を、主として社会的環境要素の観点から、「活動性」、「多様性」、「外部の家族・友人とのつながり」という5つの項目を立てて分析し、単一世代性（高齢者コミュニティであること）、および閉鎖性（ゲーテッド・コミュニティであること）という2つの要素がどのように影響するかを考察する。

まず、「利便性」であるが、「レジャー・ワールド」内のスポーツ・文化施設、レストラン、銀行、郵便局、医療施設、保安サービス、循環バスサービスなどのアメニティは、すべてスタッフによって提供されている。住民は、基本的に、これらのサービスを享受するために居住している。住民は、毎月、費用を支払って「レジャー・ワールド」内の施設・サービスを利用している。したがって、高齢者コミュニティにおいては、高齢者の生活を想定したアメニティが効率よく提供されているといえる。これは、単一世代性の強みの部分である。また、住宅は集合住宅から一戸建てまで多様であるが、郊外の一戸建て住居と比べると、一戸建ても集合住宅も、高齢期の生活に対応したコンパクトな規模となっており、住宅の維持管理も、施設内の管理サービスによって提供されている。しかし、これらのサービスの提供によって得られる

利便性を先行研究で概観したように、サポートの授受という視点で見ると、ここでは、住民は、もっぱら「レジャー・ワールド」内でスタッフによって提供されるサポートの受け手となっている。つまり、生活全般において、サポートを受ける立場であることが突出するため、「受動的役割」が顕在化するとともに、高齢者にとって特に意味を持つと考えられる、他者への貢献を含む「主体的役割」を果たす機会は、このコミュニティ内では限定されてくる。この点は、単一世代性がもつ弱点となろう。しかしながら、前述の先行研究で見たように、退職者コミュニティへ移住直後の満足感の変化の研究においては、このようなサービスの享受に対して満足感を感じていることも明らかにされている（ロッセン＆ナフル 2007）。

次に、「安全性」について検討する。ゲートで外部者の入場がチェックされ、敷地内ではガードマンによって24時間のパトロールが行われているということで、高齢者の犯罪不安に対する安全への感覚を大きく高めている。また、ゲートの存在によって、単なる通過交通は遮断され、交通量は格段に少なくなっている。敷地内の道路を通行するのは、住民の車、敷地内を循環するバス、業務用車、緊急車、登録された来訪者の車だけであり、高齢者にとって安全な環境である。これに加えて、道路を住民の「ゴルフカート」が通行することが許可されており、交通体系が高齢者居住に対応している安心感がある。これらの要素が「レジャー・ワールド」の大きなセールスポイントになっているということからも、高齢者単一世代の町で、ゲートとガードマンの常駐によって生み出されている閉鎖性という環境は、犯罪と交通両面での安全性の確保という点で、高齢者の居住性を高めているといえる。しかし、ゲートの存在によって、犯罪や他者への恐怖の感覚が増幅されてしまうという問題点も、先行研究では、指摘されている（ブレークリー＆スナイダー 1997=2004; ロウ 2003）。

次に、「活動性」について検討する。単一世代の町であることは、同世代性という面での感覚的結びつきは強化される可能性がある。住民の交流は、クラブハウスを中心に、「レジャー・ワールド」全体を対象とした多くの講座やクラブ活動、スポーツ活動などとして行われている。住民のために月2

回発行されているコミュニティ新聞『レジャー・ワールド・ニューズ(Leisure World News)』の内容は、その大部分がコミュニティ内で行われている講座やクラブ活動の情報であり、そこからは、多様な活動の様子が読み取れる。紙面には、「テニス」、「エアロビクス」、「社交ダンス」、「タイチー」、「ヨガ」などのスポーツ・クラス、「水墨画」、「油絵」、「パソコン」などのカルチャー・クラスの講座や、「カメラ・クラブ」、「セラミック・クラブ」、「スタンプ・クラブ」、「アンティーク・クラブ」、「ブリッジ・クラブ」、「コーラス・クラブ」、「ガーデン・クラブ」などの趣味グループ、「ベビー・ブーマー・クラブ」、「デモクラティック・クラブ」、「ブック・ディスカッション・グループ」、「キワニス・クラブ」、「ライオンズ・クラブ」といった社交的グループなど多くの種類の講座やクラブに関する記事が載せられている。また、ユダヤ系、アフリカ系、中国系などの「民族性に基づいたグループ組織」や、「女性グループ」の記事なども載せられている。住民の社会経済的属性はミドルクラスであり、幅がある[15]が、このように、内部環境においては、クラブハウスが核となって、レジャーや社交的な活動により、趣味や知的関心の面で同質的な集団が形成されやすく、「同質結合傾向」が促進されているといえる。この側面は、単一世代性のプラス面と言え、このようにして形成された友情が、生活の質を高める要素となりうる。一方で、これらの社交的活動に対してボランティアやコミュニティ活動など、「主体的役割」が創出される点で意義がある、他者への貢献的活動は、高まりにくいと考えられる。「レジャー・ワールド」内では、住民の生活サポートや、住宅をめぐる居住環境の維持管理に関するものは、管理サービスの一環として、スタッフによって提供され、サービスの購入を前提とした「自足的」環境が成立しているため、一般居住地を取り巻く地域コミュニティにおける近隣関係とは異なり、住民相互の助け合いや共同性への必要性は低くなるからである。この側面は、単一世代性のマイナス面であろう。ただし、聞き取り調査によれば、住民の生活は「レジャー・ワールド」内だけで営まれているわけではなく、「レジャー・ワールド」に住みながら、外部の活動などへ参加している住民も少なくないという。住宅管理などの負担軽減や、日常生活のア

メニティの手に入れやすさから「レジャー・ワールド」居住を選択することは、高齢期の自立生活をより長く送るための生活保障であることを考慮すると、自分が望めば、属したいグループへ属し、行いたい活動に参加できるという自立した生き方の選択肢が存在している。しかし、先行研究でも明らかにされているように、高齢者コミュニティでの社会的役割意識の多寡は、移住前までの社会的関わりに影響される可能性がある（モーエンほか 2000）ため、個人によって参加の程度は異なるとみられる。その点において、活動性は必ずしも低くなるとは言えないが、高齢者が直接、接する環境を近隣社会と捉えた場合、「主体的役割」が多く生み出されやすい、助け合いや共同を基盤とした環境条件からは、遠ざかることになる。この点において、前章までで扱った一般居住コミュニティとは、対照的であるといえる。前述のように、「サン・シティ」の研究では、社会的活動への積極的な参加者は、住民の 10〜20％に過ぎないと報告されている（フィッツジェラルド 1986）。

次に、「多様性」について、「社会経済的多様性」と「世代的多様性」を検討する。「レジャー・ワールド」内には、アメニティだけでなく、集合住宅の賃貸から、一戸建ての所有まで、居住形態、価格ともに多様な選択肢がある。これによって、大まかに括れば、ミドルクラスの範ちゅうではあるが、社会経済的多様性を包含する環境は、ある程度、達成されているといえる。しかし、高齢者単一世代の居住形態であること、ゲーテッド・コミュニティであること、このどちらからも世代多様性という要素は大きく制限される。すでにこれまでの章で、多様な世代によって生じる相互的な交流関係である、多世代包摂性の意義を考察した。そこでは、多世代包摂性をもつ、地域行事や社会的交流活動によって、様々な役割が生み出され、それが高齢期の生活の質を高めるための重要な要素となると結論づけた。「レジャー・ワールド」内では、単一世代に特化した人間関係が中心となるため、一般の日常の生活で生じる多様な世代的関係性からは、退行しやすい。先行研究で見たように、高齢者であることの意義や役割は、他の世代との関係性の中で輪郭が与えられる（エリクソンほか 1986＝1990）。「レジャー・ワールド」内で行われる活動やイベントは、基本的には内部住民の参加が中心である。したがって、

コミュニティ活動やイベントからはダイナミックな多世代包摂性は生じにくい。このため、一般の町の住民構成から得られるであろう、若年・中年・老年という、世代間の多様で相互的な役割関係は、生まれ難いと考えられる。そのため、高齢者住民が、居住する近隣コミュニティの役割の一部を担うという意識は希薄になる。また、ゲートで入場制限をしていることや保安パトロールが敷地内を巡回していることは、不審者の侵入を抑止するだけでなく、通過交通、訪問販売やセールスマンなどの訪問をなくすことができるが、同時にドライブや散歩などで偶然訪れる人々、米国の日常風景となっているガールスカウトのクッキー売り、ハロウィンの各戸訪問や選挙運動員などの路上活動、単なる通行人などの入構も制限するため、ありふれた日常の生活風景の中で起こりうる社会的交流から住民が遮断されることを意味している（ブレークリー&スナイダー 1997=2004: 181）。したがって単一世代のゲーテッド・コミュニティであることは、高齢者の単一世代性をさらに強化し、ともすれば日常社会からの離脱をも引きおこす恐れがある。しかしながら、この点を改善する努力も行われている。たとえば、2008年から、「レジャー・ワールド」のある、モンゴメリー郡の主催で行われることになった「シニア・オリンピック」の競技の一つに会場を誘致したり[16]、「レジャー・ワールド」内での祭りイベントに外部の人々を招待したり（ただし一般公開ではない）、ステージ公演を定期的に開催して、劇団、役者、演奏家たちを呼んだりしている。

　さらに、「外部の家族・友人とのつながり」について検討する。このタイプの高齢者コミュニティが「大都市郊外」地域に立地している意義は、同一都市圏からの移住、または当該都市圏に子ども家族やきょうだいなどの親族がいて、それらとの近接性のために移住したという場合も多く、サンベルト地域の高齢者コミュニティへの移住の場合のように遠隔移動を伴っていないために、外部の家族や友人とのつながりがある程度継続されることにある。先行研究で見たように、高齢者コミュニティの居住地選択に関しては、今後、このような家族・親族との近接地が好まれる傾向になることが予測されている（ハース&セロー 2002）。同一都市圏内から移住した場合、それまで築いて

きた友人や親族との時間距離はそれほど大きくなるわけではない。それ以外からの移住でも、子ども家族など親族の近くに移住してきたという場合は、少なくともその親族とのつながりは強化される可能性がある。実際、毎週外部の親友と会っているという住民もいる[17]。夏休みなどには、住民の孫が滞在することもあるという[18]。しかし、一方で、巨大なゲーテッド・コミュニティの内側である高齢者専用の町に居住することは、生活の自己完結性によって自立性（提供されるサービスを含む）が増す半面、一般住宅地での生活と比べると外部との精神的距離は増大する。住民は、頻繁に訪れる客人に対しては、入場許可証を発行できるが、それ以外の外部からの訪問はゲートのガードマンへの住民による事前告知がなければ、できない。つまり、外部者は、入居者を訪問するなどの了承済みの目的がない場合は入場が許可されないため、物理的ゲートが「精神的バリア」となって偶然の来訪者との交流が起こりにくくなる。この点は、ゲーテッド・コミュニティの閉鎖性の負の側面として「ゲートが他のコミュニティや市民から心理的、社会的な距離を置く物理的表示の役を果たしている」と、前述の先行研究によっても言及されている（ブレークリー&スナイダー 1997=2004）。家族や友人との関係性の維持は、住民自身の意志の程度によって左右される面が大きいが、高齢者専用のゲーテッド・コミュニティという居住形態の選択は、日常的つながりからは後退しやすいという課題をはらんでいる。

　以上、5つの分析をまとめると、「利便性」については、高齢者コミュニティが提供するサービスによって達成されているといえるが、住民は、もっぱら、サービスの受け手であるため、コミュニティ内では、他者へ貢献する「主体的役割」は、生じにくくなる。「安全性」については、犯罪、交通両面の安全性が、ゲートの存在に象徴される閉鎖性から確保されるが、反面、犯罪や他者への恐怖の感情は、増幅される可能性も指摘されている。「活動性」については、コミュニティ内のクラブハウスを核として、多様な活動が行われており、趣味や知的関心などの同質結合が促進され、高まりやすいといえる。しかし、サービスの購入を前提とした、自足的環境が成立しているために、一般の地域コミュニティの近隣関係が基盤とする助け合いや共同性

は高まりにくいといえる。「多様性」については、住宅の所有形態や大きさの多様性は満たされ、ある程度の社会経済的多様性はあるが、世代多様性はない。そのためコミュニティ内では、多世代の関係性から生まれる高齢者としての役割は生じにくい。また、ゲートでの入場制限も、多様な人々との接触を制限するという面をもつ。「外部の家族・友人とのつながり」は、大都市郊外地域という立地によってある程度、継続されるといえるが、高齢者専用のゲーテッド・コミュニティであることは日常的なつながりからは後退しやすいといえる。これらの分析から見えてくるのは、「自立と依存」、「安全と不安」、「多様性と同質性」、「プライバシーと分断」など、高齢者コミュニティの居住環境に生じうるアンビヴァレントな状況である。

5-2-3. 高齢者コミュニティと「スノーバード」

ここで、高齢者にとって高齢者コミュニティが、どのようなものとして受け止められているかということについて高齢者コミュニティのもう一つの位置づけについて考えてみたい。

シカゴ都心コンドミニアムに居住する住民とウィスコンシン州のスモールタウンに居住する住民へのインタビュー調査から明らかになったことは、高齢者コミュニティのもう一つの位置づけである。それは、生活の中心的な拠点としての居住ではなく、「冬期の避寒地」として一時滞在する場所としての利用である。センサス2000の報告書 (2003) によっても、高齢者人口が、寒冷地の北東部や中西部から、西部や南部へ移動する傾向にあることが示されている[19]。このうち、年間を通して居住しない、寒冷期の一時滞在者、いわゆる「スノーバード」と呼ばれている人々の人口は、登録外人口となり、統計的な数値として表れにくいが、文献によると、アリゾナ州では、ピーク時に273,000人が、寒冷地の州から来ているといわれている（ハッペル&ホーガン Happel and Hogan 2002）。一般的に、南部の温暖な地域のフロリダ州、アリゾナ州、テキサス州などの高齢者コミュニティが主な目的地となっている。

第2章で取り上げた、シカゴの都心コンドミニアムに住むTedさん（70歳男性）は、将来の居住についてのコメントで、4-2-3.でも記述したように、次

のように語っている。

「2〜3の異なる選択肢もあります。2〜3年後にフロリダ州に移るとか、それとも、ここで住居を維持し、そしてフロリダ州でも住居を維持し、半分の時間をフロリダ州で、半分をここで過ごすとか。多くの人々がそうしています。ここ（都心コンドミニアム）には、たくさんいますが、でも一般に多くの人々がそうしています。『スノーバード』と呼ばれています。フロリダ州で3〜4か月過ごすのです。」

第3章で取り上げた、ウィスコンシン州ウーストブルクの住民の例では、冬期の5カ月をアリゾナ州で過ごすという夫婦や、12月を除いて10月〜5月をフロリダ州で過ごすという夫婦がいた。彼らは、南部の高齢者コミュニティに家を所有している。また、冬期にコンドミニアムなどを借りて南部に長期に滞在するという人もいた。彼らは、日常生活の拠点としてウィスコンシン州での生活を位置づけ、高齢者コミュニティでの生活は、冬期の厳しい気候を避けて、温暖な地でレジャーや社交の場として過ごす方法として捉えている。2年前に酪農業を退職したJamesさんとAliceさん夫妻（71歳・68歳）は、冬期に5カ月過ごすというアリゾナ州の高齢者コミュニティでの生活を次のように語っている。

「親友たちには毎日会います。毎日です。私は、コーヒーを飲みに毎朝出かけます。そこで（親友の）1人の男性に会います。そして妻は、午後にパーク（リタイアメント・コミュニティ）の中を巡って、デッキに座っている人に会って、コーヒーを飲み、ゴルフに行って、それから、どこかの場所に…。」(Jamesさん)、「買い物に行ったり、一緒にカードを作ったり、それから、たぶん8人くらいで、みんなが持ち寄って、家で会うのです。それぞれの家で順番に。デザートや何かをコーヒーを飲みながら食べて。そして取り組んでいるクラフトを持ち寄るのです。ソーイングやキルティングやカードや、彼らが作っている宝石（細工）など、そんなものを持ち寄るのです。」(Aliceさん)

また、半年以上をフロリダ州で過ごしているというHaroldさんとEliseさん夫妻（69歳・68歳）は、ハウストレーラーに住むという「モービル・パー

ク」での生活を次のように語っている。

「フロリダ州では、午後に私たちが好きなスイミングプールに行って座ってくつろぎます。夜には、クラブハウスにすべてのアクティビティがあるんです。カードをしたり、ゲームをしたり、ラインダンスをしたり…私たちのパークには1,000の家があります。皆、退職した人々です。55歳以上でなければなりません。そして2つのスイミングプールがあり、ゴルフコースがあり、テニスコートがあり、シャッフルボードがあり、ホースシューがあり」(Eliseさん)、「バッチボールがあり」(Haroldさん)、「それ（バッチボール）は、湖の上にあります。釣りをすることもできます。」(Eliseさん)

「スノーバード」としての彼らの生活は、長期滞在であっても、彼らの生活の拠点は、中西部の地域社会にあるのであり、教会活動をし、ボランティアをし、孫の世話をし、パート労働に励み、多世代の社会的環境の中で、地縁血縁の多くの役割を担っている。そして、アリゾナ州やフロリダ州での生活を旅行の延長としてレジャーとして捉えている。したがって、「移動」という行動を伴うことによって、単一世代の社会だけでなく、多世代の役割のサイクルの中に定期的に帰ってくるのである。しかし、彼らが、冬期の滞在地として高齢者コミュニティを選んだのは、そこに高齢者が求める安全性があり、活動があり、利便性があるからであろう。

まとめ

本章では、高齢者コミュニティを通じて高齢者の居住環境と生活の質について検討した。すなわち、単一世代性（高齢者コミュニティであること）および閉鎖性（ゲーテッド・コミュニティであること）という、高齢者コミュニティの居住環境からもたらされる2つの要素が、物理的環境要素と関連する「利便性」や「安全性」、社会的環境要素と関連する「活動性」、「多様性」、「外部とのつながり」といった5つの側面からみた生活の質にどう影響するか考察した。

高齢者コミュニティ「レジャー・ワールド」での高齢者の生活の質につい

ていえることは、住民は高齢期の生活不安に効率的に対処する「利便性」や、ゲートとガードマンによって守られる「安全性」を得ているということである。これらは単一世代性と閉鎖性がプラスの影響を及ぼしている側面である。しかし、それと引き換えに、日常生活の人的交流面での「多様性」や多世代包摂性、および「外部の家族や友人」とのインフォーマルな付き合い方を、ある程度は手放さざるを得ない面も避けられないというマイナス面がある。「活動性」の側面では、外部での交友関係や社会活動への参加・継続は自己の選択で可能であるが、「レジャー・ワールド」内部においては、スポーツやクラブを中心とした「同質結合傾向」をもつ社交的なサービス享受の活動に比べ、ボランティアやコミュニティ活動などの「主体的役割」を伴う貢献的活動は高まりにくいといった単一世代性が及ぼす両側面がある。後者を補うために住民の外部活動などへの積極的参加や内部へのイベントの誘致や祭りなどのプログラムが重要な課題となるであろう。しかし、高齢者コミュニティの居住環境そのものが高齢者住民にもたらしているのは、顕在的なサービスの提供と同一世代間の同質結合関係の促進であり、社会的な役割の供給ではない。この点においては、高齢者コミュニティは、高齢者が生活の質を高めることへ全面的に寄与するには限界がある。

しかし、一般住宅に居住している高齢者の中にも高齢者コミュニティを一時滞在の場所として利用している人々も少なくないことが明らかになった。彼らは、冬期だけの滞在地として高齢者コミュニティを位置づけている。そこの生活で、必ずしも積極的な社会的役割を得られないとしても、拠点とする地域社会には彼らが担う様々な役割が存在している。彼らにとっては、高齢者コミュニティはレジャーを中心とした社交の場である。そこが選択されたのは、地元が厳寒期となる間、そこで高齢期に合わせた環境が得られるからである。そしてそのサービスを享受するために一時滞在者として移動するのである。

ここで、一つ考慮しなけらばならないのは、高齢者コミュニティを捉えるのには、そのような高齢者コミュニティ内の環境要素の考察だけでは不十分であるということである。高齢期のどの時期に、高齢者コミュニティが選択

されるのかによっても異なった結論が出るであろうし、米国人の価値観の根底をなす、自立の意識が興味深い形で反映している居住形態だからである。そして、また、事例研究の対象とした、「郊外住宅地」、「都心コンドミニアム」、「スモールタウン」それぞれの一般住居での居住と並列に位置づけて比較考察することも適当ではなく、異なるカテゴリーとして、その間に一線を置くべきであろう。

以上のことから、高齢者コミュニティについていえることは、高齢者コミュニティのもつ意味は大きいということである。なぜならば、高齢者コミュニティは、高齢者が退職後のある時期に選択する可能性のある「第2の居住空間」の一つとして位置づけられるからである。前述のように、米国の高齢者のうち大多数は、住み慣れた一般住宅に住んでいるが、この高齢者コミュニティという選択肢が多様な形で開かれていることが、現在、「第1の居住空間」に住む大多数の高齢者にとって重要な精神的後ろ盾となっているのである。

米国で半世紀も前から高齢者コミュニティが発達してきたことは、自立を重んじる米国人の文化的価値観が大きく影響していると考えられる。高齢期の自立生活を支えるための高齢者コミュニティへの需要は、人口の高齢化に伴って、今後さらに増加するであろう。しかし高齢者コミュニティが提供するサービスやレジャーや保安は、一方では、依存や不安や分断を生じさせうるという側面ももっている。ゲート化された高齢者単一世代の居住形態の生活の質については、さらに議論され、改良されたモデルやプログラムが創出されれば、真の意味での高齢者居住の選択肢の拡大、生活の質向上につながると考えられる。

【注】
1　前章までにすでに、言及しているが、米国では一般的に「リタイアメント・コミュニティ」と呼ばれることが多い。
2　防犯を目的に住宅地を塀などで囲ったコミュニティ。(都市計画国際用語研究会

編 2003：G64) 参照。
3 後述にあるが、「レジャー・ワールド」は全米に8つある。これは、カリフォルニア州のLaguna Woodsの「レジャー・ワールド」を事例として扱っている。
4 フロリダ州タンパにある「サンシティ・センター」を事例として扱っている。
5 著者自身によるインタビュー調査から、男性の選択理由としては、圧倒的にゴルフができることであり、女性は、既に入居している住民との志向的同質性、つまり、社会経済的階層の同質性があることが第一に挙げられたと述べられている。
6 アダルトケア・ファシリティ（adult care facilities）はコングレゲート・ハウジング（congregate housing）とも呼ばれている。（ロビンソン Robinson 2007:9）参照。
7 州によっては②に含まれるすべてをアシステッド・リビングとしているところもある。以上の分類については上記（注6）の文献および、http://www.helpguide.org/elder/senior_housing_residential_care_types.htm （2009年9月16日取得）を参照。
8 http://www.plute.com/delwebb/ （2009年9月16日取得）にもとづく。
9 http://www.helpguide.org/elder/senior_housing_residential_care_types.htm （2009年9月16日取得）にもとづく。
10 http://www.seniormobiles.com/ （2010年12月8日取得）およびhttp://www.hud.gov/ （2010年12月9日取得）参照。manufactured housingは米国住宅局（US Department of Housing and Urban Development：HUD）によって所有者の健康と安全のためのプログラムが作成されている。
11 郊外居住者は、2008年8月〜11月にメリーランド州モンゴメリー郡ゲイザスバーグ市ケントランズの住民7人および、モンゴメリー郡シルバースプリング地域の住宅地の一戸建て住宅居住者3人の協力者を得、2010年1月にイリノイ州シカゴ郊外のアーリントンハイツから2人の協力者を得た。都心居住者は、2010年1月にイリノイ州シカゴ市の都心地域のコンドミニアム居住者から12人の協力者を得た。また、地方スモールタウン居住者には、2010年8月にウィスコンシン州シェボイガン郡のウーストブルク居住者から12人の協力者を得た。このうち、第1章の対象者が3人、第2章の対象者が11人、第3章の対象者が12人含まれている。
12 Maxさんが言及したリタイアメント・コミュニティは第3節で記述したコンティニュイング・ケア・リタイアメント・コミュニティ（CCRC）のことを指している。
13 住民の平均年齢や住宅のタイプ、敷地内の施設などの情報は「メリーランド・レジャー・ワールド」の総支配人F氏へのインタビュー調査および氏による案内で行われた敷地内の見学にもとづく。
14 「メリーランド・レジャー・ワールド」の住民用の居住のためのハンドブック、*Leisure World Living: A Guide to Everything You Need To Know* （June 2008）参照。

15　総支配人F氏からの聞き取りによる。
16　2008年に「メリーランド・レジャー・ワールド」が会場を提供したのは、ローンボーリング競技である。シニア・オリンピックについては、第1章第2部参照。
17　筆者が実施した質問紙調査（2008年11月）による。
18　総支配人F氏からの聞き取りによる。
19　米国国勢調査局の報告書によると、1995年～2000年に65歳以上の437,000人が、南部へ移動している。

資　料

「メリーランド・レジャー・ワールド」航空写真（2008年8月、展示資料を筆者撮影）

「メリーランド・レジャー・ワールド」ゲート（2008年8月、筆者撮影）

「メリーランド・レジャー・ワールド」レストラン（2008年8月、筆者撮影）

「メリーランド・レジャー・ワールド」医療スタッフ（2008年8月、筆者撮影）

第4章　高齢者コミュニティと生活の質　261

「メリーランド・レジャー・ワールド」パソコンクラス（2008年8月、筆者撮影）

「メリーランド・レジャー・ワールド」卓球クラブ（2008年8月、筆者撮影）

終章

高齢者退職後生活の質的創造

第1節　結　論

1-1. 本書で明らかになったこと

本書では、4つの事例による考察から、地域コミュニティで退職後の高齢者が生活の質をどのように創造していくのかを居住環境や社会的交流活動に焦点を当てて探ってきた。

第1章で対象とした、「大都市郊外」の計画住宅地におけるコミュニティでは、第1部でタウンプランニングの住宅地の設計・デザインと建設理念であるスモールタウン的なコミュニティという概念的なメッセージが住民の間のコミュニティ意識の育成の潜在力となっていることを明らかにした。物理的環境要素は単にプランニングやデザインに留まらず、いかに居住するかという思想を人々にメッセージとして伝えて、人々の居住イメージに訴えることができるか、それが事例とした住宅地が成功しているカギの一つだと感じている。ある意味では、それを通して大きなくくりではあるが、価値観の同質性をもつ人々が住民集団として形成されたのである。多くの住民は、郊外住宅地というカテゴリーの中にありながら、住宅地がどこへでも歩いて行ける近接性をもつことに価値を認め、近隣の人たちとの気軽な交流ができる環境に大きな満足感を抱いていた。しかし、それだけでは全住民を覆うようなコミュニティ意識は育成されなかったであろう。その潜在力を顕在化させる機動力の一端を果たしているのが第2部で詳しく取り上げた住民組織の活動である。この住民組織が住民へ共通メディアを発信し、祭りやイベントやクラブ活動などの創出を通して住民の間のコミュニティ意識を引き出す実質的な力になっていた。地域行事「5Kレース」で観察された高齢者ボランティアの役割意識は、レースを成功させるための住民ボランティア全体の相互依存関係のサイクルの内側に高齢者がその一部として位置づけられているという自覚、つまり地域コミュニティでの社会的存在感から生じていた。そのような関係を「5Kレース」行事が創出していること、それによって高齢者がライフステージの移行で減少させた個人的な役割を補うものとして、コミュニティの総体を対象とした役割を新たに獲得していると分析した。

終章　高齢者退職後生活の質的創造　265

　一般に、「大都市郊外」の歴史の浅い住宅地では、たとえそこに多様な世代が居住していたとしても、ごく少数の人的関係が、それぞれ混じり合うことが少ない状態でモザイクのように存在しているにすぎないことが多い。個々の住民は、相互に依存しあうという関係性もないままに、それぞれが、いわばカプセルに入ったまま生活しているかのようである。そうした背景の中で住民集団の形成に触媒として働き、住民の意識や関心をゆり動かしていくような、地域コミュニティの物理的・社会的環境がもつエージェントとしての意義に注目したのが、第1章の事例研究である。
　このような物理的・社会的環境によるエージェントについては、タウンプランニングのような大掛かりなものでなくても、コーポラティブ住宅やコレクティブ住宅[1]のような建物単位、あるいは、地域コミュニティの中のひとつの施設や機関が、そのような役割を果たしている事例もあろう。地域行事や祭りについても、本書の事例で取り上げたような、良好に組織された住民集団によるものでなく、何らかの行事や祭りに集った人々が逆に地域コミュニティの住民集団の核となっていく場合があるのかもしれない。第1章の事例で見てきたことは、高齢者住民が地域コミュニティに役割の主体として包摂され生活の質を高めていくための環境的要素の可能性である。
　第2章では、「大都市都心」の高齢者の都心居住に対する評価および、社会的交流活動の内容を記述した上で、それらを分析した。調査対象とした高齢者たちは、同じコンドミニアムに住む住民であるが、この事例では、コンドミニアムの住民コミュニティそのものに焦点を当てたのではなく、彼らが日常生活の中で、このコミュニティの内外で関わっているさまざまな社会的交流活動について、交流する世代との関連を考慮に入れて分析した。
　居住に対する評価として、彼らが都心居住にもっとも価値を見出しているのは、買い物や医療など日常生活に必要なものへの近接性と都心居住の典型的形態であるコンドミニアム居住による住宅管理の軽減であった。対象とした高齢者の多くが、それまでのライフステージでは、郊外で一戸建ての居住形態を取っていたが、高齢期を迎えて彼らは、都心のコンドミニアムという居住形態に移動したのである。都心環境の利便性を得ると同時に、コンドミニアムという居住形態では、毎月の管理費を支払い、ビル内の設備の使用や

維持管理、安全などのサービスを購入する形をとっていた。これは、ある意味では、高齢者コミュニティでのサービスの購入と同様の側面であるといえる。ただし異なるのは、彼らは、一般居住の中で、自分たち高齢者の世代だけでなく、様々な世代とともにそのようなサービスを得ているという点であった。

彼らがそれぞれに関わっている社会的交流活動全体としては、地域社会の幅広い世代の住民に対する貢献的活動が非常に多く行われていることが明らかになった。これらの貢献的活動を通して、異なる世代との関係が生まれ、高齢者がライフステージの変化の過程で縮小あるいは喪失した役割を補うものとして意義のある新たな「主体的役割」と多様なかたちで出会っていた。この背景には、都心アメニティが豊富なことによって活動の機会の総量が多いという環境要素があった。

都心アメニティによって得られる活動の中には、もちろん、貢献的活動ばかりではなく、社交的活動・運動や学習活動も多く含まれていた。それらの活動は趣味や関心を共にする同質的結合の傾向をもち、交流する世代も類似世代の場合が多かったが、こういった価値観を共有する仲間との交流によっても高齢者の満足感が生み出されていることがわかった。

第3章で観察したのは、スモールタウンの高齢者の居住に対する評価と、そこで高齢者たちがそれぞれに関わっている社会的交流活動である。

スモールタウンでの居住の利点として挙げられたのは、親族が身近に居住していることによる交流の容易さ、村の人々とのカジュアルな交流関係、安全な環境などの点であった。

彼らが関わる社会的交流活動へのコメントを通して明らかになったのは、家族の役割が大きな断絶を伴うことなく、ライフステージの移行においても、親としての役割と祖父母としての役割が途切れずに連続しているという特色を持っていることであった。そしてそれを可能にしているのが親族との近接性のあるスモールタウンの居住環境であった。日常の交流圏の中に親族、特に子どもや孫や、しばしば彼ら自身の親たちさえもがいることで、親族との交流が彼らの社会的交流活動の主要な部分を占めていた。しかし、それが時

には人間関係の面でネガティブな側面ともなりうることもわかった。一方で、クラブや組織などのフォーマルな活動や学習活動などは、彼らの社会的交流活動の中でそれほど大きな位置を占めてはいなかった。その点は、関心や趣味を共にする多くの活動から役割意識や同質結合の感覚を得ていた大都市圏の高齢者の社会的交流活動の内容と異なる部分であった。それは、フォーマルな活動の機会の多寡といった環境要素の違いにも由来するのだが、そういったものからの明瞭な形での役割補完を必要としない地域社会に彼らが居住していることも一因であることがわかった。住民には、教会への礼拝や教会行事や一年を通じて行われている何らかの教会を通じた活動を通して「教会コミュニティ」が形成されており、それによってコミュニティの幅広い世代の住民との関わりが生まれ、村の地縁につながっていた。したがって、親族がともに住む「教会コミュニティ」という面での同質性が人々の共通感覚になり、この感覚に同調する、あるいはこのカテゴリーに一致する限りにおいては、包括的な社会の役割を担う一員として包摂されているといえる。

第4章では、高齢者コミュニティについて考察した。高齢期の過程の中で、高齢者が考慮に入れる居住形態の選択肢の一つとなりうるものである。

「大都市郊外」、「大都市都心」、「地方のスモールタウン」地域の一般居住の高齢者住民による将来の居住に対する意識については、日常の生活が難しくなってもケア提供者を雇うことによって、できる限り長く自宅で過ごしたいと考えている人が多かった。高齢者コミュニティについては、積極的に評価した人は少なかったが、それにもかかわらず必要なものであるとのコメントも複数の高齢者から寄せられた。

これを踏まえて、高齢者コミュニティにおける高齢者の生活の質を、利便性、安全性、活動性、多様性、外部の家族・友人とのつながりの5つの項目から分析した。利便性や安全性については、日常生活を満たすものとの近接性があること、高齢期の生活不安のニーズによく合わせられていること、ゲートによる保安がなされているという点で満たされていた。外部の家族・友人とのつながりについては、個人の意志によるところが大きいと考えられるが、ゲート化されたコミュニティという物理的環境が、外部との気軽で日

常的なつながりを妨げる可能性も考察した。活動性と多様性については、次のようなことが明らかになった。事例として考察した高齢者コミュニティでは、クラブや講座やグループ活動が豊富にあり、特にレジャーを中心とした同世代間の社交的活動が多く行われていた。高齢者コミュニティのように、高齢者世代だけが利便性や安全性などのサービスを購入する形の環境においては、第1章〜第3章の事例で取り上げたように、社会的交流活動の中で、貢献的な活動をすることによって得られるような役割意識を経験することは少なくなる。その一方で、趣味や関心を共にする「同質結合傾向」や同世代間の友情関係は起こりやすくなる。この関係が得られることも、その他の章でも考察したように、高齢者の社会的交流関係に満足感を与える要素の一つとなっているが、社会的存在感は、社会の中の多様な世代との相互関係の中で主体的な役割を果たしているという感覚によって、よりいっそう意識化されることを考えると、高齢者コミュニティでの環境要素は、内部環境だけに注目すると、それが達成されやすい環境とはいえず、この点において課題を残していると分析した。

　序章で触れたように、高齢者が退職生活の中で新たに獲得する役割に注目したのは、ライフステージの移行によって、それまでの役割の縮小や喪失が多くの高齢者によって経験されやすいからである。本書では、高齢者の役割を生みだすものとして、貢献的活動が内包する世代間の関わりという視点で高齢者の社会的交流活動を考察した。その結果、多世代包摂的な活動から生み出される役割は、高齢者の役割の喪失感を補う多様な意義があると結論づけた。

　一方で、インタビューによって、高齢者の社会的交流活動には、貢献的な活動ばかりではなく、学習や運動を含む社交的活動もまた、様々に行われていることがコメントされた。これらの多くが、特に大都市圏の高齢者では、類似世代を中心とした友好的な交流であり、そして、それは「主体的役割」にはなりにくいものであった。序章の図序-3の分類では、主に役割・サービスの受領活動と単一世代型活動の軸内の活動の範ちゅうとなるものである。ただし、「地方のスモールタウン」の高齢者の場合は、社交的活動はコミュ

ニティの幅広い世代との交流であった。いずれにしても、サービスの提供ではなく、サービス享受の側面が大きいために、筆者の当初の予測では、これらの活動は高齢者が生活の質を向上させることに寄与するものとして、それほど積極的な要素となりうるとは考えていなかった。しかし、関心や価値観の同質的な結合や友情関係は、「情緒的一体感」や「欲求充足感」を生じさせるものとして、高齢者の日常生活の中での社会的交流関係に満足感を与えていた。この点において、社交的活動は、高齢者が生活の質を高める要素として重要であることがわかった。しかし、この要素は、貢献的活動と共にバランスよく得ることで高齢者の満足感を高めていた。第4章の高齢者コミュニティの事例で考察したように、レジャーを中心とした社交的活動が日常の社会的交流活動の大部分を占める場合には、サービス享受の側面だけが大きくなり、社会的自我意識の形成によって得られる高齢期の生活の質に関しては、十分な環境とはなっていない。したがって、単一世代の高齢者コミュニティという環境では、その意義とともに限界や課題も明らかになった。

1-2. 多世代包摂性と高齢者の生活の質

以上、本書の主体となっている4つの事例による考察から得られたものをまとめてきた。これらの事例から、地域コミュニティの中の高齢者の生活の質を追究する過程で重要な要素として浮かび上がったことは、異なる世代が相互に関わり合いを持つ「多世代包摂性」が生じている状態から多くの役割が生まれて高齢者が生活の質を高めるための社会的環境要素として寄与しているということであった。

ここで、多世代包摂性と高齢者の生活の質についてまとめる。

第1章の事例では、住宅地のコミュニティが、多世代がただ単に存在する「多世代型」から、多世代が関わり合う「多世代包摂型」へと発展することで、コミュニティ意識が高まり、そのことによって高齢者の生活の質が高められていったのだといえる。すなわち、郊外住宅地の住民集団の中に多様な世代の住民が関わり合う多世代包摂性が実現し、コミュニティ意識となることで、そこから創出された役割が、高齢者が生活の質を高めることに貢献し

ていた。コミュニティの中で住民間の交流が、住民組織の活動を主な推進力として、行事やクラブ活動やパーティーなどを通して頻繁に行われ、自分たちの世代とは異なった他の世代への想像力や意識が高められていった。それによって、つながりが形成されにくいといわれる郊外の新興住宅地が、多世代包摂性をもつコミュニティとなった。

　高齢者にとって、最も身近な環境である近隣住区が、そのように多世代包摂性をもつコミュニティに発展することは確かに理想的である。そのような目的のためのシステムの構築についての議論も多く行われている。しかし、その後、他の事例研究を進めていく過程で、高齢者が近隣よりも広い地域コミュニティの様々な活動に参加することによっても多様な役割を得て生活の質を高めている様子が明らかになった。高齢者を取り巻く、ごく身近な近隣ばかりではなく、大都市圏に居住する住民たちにとっては、さまざまな組織の諸活動などによる、より広い地域コミュニティでの社会的交流活動への参加も役割を担う重要な要因となっていた。第2章では、「大都市都心」の高齢者住民が関わる多くの貢献的活動には、多様な世代から発せられるニーズに応えることで多世代包摂性が生じ、高齢者に数多くの役割が生まれていた。一方で第3章の「地方のスモールタウン」に居住する住民たちは、組織された活動というよりも、親族や近隣との身近な交流が貢献的役割を担う要因であった。伝統的地縁・血縁集団としてのスモールタウンの中で、高齢者を含めた包括的な世代間の役割関係が存在し、高齢者が生活の質を高めることに貢献していた。

　地域コミュニティでの貢献的活動は高齢者の居住する地域によって、その内容は異なっていたが、それらの活動の多くは、異なる世代との関わりから生じていて、それぞれの世代への役割意識によって、高齢者が肯定的な自我意識を高めていた。

　このように高齢者にとっての多世代包摂性とは、多様な世代の他者へ手を差し伸べるという、関わりの機会の増大を伴っている。そのことによって自身の自我意識におのずから手が差し伸べられ、生活の質を創造するエネルギーになると考えられる。

1-3. 米国高齢者と自立意識

　本書では、高齢期の生活の質について考察するにあたり、高齢者の居住地に対する評価も同時に尋ねてきた。対象としたミドルクラスの退職者は、自らの退職後の居住地を選択することができる社会経済的階層でもある。そのために彼らの現在の居住地は、それぞれの高齢者の価値観をかなり反映したものであるという点で興味深かった。

　第1章の事例では、「大都市郊外」に「スモールタウン的」要素の価値を見つけている。住民たちは出身地のホームタウンを遠く離れ、大都市圏で高齢期を過ごすのに心地よい場所を郊外住宅地の中から選び出した。第2章の事例では、高齢者たちは、住居管理の軽減と「大都市都心」の圧倒的なアメニティの多様さに価値を見出し、都心のアクティビティを享受することを選択した。第3章の事例では、ホームタウンとしてのスモールタウンで家族や幼なじみたちとともに過ごすことを価値としていた。

　インタビューに答えたそれぞれの高齢者たちは、居住地について多様な価値観をもちながらも、どの居住地でも、その居住を選択した積極的な理由をもっていた。それらには、高齢期に、より重要性を増す、必要なものへの近接性や、安心感や安全性が含まれていた。さらに、高齢期に合わせて、居住形態を変えることも頻繁に観察された。それは、一戸建てからタウンハウスやコンドミニアムなどへの移動であり、大都市圏のみならず、「地方のスモールタウン」においても居住形態を転換したことがしばしば語られた。大きな一戸建ての家の世話が大変になったら小さな家に移る、あるいはワンフロアの家や管理のサービスを購入できるコンドミニアムに移る、そして気候が問題になったら「スノーバード」となるのである。

　このように生活の自立度に合わせて柔軟に住居を移動するさまを調査の過程で見てきて、米国人の居住に対する価値観は多様だが、その根底には一つの共通の意識が流れていると感じるようになった。それは「自立」という価値観である。自立のために高齢期の生活に対応できる居住形態に移動し、自分に合った生活の質を維持しようとしている。いや、生活の質を創造しようとしている。もちろん、この中には長く同じ住居で自立生活を送る場合も含

んでいる。親族の近くに住む場合でも、ベースに自立の意識があることが感じられた。他者への貢献が常に生活のテーマの一定部分を占め、自立生活ができなくなった場合の生活形態への志向も自立の価値観を反映したものだった。第4章で取り上げたような高齢者コミュニティの高齢者についても、高齢期に合わせた環境やサービスを、対価を支払って購入するのだ。その環境を選択するかどうかは、高齢者それぞれの価値観があるが、事例として取り上げたような、米国に多く見られる「アクティブ・アダルト・リタイアメント・コミュニティ」と呼ばれる高齢者コミュニティの存在は、高齢者にとって自立生活をより長く送るための精神的な保険の意味で支持されてきた。

本書を通して追究してきた、社会的交流活動から得られる役割もまた、それによって高齢者が生活の質を高めることができるのは、他者に関わり、与えることで他者の中に映し出されて高齢者自身に返ってくる役割意識が自立の意識を促進して、肯定的な自我を創造することになるからである。特にそれが、下の世代へ手を差し伸べる役割である時、高齢期の自立意識は、よりいっそう輝きを増すのではないだろうか。

第2節　おわりに

現代では、世帯はますます小規模化し、生活はますます多忙となり、個別化も進んで、地域での人々のつながりやその結果、醸成されるコミュニティが弱体化し続けていると言われている（広井2009）。社会のグローバル化が進み、米国でも、日本でも、人々の社会経済的格差も大きくなっている。人と人との豊かな結びつきや助け合いなどによる利他的な交流が、かつて経験した懐かしい過去、あるいは取り戻し、再び経験したい価値として、特に最近になって様々な形で取り上げられることが多くなっているのはこのような不安定感のためであろう。しかし、単に社会的交流の量的な側面だけを追求するのは不十分だと思われる。特定の世代や同世代の交流に比べると、世代間の広いつながりについても同様に弱体化の傾向にあるからである。

第1章で取り上げたケントランズを、住民のコミュニティ意識を探るため

に訪れ、そこで得られたインタビュー調査の結果を考察していく過程で、住民の世代が分断されやすいといわれている米国の「大都市郊外」において、さまざまな世代が住み、実際に顔を合わせる機会が多くあることが、住民全体の居住性を高めていることを発見した。インタビューで住民たちから、いろいろな年代の人々との日常的な交流が居住を豊かにしているというコメントを数多く得たからである。そこで、高齢者の生活の質について考察するにあたり、世代間の関わりがもたらす力に重要な要因があるのではないかと気付かされた。

コミュニティの行事「5Kレース」では、レース遂行の過程で高齢者ボランティアに、競技者や見物人やボランティア仲間などのいろいろな世代の他者と関わることで、彼らから評価され、依存されて生まれる役割が観察された。シカゴ都心では、都心アメニティを享受し、都心がもたらす豊富な活動の機会をとおして生まれる幅広い世代の他者との関わりから、多様な社会的な顔を持つことができた高齢者たちを観察した。ウィスコンシンのスモールタウンでは、親族を含む、コミュニティの人々から期待され、あてにされることで社会的自我意識を高めている高齢者たちがいた。

多くの世代が相関し合う関係が成立する多世代包摂型の交流においては、役割発生の可能性が増大する。そしてそれは高齢者にとって、とりわけ大きな意味を持っている。高齢者が他者との間で役割を果たそうとするとき、異世代に提供することで、よりいっそう大きな価値となるものがある。培った知恵や経験は、そこでははじめて他者にとって意味あるかたちとなる。そしてまさにそのことによって、それらの知恵や技術や経験は高齢者自身の意味あるかたちとなって意識化される。

高齢社会において高齢者が単にサービスの受け手として、または高齢者同士の親睦という形で、世代内で完結してしまう姿は一般的に多く見られるが、高齢期においても、単にサービスの受け手にとどまらず、サービスの提供者であろうとする意識は重要である。本書は、その役割とそれをもたらす環境や社会的交流活動の意義に注意を向けた。特に、コミュニティの弱体化が自覚される今日の社会の中で見直されつつある人的関係でありながら、その意

義が正面から追究されてきたとは言い難い、世代間の本質的関係といえる多世代包摂性という概念を多少なりとも照らし出そうとしたものである。

【注】
1　1960年代初頭にデンマークで提案された、独立した個別世帯がそれぞれの住戸ユニットを占有しながら、共用施設部分を共有する集合住宅の形態を指すコ・ハウジングのコンセプトに含まれるものである。コーポラティブ住宅とは、ひとつの敷地に共同で居住しようとする入居者どうしが、協同組合を設立し、建物全体の規模や構成、各自の住居プラン、共用施設の設備仕様など、共同住宅の施設面の企画、設計から入居と入居後の管理、運営方法までを自ら行う共同居住の様式である。また、コレクティブ住宅とは、血縁、婚姻、養子関係などによらない複数の入居者世帯が建物を共同利用し、グループ世帯を形成するのが特徴である。各住戸ユニットの独立性は比較的高く、専用キッチン、洗面・浴室を有することが多い。（都市計画国際用語研究会編 2003：K36-7）参照。

文　献

英文文献

【著書】

Adams, Rebecca G., 1989, Conceptual and methodological issues in studying friendships of older adults, In Rebecca G. Adams and Rosemary Blieszner eds., *Older Adult Friendship*, Newbury Park, CA: Sage: 17-41.

Achenbaum, W., Andrew, 1978, *Old Age in the New Land*, Baltimore, Johns Hopkins University Press.

Allen, Jo Gause ed., 2002, *Great Planned Communities*, Washington DC: The Urban Land Institute.

Atchley, Robert C. and Amanda S. Barusch, 2004, *Social Forces and Aging: An Introduction to Social Gerontology, Tenth Edition*, Wadsworth.（=2005, 宮内康二編訳『ジェロントロジー――加齢の価値と社会の力学』きんざい.）

Baumgartner, M.P., 1988, *The Moral Order of a Suburb*, New York: Oxford University Press.

Bellah, R., Madsen, R., Sullivan W., Swidler, A. and S. Tipton, 1985, *Habits of the Heart: Individualism and Commitment in American Life*, University of California Press.（=1991, 島薗進・中村圭志訳『心の習慣：アメリカ個人主義のゆくえ』みすず書房.）

Bengtson, Vern L., 1985, Diversity and symbols in grandparent roles, In V. L.Bengtson and J. F. Robertson eds., *Grandparenthood*, Beverly Hills, CA: Sage: 11-29.

Birren, James E., and Vern L. Bengtson Eds., 1988, Emergent Theories of Aging, New York: Springer Publishing Company.

Blakely, Edward I. and, Mary Gail Snyder, 1997, *Fortress America: Gated Communities in the United States,* The Brookings Institution.（=2004, 竹井隆人訳『ゲーテッド・コミュニティ――米国の要塞都市』集文社.）

Blumer, Herbert, 1969, *Symbolic Interactionism: Perspective and Method*, New Jersey: Prentice-Hall.（=1991, 後藤将之訳『シンボリック相互作用論――パースペクティヴと方法』勁草書房.）

Bond, John, Peace, Sheila, Dittmann-Kohli, Freya, and Gerben Westerhof, 2007, *Ageing in Society,* Sage Publications.

Burgess E., 1960, *Aging in Western societies*, Chicago: University of Chicago Press.

Butler, Robert N., 1975, *Why Survive? : Being Old in America*, New York: Harper & Row.

Butler, R. N., and Gleason, H.P. eds., 1985, *Productive aging : Enhancing vitality in later life*, New York: Springer. (=1998, 岡本祐三訳『プロダクティブ・エイジング——高齢者は未来を切り開く』日本評論社.)

Cain, M. E., 1973, *Society and the Policeman's Role*, London: Routledge & Kegan Paul.

Calthorpe, Peter, 1993, *The Next American Metropolis: Ecology, Community, and the American Dream*, Princeton Architectural Press. (=2004, 倉田直道・倉田洋子訳『次世代のアメリカの都市づくり——ニューアーバニズムの手法』学芸出版社.)

Cavan, R.S., 1962, "Self and Role in Adjustment During Old Age," In A. Rose ed., *Human behavior and social processes*, Boston: Houghton Mifflin.

Cavan, R.S., Burgess, E.W., Havighurst, R.J., et al., 1949, *Personal Adjustment in Old Age*, Chicago: Science Research Associates.

Cherlin, Andrew, and Frank F. Furstenberg Jr., 1985, Styles and strategies of grandparenthood, In V. L. Bengtson and J.F. Robertson eds., *Grandparenthood,* Beverly Hills, CA: Sage: 97-116.

Clarke, Lynda, and Ceridwen Roberts, 2002, "Policy and rhetoric: the growing interest in fathers and grandparents in Britain," In A. Carling, S. Duncan, and R. Edwards eds., *Analysing Families: Morality and Rationality in Policy and Practice*, London: Routledge: 165-82.

Cole, Thomas R., 1992, *The Journey of Life : A Cultural History of Aging in America*, Cambridge University Press.

Congress for the New Urbanism, 2000, *Charter of the New Urbanism*, New York: McGraw-Hill.

Crohan, Susan E., and Toni C. Antonucci, 1989, "Friends as a Source of Social Support in Old Age", In Rebecca G. Adams, and Rosemary Blieszner, *Older Adult Friendship: Structure and Process*, Newbury Park, CA, SAGE Publications: 129-46.

Cumming, Elaine, and William E. Henry, 1961, *Growing Old: The Process of Disengagement*, New York: Basic Books.

Dahrendorf, Ralf, 1988, *The Modern Social Conflict: An Essay on the Politics of Liberty*, New York: Weidenfeld & Nicholson.

Dalton, James H., Elias, Maurics J., and Abraham Wandersman, 2001, *Community Psychology: Linking Individuals and Communities*, Wadsworth. (=2007, 笹尾敏明訳『コミュニティ心理学——個人とコミュニティを結ぶ実践人間科学』金子書房.)

Davidson, Sara, 2007, *Leap! : What Will We Do with the Rest of Our Lives?*, New York: Random House.

Davis, Fred, 1979, *Yearning for Yesterday: A Sociology of Nostalgia*, New York: The Free Press A Division of Macmillan Publishing Co., Inc. (=1990, 間場寿一・荻野美穂・細辻恵子訳『ノスタルジアの社会学』世界思想社.)

Davis, Mike, 1990, *City of Quartz*, Verso. (=2001, 村山敏勝・日比野啓訳『要塞都市LA』青土社.)

Duany, A., Plater-Zyberk, E., and J. Speck, 2000, *Suburban Nation: The Rise of Sprawl and the Decline of the American Dream,* New York: North Point Press.

Erikson, Erik H., Erikson, Joan M., and Helen Kivnick, 1986, *Vital Involvement in Old Age,* New York: W.W. Norton & Company.（=1990, 朝長正徳・朝長梨枝子訳『老年期』みすず書房.）

Fischer, Claude S., 1982, *To Dwell among Friends,* Chicago: The University of Chicago Press（=2002, 松本康・前田尚子訳『友人たちのあいだで暮らす——北カリフォルニアのパーソナル・ネットワーク』未来社.）

─────, 1984, *The Urban Experience, Second Edition,* San Diego, CA: Harcourt Brace Javanovich.

Fischer, David H., 1978, *Growing Old in America (expanded edition),* New York: Oxford University Press.

Fitz Gerald, Frances, 1986, Cities, on, a Hill:, A, Journey, Though Contemporary, American Cultures, New York: Simon and Schuster, 203-245.

Flanders, Stephen A., 1998, *Atlas of American Migration,* New York: Facts On File.

Frey, W. H. and R. C. DeVol, 2000, *America's Demography in the New Century: Aging Baby Boomers and New Immigrants as Major Players,* Santa Monica, CA: Milken Institute.

Friedan, Betty, 1993, The Fountain of Age.（=1995, 山本博子・寺澤恵美子訳『老いの泉』（上・下），西村書店.）

Gans, Herbert J., 1967, *The Levittowners: Ways of Life and Politics in a New Suburban Community,* New York: Columbia University Press Morningside Edition.

Gause, Jo Allen ed., 2002, *Great Planned Communities,* Washington DC: Urban Land Institute.

Gilbert, Dennis, 2011, *The American Class Structure in an Age of Growing Inequality: Eighth Edition,* 32, London: SAGE Publications.

Gilleard, Chris, and Paul Higgs, 2005, *Contexts of Ageing: Class, Cohort and Community,* Polity Press.

Goffman, E., 1961, *Encounters,* New York: The Bobbs-Merrill.

Haber, Carole, 1983, *Beyond Sixty-Five,* Cambridge, MA: Cambridge University Press.

Halberstam, David, 1993, THE FIFTIES *vol. II,* Villard Books.（=2002, 金子宣子訳『ザ・フィフティーズ第2部』新潮社.）

Havighurst, R.J., and Albrecht, R., 1953, *Older People,* New York: Longmans, Green.

Hayden, Dolores, 2003, *Building Suburbia: Green Fields and Urban Growth, 1820-2000,* New York: Vintage Books.

Jackson, Kenneth T., 1985, *Crabgrass Frontier: The Suburbanization of the United States,* New York: Oxford University Press.

Jacobs, Jane, 1961, *The Death and Life of Great American Cities,* Vintage Books.（=1969, 黒川紀章訳『アメリカ大都市の死と生』鹿島出版会.）

Katz, Peter, 1994, *The New Urbanism: Toward an Architecture of Community,* New York: McGraw-Hill.

Kelly, John R., 1987, *Peoria Winter: Styles and Resources in Later Life,* Lexington, MA: Lexington Books.

Klapp, Orinn E., 1973, *Models of Social Order,* Palo Alto, CA: National Press Books.
Klein, D., 1968, *Community dynamics and mental health*, Wiley.
Knox, Paul L., 2008, *Metroburbia*, USA, Rutgers University Press.
Koenig, Harold G., 1995, *Aging and God: Spiritual Pathways to Mental Health in Midlife and Later Years*, New York: Haworth Pastoral Press.
Kruse, Kevin M., and Thomas J. Sugrue, Eds., 2006, *The New Suburban History,* Chicago: The University of Chicago Press.
Langdon, Phillip, 1994 *A Better Place to Live: Reshaping the American Suburb,* Amherst, MA: TheUniversity of Massachusetts Press.
Lazarfeld, Paul F. and Robert K. Merton, 1954, Friendship as Social Process: A Substantive and Methodological Analysis, In Morroe Berger, Theodore Abel and Charles H. Page, eds., *Freedom and Control in Modern Society*, New York: Octagon Books: 28.
Leccese, Michael, and Kathleen McCormick, Congress for the New Urbanism, 2000, *Charter of the New Urbanism*, McGraw-Hill.
Lerner, Max, 1957, *America as a Civilization*, Henry Holt And Company.
Levin, Jeffrey S., ed., 1994, *Religion in Aging and Health*, Thousand Oaks, CA: Sage.
Linton, R., 1936, *The Study of Man,* Applenton-Century-Crofts.
Long, Elizabeth, 2003, *Book Clubs: Women and the Uses of Reading in Everyday Life*, Chicago: The University of Chicago Press.
Low, Setha, 2003, Behind the Gates; Life, Security, and the Pursuit of Happiness in Fortress America, New York: Routledge.
May, E.Tyler, 1988, *Homeward Bound: American Families in the Cold War Era*, Basic Books.
McFadden, Susan H. and Robert C. Atchley Eds., 2001, *Aging and the Meaning of Time: A MultidisciplinaryExploration,* New York: Springer Publishing Company.
Mckenzie, Evan, 1994, Privatopia: *Homeowner Association and, the Rise, of Residential, Private Government,* Yale University Press. (=2003, 竹井隆人・梶浦恒男訳『プライベートピア：集合住宅による私的政府の誕生』世界思想社.)
Mead, G. H., 1934, *Mind, Self and Society, Morris,* C. W., ed., Chicago: The University of Chicago Press. (=1974, 稲葉三千男・滝沢正樹・中野収訳『精神・自我・社会』青木書店.)
Nicolaides, Becky M., and Andrew Wiese, Eds., 2006, *The Suburb Reader,* New York: Routledge.
Palmore, Erdman B., 1999, *Ageism: Negative and Positive* 2nd ed., New York: Springer Publishing Company, New York (=2002, 鈴木研一訳『エイジズム――高齢者差別の実相と克服の展望』明石書店.)
Parsons, T., 1951, *Toward a General Theory of Action,* New York: Harper & Row. (=1974, 佐藤勉訳『社会体系論』青木書店.)
Passuth, Patricia M., and Vern L. Bengtson, 1988, Sociological Theories of Aging; Current Perspectives and Future Directions.In Birren, James e. and Vern L. Bengtson, eds.,

Emergent Theories of Aging, New York: Springer Publishing Company.
Robinson, Mary, Novelli, William, Pearson, Clarence, and Laurie Norris, Eds., 2007, *Global Health & Global Aging,* CA: Jossey-Bass.
Sarason, Seymour B., 1974, *The psychological sense of community: Prospects for a community psychology,* CA: Jossey-Bass.
Schulz, James H., 1995, *The Economics of Aging,* 6th ed. Westport, CT: Auburn House.
Takamura, Jeanette C., 2007, "Healthy Aging in the United States," In Robinson, Mary, Novelli, William, Pearson, Clarence, and Laurie Norris, eds., *Global Health & Global Aging*, San Francisco, CA: Jossey-Bass.
Tennenbaum, Robert ed., 1996, *Creating A New City: Columbia,* Maryland：Perry Publishing.
Teaford, Jon C., 2008, *The American Suburb: The Basics,* Routledge.
Varenne, Hervé, 1977, *Americans Together: Structured Diversity in a Midwestern Town,* New York: Teachers College Press.
Walker, Alan and Catherine Hagan Hennessey, 2004, *Growing Older,* 1st edition, UK: Open University Press.（＝2009, 山田三知子訳『高齢期における生活の質の探求――イギリス高齢者の実相』ミネルヴァ書房.）
Walzer, Michael, ed., *What it Means to be an American,* Marsilio Editori S.P.A.（＝2006, 古茂田宏訳『アメリカ人であるとはどういうことか――歴史的自己省察の試み』ミネルヴァ書房.）
Whyte, W.H., 1956, *The Organization Man,* Symon and Shuster.（＝1959, 岡部慶三・藤永保訳『組織のなかの人間――オーガニゼーション・マン』東京創元社.）
Wireman, Peggy, 1984, *Urban Neighborhoods, Networks, and Families: New Forms for Old Values, Lexington,* MA: Lexington Books.
Wright, Gwendolyn, 1981, *Building the Dream: A Social History of Housing in America,* The MIT Press.
Wykle, May L., Whitehouse, Peter J., and Diana L. Morris, Eds., 2005, *Successful Aging Through the Life Span: Intergenerational Issues in Health,* New York: Springer Publishing Company.
Young, Jock, 1999, *The Exclusive Society: Social Exclusion, Crime, and Difference in Late Modernity,* SAGE Publications.（＝2007, 青木秀男・伊藤泰郎・岸政彦・村澤真保呂訳『排除型社会：後期近代における犯罪・雇用・差異』洛北出版.）
Zorbaugh, Harvey Warren, 1929, *The Gold Coast and the Slum: A Sociological Study of Chicago's Near North Side*, Chicago: The University of Chicago Press.（＝1998, 奥田道大・吉原直樹監修, 吉原直樹・桑原司・奥田憲昭・高橋早苗訳『シカゴ都市社会学古典シリーズNo.2 ゴールド・コーストとスラム』ハーベスト社.）

【論文】
Andel, Ross and Phoebe S. Liebig, 2002, "The City of Laguna Woods: A Case of Senior Power in Local Politics," *Research on Aging,* 24(1), January: 87-105.

Baldassare, M. and G. Wilson, 1995, "More trouble in paradise? : Urbanization and the decline in suburban quality-of-life ratings," *Urban Affairs Review,* 30: 690-708.

Bassuk, Shari S., Glass, Thomas A. and, Lisa F. Berkman, 1999, "Social Disengagement and Incident Cognitive Decline in Community-Dwelling Elderly Persons," *Annals of Internal Medicine,* 131(3):165-73.

Bekhet, Abir K., Zauszniewski, Jaclene A. and Wagdy E. Nakhla, 2009,"Reasons for Relocation to Retirement Communities; A Qualitative Study," *Western Journal of Nursing Research,* 31(4): 462-79.

Birch, Eugenie L., 2009, "Downtown in the "New American City," *The Annals of the American Academy of Political and Social Science,* 626:134-53.

Brown, Barbara B., and Vivian L. Cropper, 2001, "New Urban and standard suburban subdivisions: Evaluating psychological and social goals,"Journal of the American Planning Association, 67(4): 402-20.

Cannuscio, Carolyn, Block, Jason, and Ichiro Kawachi, 2003,"Social capital and successful aging: The role of senior housing," *Annals of Internal Medicine,* 139(5); Part 2, September2: 395.

Chambré, Susan Maizel, 1993, "Volunteerism by elders: Past trends and future prospects," The Gerontologist 33 (2): 221-8.

Cornwell, Benjamin, Laumann, Edward O., and L. Philip Schumm, 2008, "The Social Connectedness of Older Adults: A National Profile," *American Sociological Review,* 73(April): 185-203.

Ellen, Ingrid Gould, and Katherine O'Regan, 2009, "Crime and U.S. Cities: Recent Patterns and Implications," *The Annals of the American Academy of Political and Social Science,* 626: 22-38.

Everard, Kelly M., 1999, "The Relationship between Reasons for Activity and Older Adult Well-Being," *Journal of Applied Gerontology,* 18(3), September: 325-40.

Fry, Patricia, 2003, "Retirement, baby boomer style," The World & I, 18: 287.

Golant, Stephen M., 2002, "Deciding Where to Live: The Emerging Residential Settlement Patterns of Retired Americans," *Generations,* 26(2); Summer: 66-74.

Haas III, William and William J. Serow, 2002, "The Baby Boom, Amenity Retirement Migration, and Retirement Communities: Will the Golden Age of Retirement Continue?," *Research on Aging,* 24(1), January: 150-64.

Happel, Stephen K., and Timothy D. Hogan, 2002, "Counting snowbirds: The importance of and the problems with estimating seasonal populations," *Population Research and Policy Review,* 21(3): 227-40.

House, J. S., Landis, K.R., and Umberson, D., 1988, "Social relationship and health," *Science,* 241: 540-5.

Jackson, Kenneth T., 2009, "A Nation of Cities: The Federal Government and the Shape of the

American Metropolis," *The Annals of the American Academy of Political and Social Science,* 626: 11-20.

Kaplan, Matthew, Liu, Shih-Tsen, and Patricia Hannon, 2006,"Intergenerational Engagement in Retirement Communities: A Case Study of a Community Capacity-Building Model," *The Journal of Applied Gerontology,* 25(5), November: 406-26.

Kay, Edwin J., Jensen-Osinski, Barbara H., Beidler, Peter G., and Judith L. Aronson, 1983, "The graying of the college classroom," The Gerontologist 23: 196-99.

Koenig, Harold G., George, Linda K., Blazer, Dan G., and J. Pritchett, 1993, "The relationship between religion and anxiety in a sample of community-dwelling older adults," *Journal of Geriatric Psychiatry,* 26: 65-93.

Komarovsky, M., 1946, "Cultural Contradictions and Sex Roles," *American Journal of Sociology,* 52: 184-9.

Landis, John, 2009, "The Changing Shape of Metropolitan America," *The Annals of the American Academy of Political and Social Science,* 626:154-91.

Larson, Reed, 1978, "Thirty Years of Research on the Subjective Well-Being of Older Americans," *Journal of Gerontology,* 33(1): 109-25.

Lee, Chang-Moo, and Kun-Hyuck Ahn, 2003, "Is Kentlands better than Radburn?: The American Garden City and the new urbanist paradigms", Journal of the American Planning Association, 69(1):50-72.

Lemon, B.W., Bengton, V.L., and Peterson, J.A., 1972, "An Exploration of the Activity Theory of Aging: Activity Types and Life Satisfaction Among In-movers to a Retirement Community," *Journal of Gerontology,* 27: 511-23.

McMillan, D.W. and D.M. Chavis, 1986, "Sense of community: A definition and Theory," *Journal of Community Psychology,* 14:6-23.

Moen, Phyllis, Ericson, Mary Ann, and Donna Denpster-McClain, 2000, "Social Role Identities among Older Adults in a Continuing Care Retirement Community," *Research On Aging,* 22(5): 559-79.

Morgan, David L., Schuster, Tonya L., and Edgar W. Butler, 1991, "Role reversals in the exchange of social support," Journal of Gerontology 46(5): 278-87.

Nelson, Arthur C., 2009, "The New Urbanity: The Rise of a New America," *The Annals of the American Academy of Political and Social Science,* 626:192-208.

Neugarten, Bernice L., 1974, "Age Groups in American Society and the Rise of the Young-Old," *The Annals of the American Academy of Political and Social Science,* 415:187-98.

Okun, Morris A., and Josef Michel, 2006, "Sense of Community and Being a Volunteer Among the Young-Old," *The Journal of Applied Gerontology,* 25 (2), April: 173-88.

Perry, Clarence Arthur, 1929,"The Neighborhood Unit in Regional Survey of New York and Its Environs," *Neighborhood and Community Planning,* 7.（=1975, 倉田和四生訳『近隣住区論：新しいコミュニティ計画のために』鹿島出版会.）

Plas, Jeanne M. and Susan E. Lewis, 1996, "Environmental factors and sense of community in a planned town", *American Journal of Community psychology*, 24(1), February: 109-44.

Roberto, Karen A., and Johanna Stroes, 1992, "Grandchildren and grandparents: Roles, influences, and relationships," *International Journal of Aging and Human Development*, 34(3): 227-39.

Rodrigues, D.A., J., Khattak A. and K.R. Evenson, 2006, "Can New Urbanism Encourage Physical Activity?" *Journal of the American Planning Association*, 72(1) :43-55.

Rossen, Eileen K. and Kathleen A. Knafl, 2007,"Women's Well-Being After Relocation to Independent Living Communities," *Western Journal of Nursing Research*, 29(2):183-99.

Rowe, J. W., and Robert L. Kahn, 1987, "Human aging: Usual and successful," *Science*, 237: 143-9.

——, 1997, "Successful aging," *The Gerontologist*, 37(4):433-40.

Rozario, Phillip A., Winter 2006/2007, "Volunteering Among Current Cohorts of Older Adults and Baby Boomers," *Generations*, 30.

Seeman, T. E., Berkman, L.F., Blazer, D., and Rowe, J.W., 1994, "Social ties and support and neuroendocrine function: The MacArthur Studies of Successful Aging," *Annals of Behavioral Medicine*, 16: 95-106.

Stouffer, S. A., 1949, "An Analysis of Conflicting Social Norms," *American Sociological Research*, 14: 707-717.

Talen, Emily, 1999, "Sense of community and neighborhood form: An assessment of the social doctrine of new urbanism," *Urban Studies*, 36(8):1361-80.

Tu, Charles C. and Mark J.Eppli, 1999,"Valuing new urbanism: The case of Kentlands," *Real Estate Economics*, 27(3) :425-7.

Unger, D.G. and A. Wandersman, 1985, "The importance of neighbors: The social cognitive, and affective components of neighboring," *American Journal of Community Psychology*, 13(2) :139-69.

Voith, Richard P., and Susan M. Wachter, 2009, "Urban Growth and Housing Affordability: The Conflict," *The Annals of the American Academy of Political and Social Science*, 626: 112-31.

Walker, A., 2002, "A Strategy for Active Ageing," *International Social Security Review*, 55(1): 121-39.

Wandersman, A., and P. Florin, 1990, "Citizen participation, voluntary organizations and community development: Insights for empowerment and research (Special section)," *American Journal of Community Pschology*, 18(1): 41-177.

Wellman, B. and B.Leighton, 1979, "Networks, neighborhoods, and communities: approaches to the study of the community question," *Urban Affairs Quarterly*, 14:363-390.

Wilson, John, and Marc Musick, 1997, "Who Cares? Toward an Integrated Theory of Volunteer Work," *American Sociological Review*, 62(October): 694-713.

【資料】

City of Chicago ウェブサイト http://www.cityofchicago.org.（2010年10月26日取得）

Chicago Tribune ウェブサイト
http://www.chicagotribune.com/topic/politics/goveunment/rahm-emanuel/-PEPLT000007532.topic（2011年9月25日取得）

Del Webb社ウェブサイト http://www.plute.com/delwebb/（2009年9月16日取得）

European Commission, 1999, Towards a Europe of all ages, European Commission, Brussels.

Gaithersburg ウェブサイト http://www.gaithersburgmd.gov/（2011年9月5日取得）

Help Guide ウェブサイト
http://www.helpguide.org/elder/senior_housing_residential_care_types.htm（2009年9月16日取得）

Hobbs, Frank and Nicole Stoops, 2002, Demographic Trends in the 20th Century: Census 2000 Special Reports, U.S. Census Bureau.

Kennelly, Barbara B., 2005, Privitization Targets the Heart of the Middle-Class: People Who Rely on Social Security for More Than Half Their Retirement Resources Would Suffer Huge Benefit Cuts, a report of National Committee to Preserve Social Security and Medicare.

Kentlands Citizens Assembly ウェブサイト http://www.kentlandsusa.com（2007年11月3日取得）

Leisure World of Maryland, 2008, Leisure World Living: A Guide to Everything You Need To Know, Leisure World Community Corporation.

Maryland Senior Olympics ウェブサイト
http://www.mdseniorolympics.org/news/news_torch111907.html（2009年7月28日取得）

Mobil house資料 http://www.seniormobiles.com/（2010年12月8日取得）および http://www.hud.gov/（2010年12月9日取得）

Moore, James F., and Olivia S. Mitchell, 1997, Projected Wealth and Savings Adequacy in the Health and Retirement Study, National Bureau of Economic Research Working Paper 6240.

New Urbanism ウェブサイト http://www.newurbanism.org（2005年7月5日および2009年4月29日取得）

New York州統計資料
http://pad.human.cornell.edu/census2010/reports/2010%20race%20age%20sex%20New%20York.pdf（2011年11月23日取得）

New York Times ウェブサイト
http://www.elections.nytimes.com/2012/results/president（2015年8月16日取得）

Oostburg ウェブサイト http://www.oostburg.org/index.htm（2010年3月2日取得）

Oostburg資料 http://www.city-data.com/city/Oostburg-Wisconsin.html（2010年7月30日取得）

Pain, Rachel, 2005, Intergenerational Relations and Practice in the Development of Sustainable Communities, International Center for Regional Regeneration and Development Studies, Durham University.

Peacock, James R., and Margaret M. Paloma, 1991, Religiosity and Life Satisfaction Across the Life Course, Paper presented at the Annual Meeting of the Society for the Scientific Study of Religion, November, Pittsburgh, Pennsylvania.

Running in the U.S.A. ウェブサイト

http://www.runningintheusa.com/RacesByState.asp?State=MD（2009年7月30日取得）

Runnet ウェブサイト http://runnet.jp/runtes/（2009年7月30日取得）

U.S. Census 2000 Special Reports, 2003, Internal Migration of the Older Population: 1995 to 2000, U.S. Census Bureau.

U.S. Census Breau ウェブサイト

http://factfinder.census.gov/servlet/（2011年9月24日取得）

http://factfinder.census.gov/servlet/（2011年10月29日取得）

http://quickfacts.census.gov/qfd/states/17/1714000.html（2011年11月12日取得）

http://factfinder.census.gov/servlet/（2011年11月12日取得）

http://www.census.gov/prod/cen2010/briefs/c2010br-01pdf（2011年11月21日取得）

http://qucikfacts.census.gov/qfd/states/06/0644000.html（2011年11月23日取得）

http://quickfacts.census.gov/qfd/states/24/24031.html（2011年11月24日取得）

http://qucikfacts.census.gov/qfd/states/06/06059.html（2011年11月24日取得）

http://quickfacts.census.gov/qfd/states/11000.html（2011年11月24日取得）

http://quickfacts.census.gov/qfd/states/48/4819000.html（2011年11月24日取得）

http://quickfacts.census.gov/qfd/states/48/48085.html（2011年11月24日取得）

http://quickfacts.census.gov./qfd/states/17/17043.html（2011年11月26日取得）

http://quickfacts.census.gov./qfd/states/36/36119.html（2011年11月26日取得）

http://quickfacts.censu.gov/qfd/states/00000.html（2015年8月15日取得）

http://www.census.gov/hhes/（2015年8月15日取得）

http://www.censu.gov/prod/cen2010/briefs/c2010br-09.pdf（2015年8月17日取得）

その他の欧文文献

【著書】

Madsen, Birgit, Olesen, Peter, and Henrik Bjerregrav, eds., Ældre om ensomhed:25 ældre skriver om at være ensom（＝2008, ビアギト・マスン, ピーダ・オーレスン編, 石黒暢訳『高齢者の孤独——25人の高齢者が孤独について語る』新評論.）

邦文文献

【著書】

青柳まちこ編, 2004『老いの人類学』世界思想社.
浅川達人, 2008「高齢期の人間関係」古谷野亘・安藤孝敏編著『改訂・新社会老年学――シニアライフのゆくえ』株式会社ワールドプランニング.
藤村正之, 2001「社会参加, 社会的ネットワークと情報アクセス」平岡公一編『高齢期と社会的不平等』東京大学出版会: 29-50.
船津衛, 1976『シンボリック相互作用論』恒星社厚生閣.
―――, 2008『社会的自我論』放送大学教育振興会.
浜田晋, 2001『老いを生きる意味――精神科の診療室から』岩波書店.
広井良典, 1997『ケアを問い直す――深層の時間と高齢化社会』ちくま書房.
―――, 2009『コミュニティを問い直す――つながり・都市・日本社会の未来』ちくま新書.
本間長世編, 1993『アメリカ社会とコミュニティ』日本国際問題研究所.
海道清信, 2003『コンパクトシティ――持続可能な社会の都市像を求めて』学芸出版社.
金子勇, 1993『都市高齢社会と地域福祉』ミネルヴァ書房.
金子勇・森岡清志編著, 2001『都市化とコミュニティの社会学』ミネルヴァ書房.
唐沢かおり・八田武志, 2009『幸せな高齢者としての生活』ナカニシヤ出版.
河合隼雄, 1997『「老いる」とはどういうことか』講談社＋α文庫.
古谷野亘, 1993「高齢者の健康とクォリティ・オブ・ライフ」園田恭一・山崎喜比古・杉田聡編『保健社会学Ⅰ生活・労働・環境問題』有信堂高文社: 128-39.
―――, 2003「サクセスフル・エイジング」古谷野亘・安藤孝敏編著『改訂・新社会老年学――シニアライフのゆくえ』ワールドプランニング.
古谷野亘・安藤孝敏編著, 2008『改訂・新社会老年学――シニアライフのゆくえ』株式会社ワールドプランニング.
倉沢進, 2002『改訂版 コミュニティ論』放送大学教育振興会.
倉沢進・香山壽夫・伊藤貞夫, 2003『都市と人間』放送大学教育振興会.
香山寿夫, 2002『都市計画論』放送大学教育振興会.
工藤由貴子, 2006『老年学――高齢社会への新しい扉をひらく』角川学芸出版.
前田信彦, 2006『アクティブ・エイジングの社会学――高齢者・仕事・ネットワーク』ミネルヴァ書房.
松岡洋子, 2005『デンマークの高齢者福祉と地域居住――最期まで住み切る住宅力・ケア力・地域力』新評論.
森岡清志, 2000『改訂版 都市社会の人間関係』放送大学教育振興会.
直井道子, 2001『幸福に老いるために――家族と福祉のサポート』勁草書房.
能登路雅子, 1990『ディズニーランドという聖地』岩波書店.

能登路雅子, 1993「地域共同体から意識の共同体へ」本間長世編『アメリカ社会とコミュニティ』日本国際問題研究所.
岡田徹・高橋紘士, 2005『コミュニティ福祉学入門――地球的見地に立った人間福祉』有斐閣.
大江守之・駒井正晶編著, 2008『大都市郊外の変容と「協働」――〈弱い専門システム〉の構築に向けて』慶応義塾大学出版会.
大谷信介, 1995『現代都市住民のパーソナル・ネットワーク――北米都市理論の日本的解読』ミネルヴァ書房.
杉原陽子, 2007「プロダクティブ・エイジング」柴田博・長田久雄・杉澤秀博編『老年学要論』建帛社.
杉澤秀博, 2007「老化の社会学説」柴田博・長田久雄・杉澤秀博編『老年学要論』建帛社.
柴田博, 2002『8割以上の老人は自立している』ビジネス社.
柴田博・長田久雄・杉澤秀博編, 2007『老年学要論』建帛社.
袖井孝子, 1981「社会老年学の理論と定年退職」副田義也編『老年社会学Ⅰ老年世代論』垣内出版.
高橋勇悦・和田修一編, 2001『生きがいの社会学――高齢社会における幸福とは何か』弘文堂.
高野和良, 2001「都市高齢社会と生きがい」金子勇・森岡清志編著『都市化とコミュニティの社会学』ミネルヴァ書房.
竹中星郎, 2000『高齢者の孤独と豊かさ』NHKブックス.
徳村光太・大江守之, 2008「〈弱い専門システム〉としてのコミュニティ・カフェ――横浜市戸塚区ドリームハイツ「ふらっとステーション・ドリーム」を事例として」『大都市郊外の変容と「協働」――〈弱い専門システム〉の構築に向けて』慶応義塾大学出版会.
戸谷英世・成瀬大治, 1999『アメリカの住宅地開発――ガーデンシティからサスティナブル・コミュニティへ』学芸出版社.
外山義, 1990『クリッパンの老人たち――スウェーデンの高齢者ケア』ドメス出版.
―――, 2003『自宅でない在宅――高齢者の生活空間論』医学書院.
渡辺靖, 2007『アメリカン・コミュニティ――国家と個人が交差する場所』新潮社.
山本思外里, 2008『老年学に学ぶ――サクセスフル・エイジングの秘密』角川学芸出版.

【論文】

原田謙, 浅川達人, 斉藤民ほか, 2003「インナーシティーにおける後期高齢者のパーソナルネットワークと社会階層」『老年社会科学』25(3):291-301.
加藤泰子, 2007『人が町と紡ぐ夢――米国ニューアーバニズムの町のコミュニティづくり、その関わりと活力の考察』同志社大学修士論文.

加藤泰子, 2008「アメリカ郊外コミュニティにおけるタウンプランニングの精神的メッセージの役割——ニューアーバニズムの伝統的近隣住区開発を事例として」『日本都市社会学会年報』26: 117-133.
———, 2010「シニア住民の生活の質と地域行事——米国郊外住宅地における「5Kレース」を事例として」『日本都市社会学会年報』28: 253-69.
———, 2011「高齢者コミュニティの居住環境と生活の質についての一考察——米国メリーランド州 Leisure World を事例として」『同志社アメリカ研究』47: 71-93.
古谷野亘, 2004「社会老年学における QOL 研究の現状と課題」Public Health, 53(3):204-8.
西田厚子, 2011「定年退職者のアイデンティティ再構築——退職者ボランティア活動をとおして」『日本家政学会誌』62(5): 265-76.
岡本秀明, 2005「高齢者の社会活動とそれに対するフェルト・ニーズ（felt needs）——実証的研究の提案」『生活科学研究誌』4.
宍戸邦章「高齢期における幸福感規定要因の男女差について——JGSS 2000/2001 統合データに基づく検討」『日本版 General Social Surveys 研究論文集』6.

【資料】

濱口桂一郎, 2000「EU 社会政策思想の転換」『季刊労働法』194, 総合労働研究所.
内閣府, 2014『平成 26 年版高齢社会白書』
日本都市計画学会監修, 都市計画国際用語研究会編, 2003『都市計画国際用語辞典』丸善株式会社.
小田隆裕・柏木博・巽孝之・能登路雅子・松尾弌之・吉見俊哉編, 2004『事典　現代のアメリカ』大修館書店.
総務省統計局ウェブサイト http://www.stat.go.jp/index.htm （2015 年 8 月 5 日取得）
投信資料館ウェブサイト http://www.toushin.com/401k/basic/basic1_1.htm （2008 年 5 月 13 日取得）
山縣文治・柏女霊峰ほか編, 2010『社会福祉用語辞典　第 8 版』ミネルヴァ書房.

あとがき・謝辞

　本書に結びつく、古い思い出があります。それは、20年以上も前のことですが、その頃住んでいた東京のある郊外の公園でのことです。その日は、近所の高齢者施設の入所者たちが散策に来ていて、広い公園内には、かなりの年齢と思われる高齢者たちが、三々五々見られました。その中に泣きじゃくる幼な子の手を引いて歩いているご婦人がいました。公園の中で親とはぐれたであろう子を、そのご婦人が保護して親を探して歩いているようでした。その光景が筆者の心に刻みつけられている理由は、歩行もおぼつかないように見えた高齢のそのご婦人が、幼な子の前で頼もしくさえ見えたことに感動したからです。彼女の張り切った表情が未だに脳裏にあります。その時、確かに彼女は迷子の子の前で「子どもを助ける大人」の顔になっていたのです。あの時、彼女に生気を与えたものを思い返してみると、ひょっとしたらそれが、役割が創出された場面だったのかもしれないと今、本書の執筆を通して再び振り返ってみて思えるようになりました。

　本書は筆者が2012年に同志社大学に提出した博士論文に若干の修正を加えたものです。

　2007年に同志社大学大学院アメリカ研究科博士後期課程に進学して以来、高齢期の幸福ということについて深く考える機会を与えられました。今、それらがこの書籍という形に結実したことは、筆者にとってこの上ない喜びです。それによって、筆者の人生を振り返って、様々な場面で心を揺さぶられながら輪郭が与えられないままでいたものにも、あらためて概念という枠組みと言語を添えることができるようになりました。

　この本は、多くの方々のご協力とご援助により完成することができました。

ここに深く厚く御礼を申し上げます。

　第1章の事例研究では、メリーランド州ゲイサスバーグ市ケントランズの多くの住民の皆さんに大変お世話になりました。特に住民組織のマネージャー（当時）のBridget Ryderさんは、住民のインタビュー協力者の募集、仲介、さらに筆者の滞在のためのホームステイ先の募集までしていただき、ケントランズでの住民の生活を内側から観察する機会を与えてくれました。2度目の訪問時にも、コミュニティの住民へ再び協力者の募集をかけてくださり、また本人からもコミュニティでの生活やイベントについて住民組織役員として、詳しいコメントをいただきました。彼女はその後、子育てが一段落したために、再就職をし、コミュニティの役員からビジネスの世界へ生活を少々シフトさせました。

　ケントランズでのホームステイを快く申し出て下さったJoel & Dee Aronson夫妻、Patti Connell一家、Mary & Glen MacWhirter夫妻、Chihiro Hodges一家には、コミュニティの日常生活の有様を見せてもらったり、友人たちを紹介してもらったりなど、貴重な体験をさせていただきました。日本人住民であるChihiro Hodgesさんには、滞在中、折に触れ、何かと気にかけていただき、住民への質問紙調査に際しては、配布や回収においても多大なご協力をいただきました。また、インタビュー協力者の一人であるRon Wilesさんには、周辺の郊外コミュニティで退職生活を送っている友人たちも筆者の調査対象者にと紹介していただきました。

　第2章の事例研究では、シカゴ都心のコンドミニアム、Harbor Pointの退職者住民の皆さんに大変お世話になりました。特に住民組織の役員のSusan Laneさんには、インタビュー協力者の募集、仲介、インタビュースケジュールの調整の協力をしていただきました。SusanとLee Lane夫妻には、筆者の滞在に際して、自宅アパートメントでのホームステイの提供の他、多様なアメリカ社会の一面ともいえるシカゴ市内の様々なコミュニティに案内していただいたりと、米国の都心観察の大変貴重な機会を与えてもらいました。Lane夫妻のご協力なしには、この事例研究を成し遂げることが難しかったと思っています。

第3章の事例研究では、インタビューに協力いただきました、ウィスコンシン州シェボイガン郡のウーストブルクの退職者住民の皆さんに大変お世話になりました。インタビュー協力者でもあるJackie & John Swart夫妻には、現地での調査の終了後に、他のインタビュー協力者とともにミシガン湖畔の自宅での心に残るビーチパーティーに招いてもらいました。また、再びLane夫妻には、滞在中の宿泊、インタビュースケジュールの調整などに際して多くのご尽力を賜りました。さらに、Lane夫妻を筆者に紹介してくれた友人の松井隆子さんからは、継続的な励ましのみならず、様々な場面でご協力をいただきました。

　第4章の事例研究では、高齢者コミュニティ「メリーランド・レジャー・ワールド」の住民の皆さん、構内の施設で働く職員の皆さんにお世話になりました。特に総支配人（当時）のKevin Flannery氏（現プレジデント）には、運営組織やシステム、住民の生活についてのインタビューに答えていただいただけでなく、構内の諸施設を隅々まで案内していただいたことで、高齢者コミュニティの居住環境を詳細に観察する機会を得ることができました。

　以上、現地でのフィールドワークで様々な方々からいただいたご協力や心遣いは改めて思い起こしてみると非常に大きなものであることに気づかされました。ご協力いただいた人々やご厚意のすべてを記すことができませんでしたが、ここに心からの謝辞を述べさせていただきます。

　尚、この調査の後にインタビュー協力者のうち、シカゴの協力者のお二人が、そしてウーストブルクの協力者のおひとりが逝去されました。この3名の協力者の方々には、病と付き合いながらも満ち足りた気持ちで生活をしている様子をお話しいただきましたことに感謝するとともに、心からご冥福をお祈りいたします。

　また、筆者を修士課程の学生時代から論文のアドバイスをしてくださいました同志社大学大学院グローバル・スタディーズ研究科アメリカ研究クラスター教授の池田啓子先生には、本書の前提となった博士論文審査の主査として様々な点で大変お世話になりました。数回に及ぶフィールドワークへ変わらぬ情熱を注ぐことができましたのも、対象を深く観察することを何より重

視される先生の継続的な励ましのお陰だと思っています。ゼミでのご指導に留まらず懇親会での気軽なお付き合いなどもしていただき有意義で楽しい学究生活を送ることができました。

そして、博士論文審査の副査を快く引き受けて下さいました同志社大学大学院グローバル・スタディーズ研究科アメリカ研究クラスター教授（当時）の細谷正宏先生と荻野美穂先生のお二人（現在はお二人とも引退されました）には、博士論文原稿を丹念にお読みいただき、多様な視点からのアドバイスをいただけたことを深く感謝しています。そのお陰で論文をより良いものへと改良することができました。

さらに、同志社大学社会学部社会学科教授の鯵坂学先生には、地域コミュニティについてのご指導を授かり、都心コミュニティでのフィールドワークをともなった研究の仲間に入れていただきました。日本の大都市都心コミュニティの状況についての様々な知見を得ることで、米国の研究視野もさらに深めることができました。

最後まで、良きゼミメイトでいてくれた松盛美紀子さんや宮崎延之さんをはじめ、池田ゼミのゼミ仲間の皆さんありがとうございました。

そして、拙稿を丁寧にご覧いただき、本書を世に送り出してくださった株式会社東信堂の下田勝司氏と下田妙枝氏に深く感謝申し上げます。

最後に、筆者が米国へのフィールドワークで長期不在をしたり、書斎に昼夜籠ることを日常として受け入れてくれた筆者の夫と3人の子どもたちに心から感謝します。家族が不満も言わず、見守ってくれたからこそ、すばらしい夢の世界を見ることができました。ほんとうにありがとう。子どもたちも巣立ちを迎え、筆者もライフステージが移りつつあります。さらに、郷里で充実した高齢期を過ごしている両親に感謝します。特に母からは、筆者と同じマインドで常に筆者の挑戦を励まし続けてもらいました。そのことが継続することへの大きな勇気となったと感じています。

本書の完成に至るまでに、このように本当に多くの人々や機関に助けられ

ました。感謝とともに、これからもさらに長く深く研究を続けていくことで、受けた御恩の数々を少しずつ社会に還元していきたいと思っています。

2015年10月　秋晴れの奈良にて

加藤泰子

索 引

事 項

あ

アイデンティティ　69
アウトサイダー　189, 220
アクティブアダルト・リタイアメント・コミュニティ（active-adult retirement communities：AARC）　235
アクティブ・エイジング　17, 18, 25
アジア人　8, 9, 11, 14, 105, 121, 181
アシステッド・リビング　201, 239-242, 257
アシステッドリビング・ファシリティ（assisted living facilities）　234
アソシエーション　36, 120, 158, 190, 221, 241
アダルトケア・ファシリティ（adult care facilities）　234, 257
アダルトフォスター・ケアホーム（adult foster care homes）　234
新たな中年（the new middle age）　17
アリゾナ州　126, 183, 203, 207, 232, 234, 241, 243, 244, 252-254
アレキサンドリア　40
安心感　77, 129, 145, 166, 167, 233, 239, 247, 271
安全性　129, 130, 132, 143, 145, 167, 245-247, 251, 254, 255, 267, 268, 271
安全なコミュニティ　59, 187, 188, 202

生きがい　6, 21, 22
移住地　119, 120, 233
異世代　59, 273
一戸建て　37, 38, 46-48, 57, 59, 60, 72, 129-132, 146, 147, 149, 166, 221, 237-244, 246, 249, 257, 265, 271
一般的貢献活動　153, 154, 157, 205, 209
移動　26, 72, 106, 168, 198, 200, 232, 234, 235, 243, 250, 252, 254, 255, 258, 265, 271
イベント　5, 57, 59, 60, 62-66, 81-88, 92, 95, 96, 98-100, 107, 134, 138, 144, 150, 194, 198, 199, 213, 220, 249, 250, 255, 264
移民国籍法　14, 30
イリノイ州　8, 10, 12, 48, 120, 121, 126, 152, 170, 179, 182, 184, 198, 237, 257
医療施設　129, 131, 143, 166, 245, 246
医療費　16, 20
医療扶助（Medicaid）　16
インタビュー調査　7, 10, 12, 44, 60, 64, 80, 81, 120, 121, 168, 176, 179, 214, 219, 232, 236, 237, 252, 257, 273
インディペンデント・リビング（independent living）　234, 245
ウーストブルク高校　179, 182, 183

ウィスコンシン州　　9, 10, 12, 124, 134, 168, 178-182, 198, 199, 221, 252, 253, 257
ウェルウィン　　104
うまく年をとる（"grow old successfully"）　18
映画　51, 60, 92, 93, 129, 131, 136, 145, 164, 166, 241
――クラブ　59, 68, 134, 136, 140, 141, 153, 155, 156, 162-164, 205
エイジズム　　24, 25, 231
エイジング・ネットワーク　16
エスニック　　73, 178
おばあちゃんの家　　106, 197
オプティミスト・クラブ　194, 195, 219, 221
オランダ系移民　　9, 181, 208
オンブズマン制度　　16

か

ガードマン　　145, 245, 247, 251, 255
下位文化理論　　22, 119
価値観　6, 10, 25, 50, 74, 76, 101-103, 164, 165, 169, 198, 219, 220, 236, 256, 264, 266, 269, 271, 272
加齢　　16, 18
家族のいるコミュニティ（community with your family）　187, 189, 197
家族一緒の生活（family life）　191
介護　29, 134, 138, 156, 161, 162, 187, 199, 203, 240, 241
解釈　24, 32, 41, 42, 75, 76, 80, 101, 103, 104, 106, 177, 231
階層性　　120, 169
階層的同質性　　231
階層排他的要素　　120
確定給付型年金　　19

確定拠出型年金　　19
学習活動　27, 153, 155, 156, 161, 163, 165, 168, 169, 205, 206, 208, 266, 267
学歴　　17, 20-22, 106, 153, 160, 163, 181
活動理論　　4, 6, 13, 23-27, 121, 161
環境条件　　21, 22, 104, 249
環境心理学　　41
管理費　123, 130, 132, 149, 151, 167, 265
企業年金　　18-20
規則　　132, 149
客我　　31
居住環境　5, 10, 13, 26, 34, 35, 38, 118, 129, 159, 228, 230-233, 235, 236, 238, 242, 244, 246, 248, 252, 254, 255, 264, 266
居住形態　7, 13, 28, 122, 129, 132, 143, 149, 166, 187, 190, 228, 233-236, 238-240, 249, 251, 256, 265, 267, 271
居住地移動　　232, 244
共属意識　　80, 103
共同感情　　80, 95, 103
共同体社会　　39
共和党　　106, 122, 170, 180, 221
教育的貢献　　160, 161, 168
教育役割　　100, 220
教会　51, 60, 92, 119, 131, 132, 134, 136, 137, 139, 140-142, 153, 154, 156, 157, 159, 161-163, 180, 182, 187, 188, 193-197, 199, 201, 205, 206, 208-214, 216, 217, 219, 220, 245, 254, 267
――コミュニティ　180, 187, 199, 208, 220, 240, 267
郷愁　　39, 200
ギルバート‐カールモデル　10, 30
キワニス・クラブ　195, 219, 221, 248
近接性　34, 77, 143, 144, 166, 242, 250, 264-267, 271

近代化理論　　　　　　　　　　　15
近隣（neighborhood）　7, 37, 39-41, 44, 48,
　　　49, 51-53, 64, 66, 72-78, 89, 91, 96, 97,
　　　99, 101-103, 106, 110, 112, 119, 120,
　　　125, 183, 188, 196, 201, 202, 231, 244,
　　　248-252, 264, 270
───ネットワーク　35, 42, 79, 80, 103
『───住区論』　　　　　　　　38, 105
クッキーカッター　　　　　　　　　68
クラスター・ハウジング（Cluster
　　　housing）　　　　　　　　　　35
グラニーフラット　　　　　　　　　106
クルデサック　→袋小路
グレーパワー　　　　　　　　　　231
グローバル化　　　　　　　　118, 272
ケア提供者　　　　　　　　　243, 267
計画住宅地　　　　　　11, 39, 103, 264
計画的一体開発（Planned Unit Development
　　　：PUD）　35, 39, 40, 105, 120
経験・知識へのニーズ　　　　159-161
ゲート　228, 233, 245-247, 250-252, 255,
　　　256, 259, 267
劇場　129-131, 134, 136, 137, 144, 145, 153-
　　　155, 157, 159-162, 166, 219, 242
健康寿命　　　　　　　　　　　　　4
健康チェックリスト　　　　　　　146
健康度　　　　　　　　　　　20-22
建設理念　　　11, 37, 39, 41, 77, 101, 264
建築コード　　　　43, 66, 72, 73, 75, 106
ケントランズ・コミュニティ・ファウ
　　　ンデーション（KCF）44, 46, 47, 62-
　　　64, 67, 68, 71, 78, 80, 81, 84-88, 95, 96,
　　　107
ケントランズ・シティズンズ・アッセ
　　　ンブリー（Kentlands Citizens Assembly）
　　　　　　　　　　　　44, 63, 68, 75
合意　　　　　　　　　　　149, 167

公共交通機関　38, 129, 131, 144, 166, 242
公共交通指向型開発（Transit Oriented
　　　Development：TOD）　　　　38
貢献的活動 79, 153-156, 159-161, 164, 165,
　　　168, 169, 204-206, 208, 209, 219, 248,
　　　255, 266, 268-270
小路（alley）　　　　　　　43, 75, 106
構造機能主義社会学　　　　　　　　23
高層コンドミニアム　120-122, 129, 132,
　　　171
肯定的自我　　　　　　　　　　　28
公的年金　　　　　　　　　　18-20
公民権運動　　　　　　　　　　　24
高齢化社会　　　　　　　　　　　14
高齢化率　　　　　　　　　　14, 30
高齢者医療保険制度（Medicare）　16, 18
高齢社会　　　　　　　　　14, 30, 273
高齢者観　　　　　　　　5, 17, 24, 25
高齢者コミュニティ　7, 12, 13, 28, 183,
　　　228-233, 235-237, 242-244, 246, 249-
　　　256, 266-269, 272
高齢者専用アパート（senior apartments）
　　　234
高齢者団体　　　　　　　　　　　16
高齢者に関する法律（Older Americans
　　　Act：OAA）　　　　　　　16, 18
高齢者福祉　　　　　　　　　16, 17
高齢者向けゲーテッド・コミュニティ
　　　228, 234
高齢者優遇政策　　　　　　　　　129
コーディネーター　　　　　47, 155, 158
───的役割　　　　　　　　　　79
コーヒークラッチ　　　　　　189, 204
コーポラティブ住宅　　　　　265, 274
黒人　　　　　8, 9, 11, 14, 105, 121, 181
ゴシップ　　　　　　　　　189, 204
個人退職勘定（IRA）　　　　　　　19

個人年金 18, 19
個人の状態 21, 22
固定役割 26, 161
コミュニティ・ウォッチ 69
コミュニティ意識（Sense of Community）
　11, 12, 22, 34-38, 41, 42, 44, 45, 50-52,
　59, 65, 71, 76-79, 90, 92, 97-104, 132,
　150, 165, 168, 264, 269, 272
コミュニティ憲章（Community Charter）
　44, 106
コミュニティ志向 40, 51, 53, 76, 92, 102
コミュニティ論 4, 6
雇用における年齢差別禁止法 16, 18
コレクティブ住宅 265, 274
コングレゲート・ハウジング 257
コンティニュイング・ケア・リタイア
　メント・コミュニティ（Continuing
　Care Retirement Communities：CCRC）
　234, 257
コンパクトな町 38

さ

サービス提供 4, 153, 154, 157, 160, 231,
　236
サービスの提供者 273
財政的役割 100
財政面への貢献 160, 161, 168
サクセスフル・エイジング 24
サポート 32, 57, 62, 63, 85, 88, 92, 138,
　154, 156, 158, 159, 161-163, 206, 209,
　230, 247, 248
　――の授受 230, 247
産業構造 118
サン・シティ 231, 234, 249
3世代同居 14
シーサイド（Seaside） 38, 41, 42
自営業者退職制度（Keogh plan） 19

シェボイガン（Sheboygan）郡 9, 179,
　180, 181, 184, 221, 223, 257
自我 4, 5, 22-25, 31, 161, 201, 269, 270,
　272, 273
　――意識 5, 22, 24, 25, 161, 201, 269,
　270, 273
しかけ 85
自警団（neighborhood watch） 188, 202
自然発生的リタイアメント・コミュニ
　ティ →ナチュラリー・オカリン
　グ・リタイアメント・コミュニ
　ティ
質的調査 7
質問紙調査 7, 12, 79, 80, 88, 94, 97, 228,
　236, 237, 258
私的年金 18, 19
シニア・オリンピック 78, 85-87, 91, 95,
　107, 250, 258
シニア・センター 16
シニア市民協議会 16
芝刈り 130, 146, 167, 188, 221
指標 21, 36, 42
社会経済的階層 10, 257, 271
社会経済的地位 20-22
社会政策 15
社会的位置づけ 6, 15, 17
社会的活動 20, 213, 231, 249
社会的環境条件 21, 22
社会的環境要素 6, 11, 13, 22, 28, 34, 77,
　101, 103, 118, 119, 176, 228, 229, 246,
　254, 269
社会的交流活動 4, 5, 12, 13, 22, 26, 28,
　29, 45, 48, 62, 65, 118-121, 123, 133,
　140, 142, 152, 153, 155, 162, 164, 166,
　168, 169, 176, 178, 179, 182, 193, 204-
　206, 210, 215-220, 249, 264-270, 272,
　273

社会的存在　　　　5, 28, 161, 264, 268
社会的動機（Social reason）　　119
社会的ネットワーク論　　　　4, 6
社会保障制度（Old-Age, Survivors, Disabled, Health Insurance：OASDHI）　19
社会保障法（Social Security Act）　15, 19
若年　12, 44, 100, 103, 168, 212, 236, 250
社交の活動・運動　　153, 155, 156, 161, 168, 205, 206, 208, 214, 266
車庫上住居（carriage house）　46
州・地方自治体職員退職制度　　19
州間自動車道法（Interstate Highway Act）　34
住居の維持管理　　　129, 143, 146
集合住宅　37, 120, 122, 149, 166, 167, 228, 235, 246, 249, 274
　──組合　　　　　　　　　244
住宅所有者組合　39, 44, 57, 59, 60, 244
住民集団　35, 37, 74, 76, 77, 101, 120, 264, 265, 269
住民組織　7, 11, 12, 35, 44, 46, 47, 59, 62, 63, 67-69, 78, 80, 84, 85, 94, 99, 101, 102, 121-126, 136, 137, 139-142, 149, 155, 161-163, 264, 270
就労収入　　　　　　　　　19, 20
主我　　　　　　　　　　　23, 31
主観的幸福感（subjective well-being）20-22, 31, 78, 79, 107
主体の役割　100, 103, 107, 230, 247-249, 251, 255, 266, 268
受動的役割　　　　102, 107, 230, 247
循環役割　　　　　　　　　26, 161
奨学基金　85, 88, 134, 153, 156, 158, 159, 161
情緒的一体感（Shared Emotional Connection）　36, 41, 65, 74, 76, 97-99, 101, 102, 104, 269

条例（Bylaws）　　　　　　44, 104
ジョージタウン　　　　　　　40
食事サービス　　　　　　　　20
植民地時代　　　　　　　　　15
所属感（Membership）36, 41, 52, 65, 67-69, 76, 95, 97, 98, 101, 104
所得格差　　　　　　　　　15, 19
所得中央値　　　　　　　　14, 181
ジョンソン政権　　　　　　　16
自立　4, 10, 15, 22, 28, 104, 106, 234, 236, 240, 241, 243, 249, 251, 252, 256, 271, 272
　──意識　　　　　　　　271, 272
シルバー・スプリング（Silver Spring）237
新興住宅地　　　　　　　34, 270
人種構成　　　　　　　　　8-10
親族　21, 26-28, 79, 95, 107, 121, 125, 134, 140, 141, 153, 155-157, 161-163, 179, 186, 187, 189, 193, 197, 203-206, 208, 210, 211, 214-220, 230, 232, 240, 243, 250, 251, 266, 267, 270, 272, 273
親睦感　　　　　　　　90, 98, 99
シンボリック相互作用論　23, 24, 31, 41
衰弱者　　　　　　　　　　　15
垂直の村（vertical village）　130, 131, 147, 150
ステレオタイプ　　　　　　　17
スノーバード（snowbird）152, 168, 252-254, 271
スモールタウン　4, 7, 9, 11, 12, 28, 34, 36, 39-41, 51, 65-67, 75-77, 105, 125, 126, 144, 165, 176-179, 182, 188, 205, 213, 218-220, 228, 240, 241, 243, 252, 256, 264, 266-268, 270, 271, 273
スモールタウン居住　176, 187, 237, 243, 257
生活史　　　　　　　　　　　7

生活の質（Quality Of Life：QOL）　*4-6, 10-13, 18, 20-23, 25, 26, 28, 29, 34, 42, 77-80, 101-103, 118, 119, 161, 165-167, 169, 170, 176, 178, 179, 208, 220, 228-230, 232, 233, 236, 237, 243, 246, 248, 249, 254-256, 264, 265, 267, 269-273*

生活満足度尺度A（Life Satisfaction Index A：LSIA）　*31*

制限約款　*39, 120*
精神的後ろ盾　*256*
精神的距離　*251*
精神的健康度　*28, 230*
精神的バリア　*251*
精神的やりがい（mental challenge）　*191, 201, 206*
世代間関係　*29, 230*
世代間交流　*6, 29, 75, 80*
世帯数　*14, 235*
世代性　*27, 29, 247*
世代分離型居住　*231*
センサス　*8, 221, 252*
選択肢　*7, 13, 28, 77, 118, 120, 165, 228, 233, 236, 239, 240, 249, 253, 256, 267*
全米シニア・オリンピック　*86*
全米退職者協会（American Association of Retired Persons：AARP）　*16, 31*
専門的、管理的職業　*15*
専門的貢献活動　*153, 158, 159, 205, 209, 213, 214*
騒音問題　*130, 151*
相関関係　*79, 96, 97*
相互依存　*6, 36, 101, 212, 219, 264*
相互作用過程　*23, 24*
喪失　*25, 26, 161, 168, 215, 217, 218, 266, 268*
ソーシャル・サポート　*32*
ソーシャル・ネットワーク　*32*

ゾーニング　*34, 35, 37, 39, 104*
組織運営のニーズ　*160*
存在感（Influence）　*36, 41, 42, 65, 69, 76, 97, 98, 101, 104, 264, 268*

た

第1の居住空間　*256*
退職後　*4, 11, 18-20, 45, 92, 118, 119, 121, 124, 128, 144, 169, 176, 179, 183, 185, 188, 192, 197, 198, 200, 201, 205, 206, 208, 214, 215, 218, 232, 239, 240, 256, 264, 271*
退職年齢　*16*
大都市圏　*8, 9, 13, 22, 30, 120, 165, 169, 176, 181, 215, 218, 267, 268, 270, 271*
大都市郊外　*4, 7-9, 11, 13, 28, 30, 34, 78, 79, 103, 192, 228, 237, 250, 252, 264, 265, 267, 271, 273*
大都市都心　*4, 7-9, 12, 28, 118-120, 122, 145, 160, 166-169, 179, 193, 204, 214, 218, 219, 228, 236, 237, 265, 267, 270, 271*
第2の居住空間　*256*
タウンハウス　*38, 44, 46-48, 54, 57, 59, 60, 72, 237, 239, 244, 271*
タウンプランニング　*11, 34-37, 41, 42, 65, 66, 76, 99, 264, 265*
宅配給食　*16*
多世代交流　*6*
多世代性　*80, 95-97*
多世代包摂性　*5, 6, 29, 99-102, 157, 159, 168, 169, 208, 249, 250, 255, 269, 270, 274*
他の世代への関心（Generative Concern）　*119, 160, 168*
多様性　*9, 17, 27, 34, 35, 37, 40, 50, 53, 54, 57, 59, 62, 66, 67, 72, 73, 75-77, 94, 95,*

101, 120, 143, 144, 160, 165, 209, 219, 232, 239, 246, 249, 252, 254, 255, 267, 268
ダラス 8, 9
単一世代 27, 28, 98, 102, 103, 160, 228, 233, 243, 247, 249, 250, 254, 256, 268, 269
───性 13, 230, 233, 236, 237, 246-248, 250, 254, 255
地域行事 11, 12, 34, 77-80, 102, 103, 249, 264, 265
地域コミュニティ 4, 6, 7, 10, 13, 22, 26, 28, 29, 35, 36, 78, 80, 100-103, 118, 119, 169, 230, 246, 248, 251, 264, 265, 269, 270
チャールストン 40
チャリティ 63, 85, 87, 88, 90, 92, 95, 131, 136, 156, 244
中西部 8, 9, 39, 105, 121, 177, 178, 252, 254
超高齢社会 30
地理的カテゴリー 8
低所得者用住居 (low-income housing) 234
鉄道職員退職制度 19
デュープレックス 184, 188, 189, 201, 206, 208, 244
デル・ウェブ社 (Del Webb Corporation) 234
田園都市 38, 104
店舗併用住宅 (live-work unit) 38, 75
伝統的近隣住区開発 (TND) 35, 38, 39, 43
伝統的地縁・血縁集団 270
冬期の避寒地 252
同質結合傾向 102, 108, 164, 166, 169, 205, 208, 248, 255, 268

同質性 22, 102, 119, 120, 163-165, 178, 181, 252, 257, 264, 267
同質的階層集団 39
同窓会組織 7, 139
道徳的最小主義 37
トウモロコシ畑 126, 180
都市アメニティ 118, 129, 143, 144, 166, 169, 242
都市計画運動 35
都市再開発 122, 167
都市政策 118
都市的生活様式 179
都心居住高齢者 166, 167
都心居住者 118, 120, 168, 243, 257
特別養護老人ホーム 16
独立戦争 15
徒歩圏 11, 36, 76, 77, 129, 166, 204
ドライブイン文化 36

な

内国歳入法 31
ナチュラリー・オカリング・リタイアメント・コミュニティ (Naturally Occurring Retirement Communities: NORC) 236
南部 8, 9, 14, 30, 126, 148, 168, 203, 232, 240, 241, 252, 253, 258
南北戦争 15
日曜学校 134, 139, 153, 156, 161, 163
ニューアーバニズム 11, 35, 37-39, 41, 43, 45, 101, 105, 106
───会議 (The Congress for the New Urbanism) 38
───憲章 (Charter of the New Urbanism) 38
入場制限付きマルチユニット（集合住宅） 235

ニューヨーク　　8, 9, 46, 47, 106, 170, 221, 232
庭の手入れ　　　　　129, 130, 146, 238
認知症　　　　　　　　　　　　　138
ネイティブ・アメリカ人　　8, 9, 14, 105, 121, 180, 181
ネガティブ　26, 51, 187, 189, 203, 220, 267
ネットワークの同質性と異質性　　166
年齢差別　　　　　　　　　　16, 18
ノスタルジア　　　40, 41, 67, 105, 176

は

パート（タイム）　15, 142, 157, 163, 182, 193, 195, 196, 201, 205, 214, 239, 242, 244, 254
配偶者年金　　　　　　　　　　　19
ハウストレーラー住居　　　　　184
白人　　8-10, 14, 105, 121, 177, 178, 181
ピケットフェンス（picket fence）　44, 75
非親族ネットワーク　　　　　　21
ヒスパニック　　　　　　　9, 14, 30
非正規雇用者　　　　　　　　　15
ヒューストン　　　　　　　　8, 232
ヒューマンスケール　　　　　38, 177
評価基準　　　　　　　　　22, 104
評価結果　　　　　　　　　21, 22
病気によるニーズ　　　　　159-161
貧困によるニーズ　　　　　160, 161
貧困ライン以下　　　　　　　　14
貧困率　　　　　　　　　　14, 15
ファウンデーション・オブ・レジャー・ワールド　　　　244
フィラデルフィア　　　　　　　　8
不寛容　　　　　　　　　　　177
袋小路（クルデサック）　　43, 75, 106
ブッククラブ　68, 123, 134, 135, 139-141, 150, 153, 163, 164, 193, 195, 208

物理的環境　　11, 13, 22, 28, 34-38, 41, 42, 45, 53, 65, 67, 71, 77, 101, 103, 118, 176, 219, 228, 229, 246, 254, 264, 267
プライド　　　　　　　　52, 69, 127
プロダクティブ・エイジング　18, 24, 25
フロリダ州　　38, 41, 105, 125, 152, 184, 189, 192, 193, 195, 203, 206, 215, 216, 231, 232, 239, 241, 243, 244, 252-254, 257
平均寿命　　　　　　　　　　　18
米国国勢調査局（U.S. Census Bureau）　29, 30, 221, 258
米国社会　　　　　9-11, 24, 106, 232
閉鎖性　13, 233, 236, 237, 246, 247, 251, 254, 255
ベビーシッター　　　60, 65, 70, 193
ベビーブーマー　　　　　　17, 231
保安パトロール　　　　　　　250
ポーチ　　　　　　34, 43, 52, 66, 75
ボードアンドケアホーム（board and care homes）　　　　　　　　234
ホームタウン　　40, 52, 66, 200, 271
補完　26, 39, 100, 121, 160, 161, 169, 217, 218, 267
北東部　　　　　8, 9, 30, 232, 252
保護区（sanctuary）　　　　　49, 50
保護（的）役割　100, 161, 168, 217, 220
補足的保障所得　　　　　19, 20, 31
歩道　　　34, 43, 51, 52, 54, 66, 67, 75, 77

ま

マディソン（Madison）　181, 184, 188, 195, 198, 206, 208, 213, 217, 219
祭り　　　　80, 86, 107, 250, 255, 264, 265
マニュファクチュアードホーム（Manufactured Home）　　235
マラソン行事　　　　　　　　　78

ミクロ理論	24
ミシガン湖	180, 183, 184, 188, 195, 196
ミドルクラス	10, 20, 22, 40, 106, 120, 121, 160, 166, 167, 169, 170, 177, 178, 244, 248, 249, 271
ミルウォーキー（Milwaukee）	181-184, 186-188, 200
民主党	42, 106, 122, 170, 221
メインストリート	66, 105, 177
メッセージ	11, 25, 35, 37, 40, 42, 45, 65, 75-77, 264
メリーランド州	8-12, 30, 35, 42, 43, 47, 78, 85, 86, 104, 106, 107, 125, 236, 237, 244, 257
メリーランド・レジャー・ワールド（Leisure World of Maryland）	245, 257-261
モービルホーム・パーク（mobile home park）	235
モンゴメリー郡（Montgomery）	8, 9, 42, 43, 86, 93, 106, 237, 238, 250, 257

や

役割意識	42, 71, 76, 79, 95, 101, 229, 230, 249, 264, 267, 268, 270, 272
役割概念	23
役割期待	23, 24
役割形成	24
役割コンフリクト	23
役割・サービスの受領活動	27, 28, 268
役割・サービスの提供活動	27, 28
役割取得	23
役割縮小過程	26, 230
役割創出	94
役割ディスタンス	23
役割の継続	217, 218
役割理論	4, 23, 24
ヤング・オールド（Young-Old）	17
雪かき	44, 129, 130, 146, 167, 188, 221, 241
友人ネットワーク	79, 107
有償労働	201, 205, 206, 208, 214, 218, 219
要介護等高齢者	29
抑圧的	177
欲求充足感（Integration and Fulfillment of Needs）	36, 41, 65, 71, 76, 97, 98, 101, 269
弱い専門システム	79, 107

ら

ライオンズ・クラブ	194, 219, 221, 222, 248
ライフサイクル	4
ライフステージ	5, 26, 31, 44, 53, 54, 57, 59, 60, 72, 120, 146, 161, 166, 168, 198, 219, 220, 242, 264-266, 268
ライフヒストリー	7
酪農場	180
ラドバーン（Radburn）	38
リーダーシップ	53, 54, 57, 59, 60, 62, 69, 70, 100, 194
理事会（board of directors）	63, 122, 123, 131, 134-137, 149-151, 153, 158, 159, 244
理想的共同体	39
リタイアメント・コミュニティ	7, 13, 28, 60, 152, 183, 184, 195, 203, 206, 215, 216, 233-236, 239-241, 243, 245, 253, 256, 257, 272
離脱	25, 217, 250
離脱理論	25
利他的な交流	34, 272
リバーサイド（Riverside）	105
利便性	118, 129, 130, 143, 242, 246, 247, 251, 254, 255, 265, 267, 268

流動役割　　　　　　　　　　　26
隣人　　27, 50, 52, 59, 66, 74, 84, 99, 131,
　　　149, 186-188, 200
ループ (Loop)　　　　　　121, 122
レッチワース　　　　　　　　　104
レウェリン・パーク (Llewellyn Park) 105
レジデンシャルケア・ファシリティ
　　　（residential care facilities）　234
レジャー　27, 104, 131, 147, 193, 195, 208,
　　　215, 245, 246, 248, 253-256, 268, 269
　　──・ワールド　12, 228, 231, 234, 236,
　　　237, 239, 244-250, 254, 255, 257
　　──・ワールド社 (Leisure World
　　　Corporation)　　　　　　　244
　　──・ワールド・ニュース (Leisure
　　　World News)　　　　　　　248
レヴィットタウン (Levittown)　46, 72,
　　　104
連邦職員退職制度　　　　　　　 19
連邦住宅局 (FHA)　　　　　　104
労働の提供　　　　　　160, 161, 168
労働役割　　　　　　　　100, 218
労働力率　　　　　　　　　　　 11
老年社会学　　　　　　　　6, 13, 24
ロサンゼルス　　　　　　　　8, 9, 37

わ

ワシントンDC　8, 9, 11, 40, 42, 43, 46, 47,
　　　124, 126, 137, 232, 244
ワンフロア　　　　　　233, 238, 271

欧　字

AARC　→アクティブアダルト・リタ
　　　イアメント・コミュニティ
AARP (American Association of Retired
　　　Persons)　→全米退職者協会
alley　→小路

board of directors　→理事会
Bylaws　→条例
carriage house　→車庫上住居
CCRC　→コンティニュイング・ケ
　　　ア・リタイアメント・コミュニ
　　　ティ
Charter of the New Urbanism　→ニュー
　　　アーバニズム憲章
CID (Common Interest Development)　105
Community Charter　→コミュニティ憲
　　　章
community with your family　→家族の
　　　いるコミュニティ
Del Webb Corporation　→デル・ウェ
　　　ブ社
family life　→家族一緒の生活
FHA　→連邦住宅局
GED (General Educational Development) 135
Generative Concern　→他の世代への関心
"grow old successfully"　→うまく年を
　　　とる
Influence　→存在感
Integration and Fulfillment of Needs　→
　　　欲求充足感
Interstate Highway Act　→州間自動車
　　　道法
IRA　→個人退職勘定
KCA　→ケントランズ・シティズン
　　　ズ・アッセンブリー
KCF　→ケントランズ・コミュニ
　　　ティ・ファウンデーション
Keogh plan　→自営業者退職制度
Leisure World Corporation　→レ
　　　ジャー・ワールド社
Levittown　→レヴィットタウン
LSIA (Life Satisfaction Index A)　→生活満
　　　足度尺度A

live-work unit　→店舗併用住宅
low-income housing　→低所得者用住居
Medicaid　→医療扶助
Medicare　→高齢者医療保険制度
Membership　→所属感
mental challenge　→精神的やりがい
NORC　→ナチュラリー・オカリング・リタイアメント・コミュニティ
neighborhood watch　→自警団
neighborhood　→近隣
OAA（Older Americans Act）　→高齢者に関する法律
OASDHI（Old-Age, Survivors, Disabled, Health Insurance）　→社会保障制度
PGCモラール・スケール（Philadelphia Geriatric Center Morale Scale）　31
PUD（Planned Unit Development）　→計画的一体開発
QOL（Quality Of Life）　→生活の質

sanctuary　→保護区
senior apartments　→高齢者専用アパート
Sense of Community　→コミュニティ意識
Shared Emotional Connection　→情緒的一体感
Social reason　→社会的動機
Social Security Act　→社会保障法
SSL（Student Service Learning）制度　87, 95
subjective well-being　→主観的幸福感
the new middle age　→新たな中年
The Congress for the New Urbanism　→ニューアーバニズム会議
TND（Traditional Neighborhood Development）→伝統的近隣住区開発
TOD（Transit Oriented Development）　→公共交通指向型開発
U.S. Census Bureau　→米国国勢調査局
vertical village　→垂直の村

人名

あ

アーン，クンヒュック（Ahn, Kun-Hyuck）　41
浅川達人　28, 32, 230
アダムス，レベッカ（Adams, Rebecca）　27
アチェンバーム，アンドリュー（Achenbaum, Andrew）　15
アチュリー，ロバート（Atchley, Robert）　14-17, 29-31, 222
アルブレヒト（Albrecht, R.）　24
アンガー（Unger, D. G.）　36
アンダーソン，シャーウッド（Anderson, Sherwood）　105
アンデル，ロス（Andel, Ross）　229
アントヌッチ，トニー（Antonucci, Toni C.）　27, 79
安藤孝敏　4, 29
ウィルソン（Wilson, G.）　104
ウィルソン，ジョン（Wilson, John）　21, 27
ウォーカー（Walker, A.）　25, 92
ヴァレン，エルヴ（Varenne, Hervé）　177-179, 252
ヴォー（Vaux, C.）　105
エヴェラード，ケリー（Everard, Kelly M.）　22, 119
エプリ，マーク（Eppli, Mark J.）　38
エマニュエル，ラーム（Emanuel, Rahm）　170

エリクソン, エリック（Erikson, Erik H.）
　　　　　　　　　　168, 170, 230, 249
大江守之　　　　　79, 100, 107, 230
大谷信介　　　　　　　108, 120, 166
オークン, モーリス（Okun, Morris）　27,
　　　79, 99, 119, 160
岡本秀明　　　　　　　　　　　　29
小田隆裕　　　　　　　　　　　　30
オバマ, バラク（Obama, Barack）106, 122,
　　　170, 180, 221
オルムステッド（Olmsted, F.）　　105

か

カーン, ロバート（Kahn, Robert L.）　24,
　　　26
加藤泰子　　　　　　　　　　　161
カヌッシオ, キャロリン（Cannuscio,
　　　Carolyn）　　　　　　　　229
金子勇　　　　　26, 100, 119, 161, 230
カプラン, マシュー（Kaplan, Matthew）
　　　29, 229
カミング, イレイン（Cumming, Elaine）25
カルソープ, ピーター（Calthorpe, Peter）37
ガンズ（Gans, Herbert J.）　　　104, 106
キャヴァン（Cavan, R. S.）　　　　　24
ギルバート, デニス（Gilbert, Dennis）10,
　　　15, 30
工藤由貴子　　　　　　　　　　236
クライン（Klein, D.）　　　　　　　36
クラーク, リンダ（Clarke, Lynda）26, 79
倉沢進　　　　　　　　　36, 80, 107
クラップ, オリン（Klapp, Orinn E.）　15
グリーソン（Gleason, H. P.）　　　　24
クローハン, スーザン（Crohan, Susan E.）
　　　27, 79
クロッパー, ヴィヴィアン（Cropper,
　　　Vivian L.）　　　　　　　　41

ケイ, エドウィン（Kay, Edwin J.）　　27
ケイン（Cain, M. E.）　　　　　　　23
ケーニッグ, ハロルド（Koenig, Harold G.）27
ケネリー, バーバラ（Kennelly, Barbara B.）
　　　　　　　　　　　　　　　　31
ケリー, ジョン（Kelly, John R.）　　27
香山寿夫　　　　　　　　　　　　37
ゴーラント, ステファン（Golant,
　　　Stephen）　　　　　　　　　232
コール, トーマス（Cole, Thomas R.）　15,
　　　18
コーンウェル, ベンジャミン（Cornwell,
　　　Benjamin）　　　　　　　　119
ゴッフマン（Goffman, E.）　　　　　23
駒井正晶　　　　　　　　　　　　80
コマロフスキー（Komarovsky, M.）　23
古谷野亘　　　　4, 20-23, 25, 29, 31

さ

サラソン, セイモア（Sarason, Seymour B.）
　　　　　　　　　　　　　　　　36
シブタニ（Sibutani, T.）　　　　　　31
ジャクソン, ケネス（Jackson, Kenneth T.）
　　　　　　　　　　　　36, 104, 105
シャンブレ, スーザン（Chambré, Susan
　　　M.）　　　　　　　　　　　27
シュルツ, ジェームズ（Schulz, James H.）
　　　　　　　　　　　　　　20, 31
ジョーンズ, メルビン（Jones, Melvin）221
杉澤秀博　　　　　　　　　15, 24, 25
杉原陽子　　　　　　　　　　　　24
スタイン（Stein, C.）　　　　　　　105
スティール, リチャード（Steele, Sir
　　　Richard）　　　　　　　　　221
ストーファー（Stouffer, S. A.）　　　23
スナイダー, メアリー（Snyder, Mary G.）
　　　105, 232, 233, 247, 250, 251

ゼーマン (Seeman, T. E.)	26	ニューガーテン，バーニス (Neugarten, Bernice L.)	17, 18, 31
ゼラー，ウォルター (Zeller, Walter)	221	能登寺雅子	39, 105, 177
セロー，ウィリアム (Serow, William J.)	232, 250		
袖井孝子	25		

た

ターナー (Turner, R.H.) 31
ダーレンドルフ，ラルフ (Dahrendorf, Ralf) 17
高野和良 22
タカムラ，ジャネット (Takamura, Jeanette C.) 16-18
ダルトン，ジェームス (Dalton, James H.) 104
タレン，エミリー (Talen, Emily) 36, 104
チャーリン，アンドリュー (Cherlin, Andrew) 27
チャヴィス，デヴィッド (Chavis, David M.) 36, 41, 45, 65, 79, 97-99, 101, 103
ディヴィス (Davis, J.) 105
ディヴィス，マイク (Davis, Mike) 232
ディズニー，ウォルト (Disney, Walt) 39, 177
デヴォル (DeVol, R. C.) 232
デュアニー，アンドレス (Duany, Andres) 37, 43, 105
トゥー，チャールズ (Tu, Charles C.) 38
トウェイン，マーク (Twain, Mark) 39, 105, 177
徳村光太 100, 107, 230

な

直井道子 27, 79
ナフル，キャスリーン (Knafl, Kathleen A.) 230, 247

は

バージェス (Burgess, E.) 15
ハース，ウィリアム (Haas Ⅲ, William) 232, 250
パーソンズ，タルコット (Parsons, Talcott) 23, 24, 32
バーチ，ユージニー (Birch, Eugenie L.) 118
ハーバー，キャロル (Haber, Carole) 15
ハヴィガースト (Havighurst, R. J.) 24
ハウス (House, J. S.) 26, 57, 63, 75, 81, 83, 92, 170, 233, 245, 247, 248, 251, 254
バウムガートナー (Baumgartner, M. P.) 37
バサック，シャリ (Bassuk, Shari S.) 22, 26
パサッシュ，パトリシア (Passuth, Patricia M.) 24, 25, 27
ハスケル (Haskell, L.) 105
ハッペル，ステファン (Happel, Stephen K.) 252
バトラー (Butler, R. N.) 24, 25
原田謙 21
バルシュ，アマンダ (Barusch, Amanda S.) 14-17, 29-31, 222
バルダッサーレ (Baldassare, M.) 104
ハルバースタム，デヴィッド (Halberstam, David) 40
パルモア，アードマン (Palmore, Erdman B.) 25, 231
ハワード，エベネザー (Howard, Ebenezer) 38, 104
ピーコック，ジェームズ (Peacock, James R.) 27
ピーターソン (Peterson, J. A.) 24

ファーステンベルク,フランク (Furstenberg, Frank F.) 27
フィッシャー,クロード (Fischer, Claude S.) 21, 22, 26, 79, 119, 165
フィッシャー,デヴィッド (Fischer, David H.) 16
フィッツジェラルド,フランシス (Fitz Gerald, Frances) 229, 231, 249
藤村正之 21
船津衛 23, 24, 31, 32
フライ (Fry, Patricia) 17
ブラウン,バーバラ (Brown, Barbara B.) 41
プラス,ジーン (Plas, Jeanne M.) 41, 42
プラターザイバーク,エリザベス (Plater-Zyberk, Elizabeth) 37, 43, 105
フリーダン,ベティ (Friedan, Betty) 32
ブルーマー,ハーバート (Blumer, Herbert) 31, 32, 41
フレイ (Frey, W.H.) 232
ブレークリー,エドワード (Blakely, Edward I.) 105, 232, 233, 247, 250, 251
フロリン (Florin, P.) 36
ペイン,レイチェル (Pain, Rachel) 29, 30, 80, 136, 138, 155, 156
ベケット,アビール (Bekhet, Abir K.) 230
ベラー,ロバート (Bellah, Robert N.) 36
ペリー,クラレンス (Perry, Clarence A.) 38, 105
ベントン (Bengton, V. L.) 24-27
ヘンリー,ウィリアム (Henry, William E.) 25
ホーガン,ティモシー (Hogan, Timothy D.) 252
ポリゾイデス,ステファノス (Polyzoides, Stefanos) 37

ま

マートン,ロバート (Merton, Robert K.) 108
前田信彦 25, 26, 79, 119
マクミラン,デヴィッド (MacMillan, David W.) 36, 41, 45, 65, 79, 97-99, 101, 103
マケイン (McCain, John S.) 122, 180
マッケンジー,エヴァン (Mckenzie, Evan) 39, 120
ミード,ジョージ (Mead, George H.) 23, 31, 32
ミッチェル,ジョセフ (Michel, Josef) 27, 79, 99, 119, 160
ミッチェル,オリヴィア (Mitchell, Olivia S.) 20
ミュージック,マーク (Musick, Marc) 21, 27, 134
ムーア,ジェームズ (Moore, James F.) 20
ムール,エリザベス (Moule, Elizabeth) 37
モーエン,フィリス (Moen, Phyllis) 230, 249
モーガン,デヴィッド (Morgan, David L.) 27
森岡清志 79, 107

や

ヤング,ジョック (Young, Jock) 232

ら

ラーソン,リード (Larson, Reed) 20-22, 31
ライト,グウェンドリン (Wright, Gwendolyn) 35, 104, 105
ラザーフェルド,ポール (Lazarfeld, Paul F.) 108

リー，チャンムー（Lee, Chang-Moo） 41
リービッヒ，フィービー（Liebig, Phoebe S.） 229
リントン，ラルフ（Linton, Ralph） 23
ルイス，シンクレア（Lewis, Sinclair） 105, 177
ルイス，スーザン（Lewis, Susan E.） 41, 42
レヴィン，ジェフリー（Levin, Jeffrey S.） 27
レッチェーゼ，マイケル（Leccese, Michael） 39
レモン（Lemon, B. W.） 24, 27
ロウ，セタ（Low, Setha） 233, 247
ロウ（Rowe, J. W.） 24, 26
ロートン（Lawton, M.P.） 31

ロックウェル，ノーマン（Rockwell, Norman） 39, 105, 177
ロッセン，エイリーン（Rossen, Eileen K.） 230, 247
ロドリゲス（Rodrigues, D.A.） 41
ロバーツ，サーディウェン（Roberts, Ceridwen） 26, 79
ロビンソン，メアリー（Robinson, Mary） 257
ロベルト，カレン（Roberto, Karen A.） 27
ロムニー 106, 170, 221
ロング，エリザベス（Long, Elizabeth） 106

わ

ワンダースマン（Wandersman, A.） 36

付　記

　本書は筆者が2012年に同志社大学に提出した博士論文を基に若干の加筆・修正・データの更新をしたものです。

　本書の第1章第1部は、2008年に『日本都市社会学会年報』26号に掲載された「アメリカ郊外コミュニティにおけるタウンプランニングの精神的メッセージの役割──ニューアーバニズムの伝統的近隣住区開発を事例として」を基に加筆・修正したものです。

　また、同第2部は、2010年に『日本都市社会学会年報』28号に掲載された「シニア住民の生活の質と地域行事──米国郊外住宅地における『5Kレース』を事例として」を基に加筆・修正したものです。

　第4章は、2011年に『同志社アメリカ研究』47号に掲載された「高齢者コミュニティの居住環境と生活の質についての一考察──米国メリーランド州 Leisure World を事例として」を基に加筆・修正したものです。

　尚、本書の前提となった博士論文のためにおこなった米国への数回のフィールドワークは、同志社大学大学院アメリカ研究科の旅費補助および、（社）日米協会の『米国研究助成プログラム2010』による助成金により渡航・滞在費用の大部分を得ることができました。深く感謝いたします。

著者紹介

加藤 泰子（かとう　やすこ）

1958年、静岡県浜松市生まれ。広島大学教育学部卒業後、断続的に約20年間中学・高等学校で教員を務める。2012年、同志社大学大学院アメリカ研究科博士後期課程修了。博士（アメリカ研究）。現在、同志社大学社会学部嘱託講師、龍谷大学非常勤講師、（公財）ひょうご震災記念21世紀研究機構研究調査本部主任研究員。

研究分野は高齢者の社会参加、地域社会学、都市社会学。

コミュニティ政策叢書2
高齢者退職後生活の質的創造──アメリカ地域コミュニティの事例

2016年8月1日　初版第1刷発行　　　　定価はカバーに表示してあります。〔検印省略〕

著者©加藤泰子　発行者　下田勝司　　　　印刷・製本　中央精版印刷株式会社

東京都文京区向丘1-20-6　　郵便振替 00110-6-37828
〒113-0023　TEL (03)3818-5521　FAX (03)3818-5514　　　発行所　株式会社 東信堂

Published by TOSHINDO PUBLISHING CO., LTD.
1-20-6, Mukougaoka, Bunkyo-ku, Tokyo, 113-0023 Japan
E-mail : tk203444@fsinet.or.jp　　http://www.toshindo-pub.com

ISBN978-4-7989-1375-9 C3036　　©KATO, Yasuko

コミュニティ政策叢書趣意書

　コミュニティ政策学会は、コミュニティ政策研究の成果を学界のみならず一般読書界にも問うべく、『コミュニティ政策叢書』をここに刊行します。

　どんな時代、どんな地域にも、人が「ともに住む」という営みがあれば、その地域を「共同管理」する営みもまた展開していきます。現代日本において「コミュニティ」とよばれる営みは人類史的普遍性をもつものです。

　だが戦後の日本では、かつての隣組制度への反発や強まる個人化志向、また核家族化の一般化と世代間断絶の影響から、コミュニティ拒否の風潮が支配的でした。

　一方、明治の大合併、昭和の大合併という二度の大きな合併を経て大規模化した市町村のもとで、経済の高度成長を経て本格的に工業化都市化した日本社会に、身近な地域社会を対象とした政策ニーズが生じ、コミュニティ政策は行政主導で始まりました。さらに住民間においても高齢化の著しい進展はじめ地域社会に破綻をもたらす要因が拡大しつつあります。

　まさにこの時、1995年と2011年、10年余の時を隔てて生じた二つの大震災は、日本の政治、経済、社会等々のあり方に大きな問題を投げかけました。コミュニティとコミュニティ政策についても同様です。震災は戦後の「無縁社会」化が孕む大きな陥穽をまざまざと露呈させたのです。

　今日コミュニティ政策は、様々に内容と形を変えながら、それぞれの地域の性格の違いとそれぞれの地域の創意工夫によって多様性を生み出しながら、続けられています。今日基底をなすのは、行政の下請化へ導く「上からの」施策、また住民を行政と対立させる「下からの」意向一辺倒でもない、自治体と住民の協働に基づく「新たな公共」としてのコミュニティ政策です。特に、今世紀の地方分権改革によって、自治体政府は充実するけれども身近な地域社会は置き去りになるという危機感から、制度的には様々な自治体内分権の仕組みが試みられ、また自治体と住民の双方によってコミュニティ振興の多様な試みが実践されていて、コミュニティ政策にはますます大きな関心が注がれています。近年は、いわゆる新自由主義的な政策傾向がコミュニティ政策研究にも新たな課題を提起しています。

　コミュニティ政策を学問的な観点から分析し、将来に向かって望ましい方向性を提言するような学会が必要であると私たちは考え、2002年にコミュニティ政策学会を設立しました。そしてこのたび東信堂のご助力を得て、コミュニティ政策研究の成果を逐次学界と実践世界に還元していく『コミュニティ政策叢書』を刊行することとなりました。この叢書が、学会の内外においてコミュニティ政策に関する実践的理論的論議をさらに活性化させる機縁となることを大いに望んでいます。

2013年9月　　　　　　　　　　　　　　コミュニティ政策学会叢書刊行委員会
　名和田是彦(法政大学)、鰺坂学(同志社大学)、乾亨(立命館大学)、佐藤克廣(北海学園大学)、鈴木誠(愛知大学)、玉野和志(首都大学東京)

東信堂

書名	編著者	価格
日本コミュニティ政策の検証——自治体内分権と地域自治へ向けて（コミュニティ政策叢書1）	山崎仁朗編著	四六〇〇円
高齢者退職後生活の質的創造——アメリカ地域コミュニティの事例（コミュニティ政策叢書2）	加藤泰子	三七〇〇円
豊田とトヨタ——産業グローバル化先進地域の現在	丹辺宣彦・岡村徹也編著	四六〇〇円
社会階層と集団形成の変容——集合行為と「物象化」のメカニズム	山岡健次彦	六五〇〇円
「むつ小川原開発・核燃料サイクル施設問題」研究資料集	丹辺宣彦	一八〇〇〇円
現代日本の地域分化——センサス等の市町村別集計に見る地域変動のダイナミクス	蓮見音彦・金山恒秀孝編著	三八〇〇円
人は住むためにいかに闘ってきたか——欧米住宅物語〔新装版〕	早川和男	二〇〇〇円
地域社会研究と社会学者群像——社会学としての闘争論の伝統	橋本和孝	五九〇〇円
世界の都市社会計画——グローバル時代の都市社会計画	橋本和孝・吉原直樹編著	二三〇〇円
都市社会計画の思想と展開	橋本和孝・藤田弘夫・吉原直樹編著	二三〇〇円
（アーバン・ソーシャル・プランニングを考える・全2巻）		
現代大都市社会論——分極化する都市？	園部雅久	三八〇〇円
インナーシティのコミュニティ形成——神戸市真野住民のまちづくり	今野裕昭	五四〇〇円
〔現代社会学叢書より〕		
地域社会学の視座と方法	似田貝香門監修	二五〇〇円
グローバリゼーション/ポスト・モダンと地域社会	古城利明監修	二五〇〇円
地域社会の政策とガバナンス	岩崎信彦監修	二七〇〇円
〔地域社会学講座・全3巻〕	矢澤澄子監修	
防災の社会学〔第二版〕——防災コミュニティの社会設計へ向けて	吉原直樹編	三八〇〇円
防災の心理学——ほんとうの安心とは何か	仁平義明編	三三〇〇円
防災の法と仕組み	生田長人編	三三〇〇円
防災教育の展開	今村文彦編	三三〇〇円
防災と都市・地域計画	増田聡編	続刊
防災の歴史と文化	平川新編	続刊
〔シリーズ防災を考える・全6巻〕		

〒113-0023　東京都文京区向丘1-20-6
TEL 03-3818-5521　FAX 03-3818-5514　振替 00110-6-37828
Email tk203444@fsinet.or.jp　URL:http://www.toshindo-pub.com/

※定価：表示価格（本体）＋税

東信堂

書名	著者	価格
海外日本人社会とメディア・ネットワーク―パリ日本人社会を事例として	今野裕昭・吉原直樹編著	四六〇〇円
移動の時代を生きる―人・権力・コミュニティ	松本行真編著	四六〇〇円
国際社会学の射程 国際社会学ブックレット1―日韓の事例と多文化主義再考	吉原直樹監修 大西仁編	三二〇〇円
国際移民と移民政策 国際社会学ブックレット2	芝田真里訳 吉原和久編訳	二二〇〇円
トランスナショナリズムと社会のイノベーション 国際社会学ブックレット3―社会学をめぐるグローバル・ダイアログ	有田伸・山本かほり編著 西原和久編著	一〇〇〇円
越境する国際社会学とコスモポリタン的志向	西原和久	一三〇〇円
外国人単純技能労働者の受け入れと実態―技能実習生を中心に	坂幸夫	一五〇〇円
開発援助の介入論―インドの河川浄化政策に見る国境と文化を越える困難	西谷内博美	四六〇〇円
食品公害と被害者救済―カネミ油症事件の被害と政策過程	宇田和子	四六〇〇円
吉野川住民投票―市民参加のレシピ	武田真一郎	一八〇〇円
園田保健社会学の形成と展開	山手茂	三六〇〇円
社会的健康論	園田恭一 米林喜男編著	二五〇〇円
保健・医療・福祉の研究・教育・実践	園田恭一 山手茂男編	三四〇〇円
研究道 学的探求の道案内	平岡公一・山田昌弘・黒田浩一郎監修 米林喜男	二八〇〇円
福祉政策の理論と実際（改訂版）福祉社会学研究入門	三重野卓編 平岡公一	二五〇〇円
認知症家族介護を生きる―新しい認知症ケア時代の臨床社会学	井口高志	四二〇〇円
社会福祉における介護時間の研究―タイムスタディ調査の応用	渡邊裕子	五四〇〇円
発達障害支援の社会学	木村祐子	三六〇〇円
介護予防支援と福祉コミュニティ	松村直道	二五〇〇円
対人サービスの民営化―行政・営利・非営利の境界線	須田木綿子	二三〇〇円

〒113-0023 東京都文京区向丘1-20-6　TEL 03-3818-5521　FAX03-3818-5514　振替 00110-6-37828
Email tk203444@fsinet.or.jp　URL:http://www.toshindo-pub.com/
※定価：表示価格（本体）＋税

東信堂

書名	著者	価格
主権者の社会認識——自分自身と向き合う	庄司興吉	二六〇〇円
主権者の協同社会へ	庄司興吉	二四〇〇円
地球市民学を創る——新時代の大学教育と大学生協 地球社会の危機と変革のなかで	庄司興吉編著	三二〇〇円
社会学の射程——ポストコロニアルな地球市民の社会学へ	庄司興吉編著	二八〇〇円
グローバル化と知的様式——社会科学方法論についての七つのエッセー	J・ガルトゥング著 大矢・澤光・重次郎訳	三二〇〇円
社会的自我論の現代的展開	船津衛	二四〇〇円
組織の存立構造論と両義性論——社会学理論の重層的探究	舩橋晴俊	二五〇〇円
市民力による知の創造と発展——身近な環境に関する市民研究の持続的展開	萩原なつ子	三二〇〇円
階級・ジェンダー・再生産——現代資本主義社会の存続メカニズム	橋本健二	三二〇〇円
現代日本の階級構造——理論・方法・計量分析	橋本健二	四五〇〇円
人間諸科学の形成と制度化——社会諸科学との比較研究	長谷川幸一	三八〇〇円
現代社会と権威主義——フランクフルト学派権威論の再構成	保坂稔	三六〇〇円
インターネットの銀河系——ネット時代のビジネスと社会	M・カステル 矢澤・小山訳	三六〇〇円
自立支援の実践知——阪神・淡路大震災と共同・市民社会	似田貝香門編	三八〇〇円
[改訂版]ボランティア活動の論理——ボランタリズムとサブシステンス	西山志保	三六〇〇円
自立と支援の社会学——阪神大震災とボランティア	佐藤恵	三二〇〇円
NPO実践マネジメント入門(第2版)	パブリックリソースセンター編	二三八一円
個人化する社会と行政の変容——情報、コミュニケーションによるガバナンスの展開	藤谷忠昭	三八〇〇円
コミュニティワークの教育的実践——NPOの公共性と生涯学習のガバナンス	高橋満	二〇〇〇円
		二八〇〇円

〒113-0023 東京都文京区向丘1-20-6　TEL 03-3818-5521　FAX 03-3818-5514　振替 00110-6-37828
Email tk203444@fsinet.or.jp　URL:http://www.toshindo-pub.com/

※定価：表示価格（本体）＋税

東信堂

〈居住福祉ブックレット〉

書名	著者	価格
居住福祉資源発見の旅…新しい福祉空間、懐かしい癒しの場	早川和男	七〇〇円
どこへ行く住宅政策…進む市場化、なくなる居住のセーフティネット	本間義人	七〇〇円
漢字の語源にみる居住福祉の思想	李 桓	七〇〇円
日本の居住政策と障害をもつ人	伊藤静美	七〇〇円
障害者・高齢者と麦の郷のこころ…住民、そして地域とともに	加藤直樹	七〇〇円
地場工務店とともに…健康住宅普及への途	山本里見	七〇〇円
居住福祉法学の構想	水月昭道	七〇〇円
奈良町の暮らしと福祉：市民主体のまちづくり	吉田邦彦	七〇〇円
精神科医がめざす近隣力再建	黒田睦子	七〇〇円
進む「子育て」砂漠化、はびこる「付き合い拒否」症候群	中澤正夫	七〇〇円
子どもの道くさ	片山善博	七〇〇円
住むことは生きること…鳥取県西部地震と住宅再建支援	ありむら潜	七〇〇円
最下流ホームレス村から日本を見れば	髙島一夫	七〇〇円
世界の借家人運動	柳中 張秀萍権	七〇〇円
あなたは住まいのセーフティネットを信じられますか？	早川和男	七〇〇円
「居住福祉学」の理論的構築	早川和男	七〇〇円
居住福祉資源発見の旅Ⅱ	早川和男	七〇〇円
地域の福祉力・教育力・防災力	金持伸子	七〇〇円
居住福祉の世界…早川和男対談集	高橋典成	七〇〇円
医療・福祉の沢内と地域演劇の湯田…岩手県西和賀町のまちづくり	早川和男	七〇〇円
「居住福祉資源」の経済学	神野武美	七〇〇円
長生きマンション・長生き団地	千代崎一夫	七〇〇円
高齢社会の住まいづくり・まちづくり	山下千佳	八〇〇円
シックハウス病への挑戦…その予防・治療・撲滅のために	蔵田力	七〇〇円
韓国・居住貧困とのたたかい…居住福祉の実践を歩く	後藤三武郎	七〇〇円
精神障碍者の居住福祉…宇和島における実践（二〇〇六〜二〇一一）	迎田允	七〇〇円
	全泓奎 編	七〇〇円
	財団法人 正光会 編	七〇〇円

〒113-0023　東京都文京区向丘1-20-6　TEL 03-3818-5521　FAX 03-3818-5514　振替 00110-6-37828
Email tk203444@fsinet.or.jp　URL:http://www.toshindo-pub.com/

※定価：表示価格（本体）＋税